BLED

Junior

8-11 ans

Édition assurée
par Daniel BERLION
Inspecteur de l'Éducation nationale

HACHETTE *Éducation*

Alphabet phonétique

Voyelles

[a]	un arbre
[ɑ]	un âne
[i]	un ami
[o]	le mot
[ɔ]	la colle
[ə]	demain
[ø]	heureux
[œ]	la peur
[e]	une école
[ɛ]	la laine
[y]	la rue
[u]	la roue
[ɑ̃]	la dent
[ɛ̃]	le matin
[œ̃]	le parfum
[ɔ̃]	le monde

Consonnes

[b]	un bateau
[p]	le pain
[d]	dormir
[t]	la tête
[g]	la galette
[k]	le cacao
[f]	la fourmi
[v]	le vélo
[s]	le savon
[z]	une rose
[ʒ]	le jardin
[ʃ]	un chemin
[l]	un lapin
[r]	une reine
[m]	la maison
[n]	un renard
[ɲ]	la montagne

Semi-voyelles / semi-consonnes

[w]	l'ouest	[j]	le travail
[wɛ̃]	le soin	[ɥ]	la nuit
[wa]	la poire		

Les textes de la partie **observe** peuvent servir de support pour les dictées de contrôle en fin de leçon.

Maquette couverture : Pascal PLOTTIER
Maquette intérieure: SG Création
Réalisation PAO : SG Production

ISBN : 2.01.16.7636.3
© HACHETTE Livre, 1999
43, quai de Grenelle, 75905 PARIS Cedex 15.

Sommaire

Sommaire

Sommaire

3E PARTIE : CONJUGAISON

Le verbe

Le présent de l'indicatif

L'imparfait de l'indicatif

5

Sommaire

1

Orthographe d'usage

Des signes

Les accents

observe ....

Chez les **Châlais**, les **débuts** de **soirée** sont **très animés** ; chacun veut choisir sa **chaîne**. **Bénédicte préfère** les films **drôles**, **Hervé** les **émissions** de **variétés**, Papa les histoires de **fantômes** ; quant **à** Maman, elle manifeste beaucoup d'**intérêt** pour les **enquêtes poli-cières**. Pour **être sûr** de faire plaisir **à** tout le monde, la solution serait peut-**être** de placer un **récepteur** dans la **pièce où** chacun se trouve !

retiens

L'accent aigu (´) se place seulement sur la lettre **e** qui se prononce alors [e].
les débuts, soirée, animés, Bénédicte, Hervé, les émissions, variétés, un récepteur

L'accent grave (`) se place souvent sur la lettre **e** qui se prononce alors [ɛ].
très, policière, la pièce, préfère

On trouve parfois un accent grave sur les lettres **a** et **u**.
quant à maman, à tout le monde, où chacun se trouve

L'accent circonflexe (^) se place sur la lettre **e** qui se prononce alors [ɛ].
l'intérêt, une enquête, être

On peut aussi trouver un accent circonflexe sur les autres voyelles.
les Châlais, chaîne, drôle, un fantôme, sûr

Attention ! On ne double pas la consonne qui suit une voyelle accentuée, mais comme il est difficile de savoir s'il faut mettre un accent ou pas sur la voyelle, il est prudent de consulter un dictionnaire.

exercices ▶ Corrigé p. 254

◀ 1 Complète par e, é, è ou ê. Utilise un dictionnaire.

un ...v...que	un ...x...rcice	une fl...che	un fr...re
g...rm...r	un pi...ton	l'...x...cution	le solf...ge
un arr...t	la gr...ve	un int...r...t	d...c...d...r
un n...rf	un ...l...ve	la m...l...e	une op...r...tte
parall...le	une qu...r...lle	r...guli...r	un r...cit
un v...t...ment	une enqu...te	la r...v...rence	un r...ve
le r...ste	la lib...rt...	la l...ssive	la l...g...r...t...
la f...rtilit...	un d...cim...tre	l'honn...t...t...	la pr...f...cture

2 **Ces syllabes ont perdu leur accent ; écris les mots correspondants en plaçant, si nécessaire, les accents aigus ou graves.**

la pla-ne-te → ...   e-ter-nel → ...   un de-tec-ti-ve → ...
un pro-ble-me → ...   de-pre-ssif → ...   une le-ttre → ...
la fer-me-tu-re → ...   de-me-na-ger → ...   un in-ter-pre-te → ...

3 **Complète, si nécessaire, avec un accent circonflexe.**
Utilise un dictionnaire.

un tableau	le théatre	la hache	le diner	la cloture
un bateau	verdatre	la mache	la boite	le coté
un chateau	opiniatre	un lache	la droite	la zone
un rateau	quatre	la cache	le titre	le trone
un cadeau	un pédiatre	la bache	l'huile	un hotel
un coteau	le platre	la vache	l'huitre	la tole

4 **Complète avec un mot homonyme (qui se prononce de la même façon) du mot entre parenthèses.**

(la chaîne) Le bois de ... est recherché en ébénisterie.
(la paire) Le ... de mon cousin, c'est mon oncle.
(le mètre) Autrefois, le professeur s'appelait le ... d'école.
(près) Laurent sollicite le ... d'un livre de bibliothèque.
(la mer) La chanson dit que c'est la ... Michel qui a perdu son chat.
(la patte) Le gruyère est un fromage à ... molle.

5 **Recopie ces phrases en plaçant correctement les accents oubliés.**

Sur la scene, chaque acteur joue son role avec talent. – Armee d'un baton, Geraldine parcourt les hautes herbes mouillees a la recherche d'escargots. – Les pylones et les cables electriques defigurent les vallees et decoupent de larges saignees dans les forets. – L'entraineur mene la vie dure a ses joueurs ; il dirige de longues seances de tirs au but. – Pour la premiere fois, Dany a goute une tarte aux poireaux ; ce ne fut pas trop desagreable.

6 **Écris ces noms au féminin.**

un sorcier → ...   un berger → ...   le dernier → ...
un ouvrier → ...   un passager → ...   un fermier → ...
un héritier → ...   un gaucher → ...   un équipier → ...
un cavalier → ...   un écolier → ...   un rentier → ...

☞ copie et retiens

un gâteau - le plâtre - le crâne - du pâté - la pâte à crêpes
la côte - la tôle - rôder - la clôture - bientôt - le chômage
le traître - l'île - la chaîne - la boîte - l'huître - paraître

Des signes

La cédille

Lorsque le **remplaçant** de madame **François**, notre professeur, **annonçait** le début de la **leçon** de musique, nous étions très attentifs. Il nous donnait chaque fois un petit **aperçu** de son talent de guitariste et la **façon** dont il **pinçait** les cordes tenait de la magie. Le jour de son départ, nous avons tous été un peu **déçus**.

Pour conserver le son [s], il faut placer une **cédille** sous le **c** qui se trouve devant les voyelles **a, o, u**.

le remplaçant, François, il annonçait, la leçon, un aperçu, la façon, il pinçait, être déçu

Corrigé p. 254

7 **Complète par c ou ç.**

la fa...ade	rempla...er	influen...er	une bi...yclette
la pronon...iation	un re...u	la ger...ure	le fran...ais
le gar...on	un mor...eau	une le...on	la féro...ité
une ra...ine	la balan...oire	un ma...on	désar...onner

8 **Complète par un mot dans lequel il y a une cédille.**

Avec quelques gla..., cette boisson sera beaucoup plus fraîche. – Pour Noël, tous les comm... de la rue de la République ont décoré leur vitrine. – En principe, les fian... précèdent de quelques mois la cérémonie du mariage. – Un nouveau tron... de l'autoroute A 39 vient d'être ouvert à la circulation. – Une vedette de cinéma est parfois harcelée par les journalistes : certains disent que c'est la ran... de la gloire. – Au bagne, les for... vivaient dans des conditions très difficiles. – Si le pêcheur n'avait pas choisi un gros hame..., il n'aurait pas pu attraper cet énorme brochet.

un garçon - la façon - une leçon - un remplaçant - un commerçant

Des signes

Le tréma

observe

À la brocante de Saint-Marcel, par une curieuse **coïncidence**, monsieur Ratier a découvert, au milieu d'un **capharnaüm inouï**, un plat en **faïence** dans lequel les paysannes faisaient cuire la farine de **maïs**. L'origine de ce plat est **ambiguë** : provient-il de la Bresse ou de Gascogne ? Monsieur Ratier effectuera des recherches.

retiens

Pour indiquer qu'une voyelle ne se prononce pas avec celle qui la précède, on place un **tréma**.

une coïncidence, inouï, la faïence, le maïs, un capharnaüm

Lorsqu'on doit prononcer le **u** dans le groupe de lettres **gue** ou **gui** (**son [gy]**), il faut placer un **tréma** sur le **e** ou le **i**.

ambiguë, aiguë, exiguë, l'ambiguïté

exercices ⟩ Corrigé p. 254

9 Complète par un mot dans lequel il y a un tréma.

En France, l'école est gratuite, obligatoire et la... depuis plus de cent ans. – La chair des volailles nourries avec de la farine de ma... est d'excellente qualité. – Descendre le Colorado en can... n'est pas à la portée du premier venu. – Malgré son âge, le grand-père d'Anne a l'ou... très fine : il entend tout ! – L'égo... ne pense qu'à lui ; il ne se soucie pas du sort des autres.

10 Complète par un mot de la même famille que le mot entre parenthèses. N'oublie pas les trémas.

(la coca)   La ... est une drogue très dangereuse.
(le héros) Le gardien de but fut ... ; il a arrêté trois penalties.
(la haine) Angélique a toujours ... les guerres et le racisme.
(aiguiser) Quand la guêpe me piqua, je ressentis une douleur ... .

⟳ copie et retiens

le maïs - naïf ; naïve - la mosaïque - héroïque - la faïence

11

Des sons

br/pr – cr/gr – fr/vr – dr/tr

observe

Ce matin, Fabienne est de bonne humeur. Elle **fredonne** une chanson à la mode en faisant sa toilette devant un **grand** miroir. Elle **prend** une **brosse** pour se coiffer, puis elle étale un peu de **poudre** sur son visage pour effacer de petites rougeurs. Elle se lave les dents et elle se parfume **très discrètement**. C'est un **vrai** bonheur que de la voir si gaie !

retiens

Dans certaines syllabes, on entend **deux consonnes** avant la voyelle.
la **brosse** – elle **prend** ; discrètement – **grand** ; elle **fredonne** – **vrai** ;
poudre – **très**.

exercices Corrigé p. 254

11 Complète par br ou pr.

| le sa...e | la ...èche | le ...oblème | encom...ant | é...ouver |
| a...iter | ...écis | une ...ute | re...oduire | le ...emier |

12 Complète par cr ou gr.

| le ...atère | un can...e | ...andir | le ...illage | une ...uche |
| ...ave | le de...é | un é...in | une ...avate | dé...ossir |

13 Complète par fr ou vr.

| la chè...e | une gau...e | sui...e | le re...ain | ...ançais |
| ...agile | un poi...on | un liè...e | la ...aîcheur | déli...er |

14 Complète par dr ou tr.

| la cen...e | une es...ade | enten...e | ...availler | le ...apeau |
| le vi...ail | la direc...ice | une ma...aque | un é...edon | une ...oite |

copie et retiens

le bruit ; prendre - la crème ; grave - le froid ; vrai - droit ; trois - briser ; la prison - creux ; gris - le frein ; la lèvre - le drap ; la trace

Des sons

bl/pl – cl/gl

observe

Quel **plaisir** que d'admirer les bateaux qui **glissent** à vive allure sur les vagues **bleues**. Bien **réglées**, les voiles **blanches claquent** au vent. Le vainqueur, après avoir franchi la ligne d'arrivée, laissera **éclater** sa joie et brandira une **splendide** coupe devant la foule de ses admirateurs.

retiens

Dans certaines syllabes, on entend **deux consonnes** avant la voyelle.

bleu, **bl**anche, le **pl**aisir, elles **cl**aquent, é**cl**ater, elles **gl**issent, ré**gl**é.

exercices Corrigé p. 254

15 Complète par bl ou pl.

| la ...ace | le sa...e | mania...e | ...ier | le ...acard |
| le ta...eau | ...onde | un dé...iant | ...onger | une éta...e |

16 Complète par cl ou gl.

| une ...issade | ré...amer | ...outon | la rè...e | la ...oire |
| é...abousser | un cy...e | un ...açon | le so...e | un bou...ier |

17 Complète par un mot dans lequel on trouve cl, gl, pl ou bl.

À la mi-temps, l'entraîneur rem... l'avant-centre parce qu'il est fatigué. – L'eau glisse sur les ...mes du canard ; elles sont imperméables. – Cet hercule est cap... de porter trois cents kilos sur son dos ! – Lucas n'en finit pas d'é...cher les pommes de terre pour préparer les frites. – Lucie étale un vernis rouge sur ses on... . – Le clown jon... avec six balles : quelle dextérité ! – Obélix adore le san... rôti. – M. Benoît ne peut pas rentrer chez lui ; il a perdu ses ...és . – Pour tracer un cer..., il faut un compas.

copie et retiens

le sable ; une étable ; capable - la plume ; la place ; souple - la glace ; glisser ; un angle - la claque ; un clou ; un oncle

Des sons

Les sons [s] et [z] entre deux voyelles

La pa**ss**ion a conduit François sur la **sc**ène d'un théâtre en compagnie d'une dou**z**aine d'acteurs bien dé**c**idés à amu**s**er, sans prétention, les nombreux spectateurs présents. La pièce qu'ils jouent déchaîne les rires et, à la fin de la soirée, les applaudi**ss**ements n'en fini**ss**ent pas. François connaît son heure de gloire, car il tenait le rôle principal.

retiens

Entre deux voyelles, le son [z] s'écrit souvent **s** :
amu**s**er, une vali**s**e, la musi**q**ue, le tré**s**or

Attention ! le son [z] peut aussi s'écrire **z** :
la dou**z**aine, le ba**z**ar, le ga**z**on, le trapè**z**e, bi**z**arre

Entre deux voyelles, le son [s] s'écrit souvent **ss** ou **c** :
ss : la pa**ss**ion, a**ss**ez, tou**ss**er, le me**ss**age, une pou**ss**ette, une tre**ss**e
c : dé**c**ider, auda**c**ieux, un pou**c**e, inno**c**ent, rempla**c**er

Attention ! le son [s] peut aussi s'écrire **sc**, **ç**, **t** :
sc : la **sc**ène, la pi**sc**ine, la con**sc**ience, l'adole**sc**ent
ç : Fran**ç**ois, la le**ç**on, la fa**ç**ade, la balan**ç**oire, le commer**ç**ant
t : la préten**t**ion, l'apparit**ion, la posi**t**ion, l'indica**t**ion, la diminu**t**ion

exercices Corrigé p. 254

18 Complète par S ou Z. Utilise un dictionnaire.

une framboi...e	l'hori...on	la sai...on	une occa...ion
une ga...elle	la livrai...on	un parti...an	le dé...ert
une demoi...elle	le lé...ard	un fai...an	bron...er
un chimpan...é	le ha...ard	l'a...ile	des ci...eaux
le ra...oir	le ba...ar	un para...ite	le pay...age

19 Complète par S ou SS.

une cai...e	une noi...ette	une ta...e	un ma...age
une égli...e	une ca...erole	une cla...e	du rai...in
un ca...ier	la pelou...e	un ba...in	la cui...on
le plai...ir	un pou...in	la rai...on	le maga...in

20 **Complète avec SS, C ou Ç.** Utilise un dictionnaire.

la fa...on   un négo...iant   les fian...ailles   un for...at
un poli...on   obéi...ant   un pa...ant   le de...us
un tron...on   per...ant   une annon...e   un re...u
la moi...on   gli...ant   une épi...erie   une actri...e
le bui...on   un commer...ant   la chau...ure   une piè...e
un hame...on   aga...ant   un offi...ier   un pu...eron

21 **Complète ces noms par S ou SSe.** Utilise un dictionnaire.

un a... de trèfle   un autobu... en panne   un viru... mortel
une pa... précise   une cro... de fusil   une écrevi... rose
un cassi... mûr   un blocu... économique   un o... du crâne
un humu... fertile   un colo... impressionnant une bo... au front
une vi... sans fin   un atla... historique   une oasi... de paix
une cla... unique   une pailla... de fortune   une géni... charolaise

22 **Complète ces noms par -ssion ou -tion.** Utilise un dictionnaire.

faire une commi...   avoir une puni...   une agita... inutile
une agre... sonore   écouter une émi...   une denti... parfaite
une discré... assurée   la pre... des pneus   une posi... élevée
la nata... synchronisée   une créa... originale   une impre... rapide
la pa... des voyages   une alloca... familiale une permi... spéciale
une démi... inattendue   une discu... passionnée une varia... importante

23 **Conjugue les verbes entre parenthèses à l'imparfait de l'indicatif.**

(réussir)   Carélie ... tout ce qu'elle entreprenait.
(choisir)   M. Mazure ... avec soin ses chaussures de sport.
(saisir)   Tu ... toutes les occasions pour nous faire rire.
(lancer)   Je ne ... jamais une réponse au hasard.
(avancer)   Dans le noir, nous ... avec beaucoup de précaution.
(durcir)   Les flûtes de pain ... au fil des jours.
(grossir)   Vous ... les faits pour impressionner vos camarades.

24 **Complète ces mots par SC, C ou SS.** Utilise un dictionnaire.

fluore...ent   de...errer   la di...ipline   l'a...enseur
indé...ent   de...endre   la di...imulation   l'a...emblée
le cali...e   du ...éleri   la couli...e   un ...élérat

copie et retiens

le visage - la bêtise - la raison - le désert - la livraison - un partisan
le coussin - la tapisserie - laisser - l'adresse - l'assurance - aussitôt
la limace - l'hélice - un lacet - un puceron - tracer
la piscine - la scène - descendre - la discipline

Des sons

Le son [ʒ] : ge – gi – gy

observe

Les gestes des **jeunes gymnastes** sont lents et gracieux. D'abord, elles **jettent** des ballons et des massues dans les airs ; elles les rattrapent sans difficulté. Ensuite, des cerceaux **voltigent** entre leurs mains ; **agiles**, elles exécutent des figures **originales** avec ces **objets**.

retiens

Le son [ʒ] s'écrit le plus souvent **g** devant **e, i, y**.
le geste, elles voltigent, agiles, originales, la gymnaste

Attention ! il y a quelques exceptions devant le **e**.
elles jettent, jeune, l'objet, le sujet, le jeton, majeur

exercices ⟩ Corrigé p. 255

25 Complète avec g ou j. Utilise un dictionnaire.

...oli   la ...elée   ...amais   ran...er   la ...alousie
le ...u...e   la gran...e   le don...on   ima...iner   la ...irouette
le ...ardin   le délu...e   fra...ile   la ma...uscule   un bi...ou

26 Complète par un mot dans lequel on entend le son [ʒ].

Bien vertes et craquantes, les pointes d'asp... sont délicieuses. – L'aub... du Lion d'or se trouve à la sortie du village. – Sans cir..., tes chaussures ne brilleront pas. – Le ma... fait disparaître la femme enfermée dans la malle bleue. – Quand il n'y a pas d'électricité, on s'éclaire à la lueur des bou... . – À la sortie de l'église, les mariés distribuent des dra... . – Trop gourmande, la souris est prise au piè... .

27 Complète avec g ou j. Utilise un dictionnaire.

le pro...et   le collè...e   la ...etée   le for...eron   le re...et
la ...ifle   le siè...e   le ré...ime   ...eudi   le tra...et
ma...estueux   le ...este   le cortè...e   le dé...euner   la ...irafe

copie et retiens

la page - le gendarme - le garage - la girafe - le régime - la gymnastique

Des sons

Le son [ʒ] : gea – geo

observe

Georges nageait dans le grand bassin quand un **géant**, vêtu d'un maillot imitant la peau de panthère, s'avança au bord du **plongeoir**. Il fit quelques mouvements et **plongea** avec élégance sous les regards admiratifs des jeunes garçons, certainement un peu jaloux de ne pouvoir en faire autant.

retiens

Devant **a** et **o**, il faut placer un **e** après le **g** pour obtenir le son [ʒ].
il nageait, le géant, il plongea, Georges, le plongeoir

exercices Corrigé p. 255

28 Complète avec g ou ge pour obtenir le son [ʒ].

une oran...ade	un plon...on	un ca...ot	la na...oire
un ser...ent	la ...ermination	la ven...ance	déran...ant
un bou...oir	le déména...ement	le pi...on	le bour...on
le ...ymnase	la man...oire	rou...âtre	le diri...ant

29 Conjugue les verbes au présent de l'indicatif.

(ranger)	Tu ...	Elle ...	Nous ...
(plonger)	Je ...	Nous ...	Vous ...
(déménager)	Elle ...	Nous ...	Ils ...
(voyager)	Je ...	On ...	Nous ...

30 Complète par un mot dans lequel on entend le son [ʒ].

Les randonneurs sont enfin arrivés au ref... . – Les noms propres commencent tou... par une lettre ma... . – Autrefois, les bour... étaient les habitants du bourg et ils étaient plutôt riches, aussi le nom désigne-t-il maintenant des personnes fortunées. – Les ballons diri... sont lents et très inflammables. – La rou... est encore une maladie mortelle dans les pays pauvres.

copie et retiens

le pigeon - le plongeon - la nageoire - la rougeole - la vengeance

Des sons

Le son [f] : f – ff – ph

observe

Pour **photographier** des **éléphants** ou des **girafes**, il ne **suffit** pas d'avoir un bon appareil. C'est d'abord une **affaire** de patience, car il vous **faut** rester des heures à l'**affût** dans les hautes herbes, où il est **difficile** de résister à la chaleur. **Enfin**, vous saisirez le moment idéal, celui où l'**éléphant** mâle gratte le sol avec ses **défenses,** ou bien lorsque la **girafe** dévore les **feuilles** des arbres.

retiens

Le son **[f]** peut s'écrire de plusieurs manières.

f : la girafe, il faut, enfin, la défense, la feuille
ff : il suffit, l'affaire, l'affût, difficile
ph : photographier, l'éléphant

exercices ⟩ Corrigé p. 255

31 Complète par f ou ph. Utilise un dictionnaire.

ré...léchir	l'élé...ant	la ...arine	l'or...elin	un dé...i
la sur...ace	la ...rase	le ...éminin	une s...ère	un sa...ir
le triom...e	...urieux	un ...énomène	as...yxier	le ca...é
le si...on	un ...orage	un ty...on	un sa...ari	une agra...e

32 Complète par f ou ff. Utilise un dictionnaire.

si...ler	dé...iler	o...iciel	l'éto...e	re...user
le co...re	sou...rir	une a...iche	le re...uge	le dé...aut
di...icile	le par...um	pro...ond	un chi...re	coi...er
o...rir	le pro...esseur	le chau...age	le re...rain	dé...endre
pro...iter	sacri...ier	la ra...ale	l'en...ant	tou...u

© copie et retiens

la girafe - profiter - réfléchir - le professeur - l'infirmière - la surface
l'éléphant - la photographie - le téléphone - la sphère - l'orphelin
siffler - une affiche - difficile - le coffre - le chauffage - coiffer - souffrir

Des sons

Les sons [o] et [ɔ] au début ou à l'intérieur des mots

observe

Ce couturier ne manque pas d'**audace** ; il a revêtu les **épaules** d'**Élodie**, son mannequin **favori**, d'un **corsage rose**. Elle **porte aussi** une jupe **orange** avec d'**énormes poches** et des **chaussures** dont les **hauts** talons ressemblent à des échasses. Gracile, **Élodie** prend la **pose** que lui indique le **photographe**.

retiens

Au début et à l'intérieur des mots, le son [o] s'écrit le plus souvent **au**.
l'audace, les épaules, aussi, des chaussures, haut
Mais on écrit : rose, la pose, le photographe, la dose, la chose ... avec un **o**.
Pour d'autres mots, on place un **accent circonflexe**.
le rôle, le fantôme, le pylône, la tôle, l'hôtel

Le son [ɔ] s'écrit **o**.
Élodie, favori, le corsage, porter, orange, énormes, les poches

exercices ▶ Corrigé p. 255

33 **Complète par au, o ou ô.** Utilise un dictionnaire.

un l'...rigine	le pyl...ne	la ch...se	le c...rbeau	p...vre
un ...t...bus	l'...ccasion	la ch...ssure	le d...phin	la c...te
le rest...rant	...t...riser	la s...cisse	le d...nateur	la c...se
la pi...che	...jourd'hui	la s...ttise	le bl...cage	fr...ler

34 **Écris les verbes correspondant à ces noms.**

le trot → trotter	l'accord	le trône	le talon
le savon	la raison	l'abandon	le tricot
le pilote	le slalom	l'espion	l'honneur
le repos	le flot	le galop	l'envol

copie et retiens

l'épaule - l'autobus - aujourd'hui - la sauce - la chaussure - le restaurant le potage - l'occasion - l'orange - le pilote - la chose

Des sons

Le son [j] : ill – y

Aujourd'hui, l'employé communal **travaille** dans le parc public. D'abord, il **taille** les rosiers, puis il déroule le **tuyau** d'arrosage et **mouille** abondamment les **feuilles** des arbres. Avant de tondre, il devra **nettoyer** la pelouse pour ôter les **cailloux** qui pourraient endommager sa tondeuse.

retiens

Quand le son [j] s'écrit **ill**, la lettre **i** est inséparable des deux **ll** et ne se prononce pas avec la voyelle qui la précède.
il travaille, il taille, il mouille, la feuille, les cailloux

Le son [j] peut aussi s'écrire avec un **y** ; dans ce cas, le **y** a généralement la valeur de deux **i**, dont le premier se prononce lié avec la voyelle qui précède et le second lié avec la voyelle qui suit.
l'employé, le tuyau, nettoyer

exercices ▸ Corrigé p. 255

35 **Complète par le verbe à l'infinitif qui correspond à chacun des noms entre parenthèses.**

(l'envoi)	Pour ... des messages, on utilise le fax ou Internet.
(le balai)	Avant de s'occuper des autres, il faut ... devant sa porte.
(le sourcil)	Oscar dit des mensonges énormes, sans ... le moins du monde.
(l'appareil)	Si le temps le permet, je devrais ... demain pour la Corse.
(la raie)	Il faut ... les nombres impairs de cette liste.
(l'emploi)	Pour achever ce travail, tu devras ... les grands moyens.

36 **Complète par y ou ill.** Utilise un dictionnaire.

le vo...age	le ra...on	le brou...ard	la fra...eur
le gr...age	le pav...on	le fu...ard	un convo...eur
un essa...age	le ma...on	le b...ard	un ta...eur
l'out...age	le bou...on	savo...ard	le ve...eur
le netto...age	l'embr...on	un vie...ard	le brou...on
le s...age	le cra...on	un corb...ard	le me...eur

20

37 **Complète par l'adjectif qui correspond à chacun des noms entre parenthèses. N'oublie pas les accords.** Utilise un dictionnaire.

(la loi)   Pour avoir de bons conseils, rien ne vaut un ami ... .
(la joie)   Le 25 décembre, nous vous souhaitons un ... Noël.
(l'effroi)   Un fantôme ... parcourt les couloirs du château fort.
(la paie)   Je ne savais pas que l'entrée de ce musée était ... .
(la pitié)   Parti sans vêtements de rechange, Léo est rentré dans un état ... .
(la foudre)   ... pendant l'orage, le chêne s'abat dans un bruit épouvantable.
(la fuite)   Je n'aime pas le regard ... de cet homme.

38 **Complète ces mots dans lesquels on trouve y ou ill.** Utilise un dictionnaire.

L'incendie fait rage, les pompiers déroulent leurs tu... . – Pour réconforter quelqu'un qui a des soucis, on lui dit de ne pas br... du noir. – Mélanie nourrit son coba... avec des feu... de salade. – Les voitures dont la boîte de vitesses est automatique n'ont pas de pédale d'embr... . – Pour un petit appartement au sixième étage, monsieur Leray paie un lo... exorbitant. – Il n'y a plus guère de funiculaire à crém... en circulation aujourd'hui. – Le maître nageur a sauvé l'imprudent de la no... . – Une tarte aux cerises sans no..., c'est tout de même plus facile à manger ! – Un bon cavalier ne se risque jamais à rudo... son cheval.

39 **Complète par l'article défini (le, la ou l') qui convient.**

... vitrail	... treuil	... réveil	... fenouil
... canaille	... feuille	... abeille	... grenouille
... entaille	... seuil	... sommeil	... gargouille
... ferraille	... portefeuille	... treille	... houille
... corail	... fauteuil	... merveille	... quenouille
... portail	... millefeuille	... oseille	... nouille

40 **Place un article ou un pronom personnel (je, tu, elle, ils) devant ces mots. Il peut y avoir plusieurs réponses possibles.**

... travailles	... rails	... détail	... veille
... travail	... raille	... détailles	... veillent
... travaillent	... raillent	... détails	... veilles
... conseils	... accueilles	... émail	... patrouilles
... conseille	... accueille	... émaille	... patrouille
... conseil	... accueil	... émailles	... patrouillent

C⊕ copie et retiens

le tuyau - le voyage - la frayeur - le crayon - le cobaye
le travail - le réveil - le fauteuil - une merveille - une feuille

Des lettres

Les noms commençant par la lettre **h**

observe

Au printemps, les **hirondelles** avaient l'**habitude** de nicher sous les toits du **hangar** de mes grands-parents. Tout l'été, elles animaient le **hameau** de leurs cris joyeux et chassaient les moucherons au ras des **haies**. À l'approche de l'**hiver**, elles se réunissaient sans **hâte** sur les fils électriques et s'envolaient vers l'Afrique.

retiens

Seuls l'usage ou la consultation d'un dictionnaire permettent de savoir si un nom commence par la lettre **h**.
l'habitude ; l'abîme ; le hangar ; l'ange ; la haie ; l'aigle

Le **h muet** nécessite l'apostrophe au singulier et la prononciation de la liaison au pluriel.
l'hirondelle – les hirondelles ; l'habitude – les habitudes ; l'hiver – les hivers

Le **h aspiré** exige l'emploi de **le** ou **la** au singulier et empêche la prononciation de la liaison au pluriel.
le hangar – les hangars ; le hameau – les hameaux ; la haie – les haies

exercices ▶ Corrigé p. 255

41 **Consulte un dictionnaire pour compléter ces noms, si nécessaire.**

l'...orloge	l'...aleine	l'...armonie	l'...istoire
l'...orizon	l'...allure	l'...artiste	l'...isard
l'...orange	l'...allucination	l'...armure	l'...islam

42 **Écris les noms au pluriel, puis lis-les à haute voix.**

un haricot	un habit	une horreur	un humain
une hache	un haillon	une heure	un héron
un harpon	un hectare	une hanche	un héritage
une hauteur	un hôpital	une huile	un hôtel

⊙ copie et retiens

le haricot - le héros - le hangar - la haie - le hasard - la hauteur
l'habitude - l'habitant - l'hiver - l'huile - l'hôtel - l'horizon - l'histoire

Des lettres

La lettre **m** devant **m, b, p**

Comme il a trouvé un **emploi** à Lille, Farid **emménage** dans un nouvel appartement. Il y a **longtemps** qu'il voulait un logement plus grand. Il est **impatient** de le meubler. Il **compte** bien rester quelques années dans ce quartier à l'**ambiance** sympathique.

retiens

Devant les lettres **m, b, p**, il faut écrire **m** au lieu de **n**.
emménager, un emploi, longtemps, compter, l'ambiance

EXCEPTIONS :
un bonbon, une bonbonne, une bonbonnière, l'embonpoint, néanmoins

exercices Corrigé p. 255

43 Complète par m ou n.

la co...fiture   le pri...te...ps   le ta...bour   tre...bler
le do...pteur   un ti...bre   un bo...bon   le fa...tôme
la ve...te   si...ple   tre...per   le co...bat

44 Écris le contraire de ces mots.

propre → impropre
prudent   digne   buvable   pair   précis   connu
possible   mobile   cassable   vaincu   prévu   moral

45 Complète par m ou n.

Mozart a écrit plus de quara...te sy...phonies. – Alourdi par un fort e...bo...point, mo...sieur Toraille peine pour se déplacer. – Les trafiquants les plus pauvres re...plissent les bo...bonnes avec de l'esse...ce de co...treba...de ; c'est da...gereux. – Le vai...queur a trio...phé avec dix minutes d'ava...ce ; il est réco...pe...sé comme il se doit.

copie et retiens

la jambe - la chambre - le tambour - l'ombre - ensemble - le nombre - tomber - le pompier - la lampe - compter - grimper - simple

23

Des lettres

Les consonnes doubles

observe

La voiture de monsieur **Tessier** est en **panne** en pleine **agglomération**. La lampe-témoin du tableau de bord s'**allume** en permanence : le moteur **chauffe**. Furieux, il descend pour **mettre** plusieurs litres d'eau dans le radiateur. Après un **arrêt** interminable, il tourne la clé de contact et **appuie** sur l'**accélérateur**. Le moteur obéit **immédiatement**. Monsieur **Tessier** se dirige vers un garage.

retiens

Les consonnes placées entre deux voyelles peuvent être doublées, ainsi que les consonnes placées entre une voyelle et les consonnes **r** ou **l**.
l'accélérateur, chauffer, l'agglomération, allumer, immédiatement, la panne, appuyer, l'arrêt, mettre, M. Tessier

Devant une double consonne, **e** se prononce le plus souvent [ɛ], mais s'écrit sans accent.
mettre, M. Tessier

En cas de doute, il est prudent de consulter un dictionnaire.

exercices ▶ Corrigé p. 256

46 Complète par l ou ll. Utilise un dictionnaire.

le ba...on	le co...ège	bou...everser	une pe...e
le ba...ai	la co...ombe	rebe...e	appe...er
le ba...adeur	le co...orant	un mi...iard	une écue...e
le ba...ottage	la co...ection	le mi...ieu	la grê...e
la ba...ance	la co...ine	la vaisse...e	para...è...e
le pou...et	une co...ision	un bu...etin	le domici...e

47 Complète par r ou rr. Utilise un dictionnaire.

En été, Martin a...ose son jardin tous les soirs. – Ce film est sans inté...êt, jouons plutôt aux cartes. – On dit parfois qu'on ne peut pas avoir le beu...e et l'argent du beu...e. – Tendez l'o...eille, car le son est faible. – M. Bouvier inte...oge son répondeur téléphonique. – Le pa...ain de Marie la couvre de cadeaux. – Rien ne sert de cou...ir, il faut partir à point. – Les cosmonautes se nou...issent d'aliments déshydratés.

48 **Complète par t ou tt.** Utilise un dictionnaire.

la sonne...e	la gro...e	l'assie...e	gra...er
le gâ...eau	la lu...e	un visi...eur	une gou...e
un lu...in	un ba...eur	se blo...ir	une so...ise
une roulo...e	une anecdo...e	la crê...e	la comè...e

49 **Complète par n ou nn.** Utilise un dictionnaire.

La reine d'Angleterre ne porte sa couro...e que dans les grandes occasions. – Les vaches s'affolent car le to...erre gronde. – M. Clémentin a cassé sa raquette de te...is en frappant le sol. – Le télépho...e portable co...aît un succès exceptio...el dans notre pays. – Quand il y a trop de pa...eaux au bord de la route, on ne les remarque plus. – Claire a toujours porté des lu...ettes : elle est myope. – Le camion est en pa...e au milieu de la chaussée.

50 **Complète par p ou pp.** Utilise un dictionnaire.

su...rimer	le sou...er	a...ercevoir	un cale...in
une envelo...e	le cha...eau	a...rendre	le na...eron
une gra...e	s'écha...er	une soucou...e	la gri...e
un a...ui	une co...ie	la ré...étition	attra...er
la ta...isserie	l'hô...ital	un su...ositoire	fra...er
les tri...es	le su...lément	su...érieur	stu...éfiant

51 **Complète par des mots dans lesquels il y a une consonne double.** Utilise un dictionnaire.

Le vol-au-vent de ma tante Édith est su... ; nous nous régalons. – Dans une a..., on peut changer l'ordre des nombres sans modifier le résultat. – Quel est le plus gros des ma... ? la baleine ! – Villeurbanne et Vénissieux font partie de l'ag... lyonnaise. – Attisé par le vent, le feu de brou... a pris de l'ampleur. – Dimitri vient de poser la dernière pièce de son pu... : il est fier de lui.

52 **Utilise un homonyme (avec une double consonne) du mot entre parenthèses pour compléter la phrase.**

(le mâle) Le magicien enferme sa partenaire dans une ... truquée.

(la pâte) Le flamant rose se tient souvent sur une seule ... .

(le soufre) Mehdi ... d'une fracture du tibia ; il sera opéré demain.

(le but) La cabane sera construite sur une petite ... .

(la cour) La chasse à ... est plus pratiquée en Angleterre qu'en France.

---

copie et retiens

la carotte - la grotte - la flotte - la goutte
la pelote - le pilote - la capote
courir - mourir - sourire - guérir - mûrir - écrire - atterrir - nourrir

Des lettres

Les lettres finales muettes

observe

Le grenier de monsieur Rouge est un vrai **paradis** pour un brocanteur. Dans ses **placards**, on trouve un **tas** de souvenirs de ses **longs** voyages : un **poignard** dérobé à un **bandit** de **grand** chemin, un **petit fusil** à la crosse nacrée, une peau de **serpent**, un **banc** en rotin, un **réchaud** à alcool, un coffre fermé par un **lourd cadenas**, et même un collier en **argent** pour chasser le **mauvais esprit** !

retiens

Pour trouver la lettre finale d'un nom ou d'un adjectif, on peut essayer de former son féminin ou chercher un mot de la même famille dans lequel on entend la lettre.

long → longue ; grand → grande ; petit → petite ; lourd → lourde ; un paradis → paradisiaque ; le placard → placarder ; le fusil → la fusillade

Comme il y a des exceptions à ce procédé – ou bien parce que l'on ne trouve pas de mot dérivé – il est prudent de consulter un dictionnaire.
un esprit – un réchaud
un bijou (le bijoutier) – le favori (favoriser) – le caoutchouc (caoutchouté)

exercices ⟩ Corrigé p. 256

53 Complète ces noms et donne un mot de la même famille.

le sport → le sportif

le lar...	l'accor...	le débu...	le profi...	l'univer...
un concer...	la den...	le bour...	un rabai...	le parfu...
le progrè...	l'écla...	le trico...	l'échafau...	le cadena...
un bon...	un sor...	le cam...	le confor...	le persi...
le maqui...	le clima...	le salu...	le serpen...	le brui...

54 Écris les adjectifs au masculin.

une louve grise → un loup gris

une nappe blanche	→ un drap ...	la crème fraîche	→ un fromage ...
une femme inquiète	→ un homme ...	une voix douce	→ un chant ...
une mauvaise année	→ un ... jour	une mêlée confuse	→ un combat ...
une heure précise	→ un moment ...	une table ronde	→ un chapeau ...
une idée sournoise	→ un regard ...	une sauce épaisse	→ un potage ...

55 Écris les noms correspondant à ces verbes.

regarder → le regard

flancher	farder	comploter	poignarder	suspecter
respecter	tamiser	appâter	fracasser	retarder
ranger	combattre	mépriser	réciter	refuser
plomber	guetter	proposer	griser	arrêter

56 Complète ces mots. Utilise un dictionnaire.

un remou...	le poid...	la brebi...	le nœu...	un homar...
le pui...	le héro...	le tailli...	le croqui...	un glan...
la perdri...	le lila...	le verni...	un réchau...	le camboui...
le quar...	le circui..	un artichau...	le hou...	le buvar...
le rébu...	le haren...	la croi...	le foi...	un solda...

57 Si nécessaire, complète ces mots. Attention aux exceptions !

abriter → un abri

siroter	→ le siro...	favoriser	→ le favori...
plisser	→ le pli...	une poignée	→ le poin...
concourir	→ le concour...	pianoter	→ le piano...
numéroter	→ le numéro...	accrocher	→ l'accro...
la permission	→ le permi...	juteux	→ le ju...
dénoyauté	→ le noyau...	galoper	→ le galo...
le bijoutier	→ le bijou...	ajouter	→ un ajou...
verdâtre	→ ver...	schématiser	→ le schéma...

58 Aide-toi du mot entre parenthèses pour compléter les phrases avec un mot qui se termine par une lettre muette.

(sanguin) Le centre de transfusion organise une collecte de ... .

(standardisé) Le ... téléphonique est saturé ; il y a dix minutes d'attente.

(essaimer) Pour approcher un ... d'abeilles, il faut se protéger.

(débarrasser) Les vieux objets s'entassent dans le ... près du garage.

(la rizière) Au dessert, je vous propose un gâteau de ... .

(le chalutier) Les pêcheurs remontent le ... avec beaucoup de peine.

(le dossier) Sous les caresses, le chat fait le ... rond.

(planter) M. Chalumeau prépare lui-même ses ... de tomate.

(un planeur) Le policier a un ... ; il va suivre le trafiquant de drogue.

(portuaire) Les voiliers quittent le ... de Saint-Malo.

(la porcherie) Les musulmans ne mangent jamais de ... .

✍ copie et retiens

le sport - le confort - le profit - le récit - le concert - le climat
le débris - le rébus - un éboulis - le tamis - le refus - le concours

Des lettres

La lettre t prononcée [s]

observe

La **calvitie** naissante de monsieur Garneau le préoccupe. Tous les jours, il observe avec **attention**, et désespoir, la chute de ses cheveux ; aussi a-t-il pris l'**initiative** d'acheter une **lotion révolutionnaire** que lui a recommandée, à titre **confidentiel**, un de ses amis. Il suit **minutieusement** le traitement et espère que la **réaction** sera efficace.

retiens

Le son [s] s'écrit parfois avec un **t**.
la calvitie, l'initiative, révolutionnaire, confidentiel, minutieusement

Beaucoup de noms terminés par [sjɔ̃] s'écrivent **-tion**.
l'attention, la lotion, la réaction

exercices ▶ Corrigé p. 256

59 **Complète avec un adjectif qualificatif de la famille du nom entre parenthèses.**

(patient)   M. Sautier est ... de connaître les résultats des élections.
(la substance)   Les employés ont obtenu une augmentation ... .
(le torrent)   Les pluies ... ont dévasté la vallée du Drac.
(la confidence)   Cette information n'est pas ... ; vous pouvez la diffuser.
(la prétention)   Le sportif ... trouve toujours son maître !

60 **Complète avec t ou c.** Utilise un dictionnaire.

la démocra...ie	auda...ieux	un logi...iel	l'ini...iative
la pharma...ie	superfi...iel	la suprema...ie	les ini...iales
la calvi...ie	silen...ieux	la gen...iane	le pé...iole
l'acroba...ie	ambi...ieux	la suspi...ion	un offi...ier
l'éclair...ie	minu...ieux	le remer...iement	balbu...ier
l'idio...ie	astu...ieux	la diploma...ie	asso...ier

☯ copie et retiens

l'attention - l'opération - l'action - la fonction - la sensation - la tradition - la position - la solution - la station - l'émotion - l'aviation - la relation

Révision

1 **Dans ces mots, écrits en majuscules, on a oublié les accents. Copie-les en lettres minuscules et place correctement les accents.**

LA CREMIERE	RETRECIR	UN TRAINEAU
LE THEATRE	L'APPETIT	UN DEMENAGEUR
L'ELEGANCE	MARECAGEUX	NECESSAIRE
UN PELERINAGE	LE REGLEMENT	UN COLLEGIEN
DESESPERANT	UNE ENUMERATION	L'EXPEDITION

2 **Devinettes : dans tous les mots, on trouve un accent circonflexe.** Utilise ton dictionnaire.

À minuit, il se promènerait avec un drap et des chaînes. → le f...
Quand on voyage, il propose le gîte et le couvert. → l'h...
Il entoure le membre fracturé. → le pl...
Étendue de terre complètement entourée d'eau. → l'....
Elle entoure la mie du pain. → la cr...
Dans les histoires, on prétend que cet animal est bête. → l'...
Le huitième mois de l'année. → a...
On la confond parfois avec le marron. → la ch...

3 **Charades**

Mon premier est un organe qui purifie le sang.
Mon second ne fait pas de sottises.
Mon tout vient après le lavage. → le ...

Il y a cinq fois mon premier dans *abracadabra*.
Tu portes, en général, le nom de mon second.
Mon troisième est bien appris.
Mon tout donne une première idée de quelque chose. → un ...

4 **Devinettes. Dans tous les mots, on trouve un tréma.**

C'est un beau désordre ! → un caph...
Vaste forêt de Sibérie. → la ta...
Deux événements qui arrivent ensemble, par hasard. → une co...
Redoutable arme blanche au bout d'un fusil. → une ba...
Il a pour cousin l'alligator, ou le crocodile. → un ca...
Dans une bande de voyous, c'est le chef. → un ca...

5 **Avec ces sept lettres, compose au moins cinq mots de cinq lettres.**

B P R E L I A

29

Révision

6 Trouve les mots qui correspondent à ces définitions et place-les dans la grille.

1. ▶ Une petite rivière.
2. ▶ On l'écrit sur l'enveloppe.
3. ▶ Doublé, c'est un moyen de transport chinois.
4. ▶ On y range ses crayons et ses stylos.
5. ▶ Le contraire de l'activité.
6. ▶ On y trouve de tout.
7. ▶ Celui de paradis est le plus beau et le « mouche », le plus petit.
8. ▶ Celui des pirates est souvent caché dans une île.

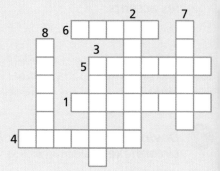

7 Écris le contraire de ces mots ; tu dois entendre le son [s] ou le son [z].

la force ≠ la faiblesse

difficile
debout
aimer

une fille
joyeux
absent

accepter
la hausse
la pauvreté

8 En utilisant quelques-unes de ces huit lettres, retrouve au moins sept mots dans lesquels on entendra le son [s] ou le son [z].

C S A I E N S O

9 Devinettes.
Attention ! Tous les noms se terminent par -jet, sauf un !

Le contraire de l'acceptation.	→ le re...
Le faire à pied ou en voiture, ce n'est pas la même chose.	→ le tr...
Le verbe s'accorde toujours avec lui.	→ le su...
Ce que l'on veut faire dans quelque temps.	→ un pr...
S'il est volant et non identifié, c'est un OVNI.	→ un ob...
L'ensemble des recettes et des dépenses.	→ le bud...

10 Cherche trois noms d'animaux dans lesquels on trouve le son [f] écrit **ph**, trois dans lesquels le son [f] s'écrit **f** et un dans lequel le son [f] s'écrit **ff**.

11 À chaque définition correspond un nom dont la lettre t
se prononce [s].

Les clowns en font souvent.	→	des ac...
On peut en faire de timbres, de voitures, de papillons.	→	une col...
Sport que l'on pratique à la mer ou à la piscine.	→	la na...
Lorsque tu ne comprends pas, tu en demandes.	→	des expl...
On en fait pour résoudre un problème.	→	des opé...
Au moment de Noël, il y en a de très belles dans les rues.	→	des déco...
Il faut l'être lorsqu'on fait un puzzle.	→	pat...

12 Trouve cinq noms de fleurs, puis cinq noms de fruits
ou de légumes, dans lesquels on entend le son [o]
ou le son [ɔ].

13 Pour trouver les noms qui correspondent à ces définitions,
il suffit de changer la première lettre.

Qu'elle soit à l'endroit ou à l'envers, elle fait le tricot.	→	la maille
Pour jouer au basket, mieux vaut l'avoir haute.	→	la ...
Il ouvre involontairement la bouche quand il a sommeil.	→	il ...
On la mange avec des raisins ou on mange ses petits œufs.	→	la ...
Si le raisonnement en présente une, il n'est pas juste.	→	une ...
Quand on reste sur elle, c'est que l'on n'a plus un sou !	→	la ...
Il se moque et tourne en ridicule par des plaisanteries.	→	il ...

14 Complète selon le modèle. Choisis un nom singulier
ou pluriel et accorde les adjectifs.

(percer)	des cris perçants	(agacer)	des ...
(grincer)	une ...	(pincer)	un ...
(menacer)	un ...	(remplacer)	un ...
(tracer)	une ...	(glacer)	des ...

15 Écris les verbes au présent de l'indicatif.

(geler) Ce matin, il ... à pierre fendre. – (acheter) Tu ... n'importe quoi, sans réfléchir. –
(semer) Le jardinier ... des graines de persil. – (compléter) Madame Balestra ... le
questionnaire que lui a adressé la mairie. – (sécher) Tes cheveux ... au soleil. –
(promener) Viviane ... un regard intéressé sur les cassettes vidéo. – (s'achever) Le
spectacle ... par un triomphe : les spectateurs sont tous debout. – (modeler) Le coureur
... sa course sur celle de son entraîneur.

Révision

16 *Copie ces phrases en plaçant les accents et les trémas qui ont été oubliés.*

A la station de metro Bastille, vous decouvrirez une mosaique presentant divers episodes de la Revolution française. – Pour decouper ces planches, utilisez de preference une scie egoine. – Certains choisissent de la vaisselle en porcelaine, d'autres en faience ; c'est une question de gout. – Quoi de plus decoratif qu'un bouquet de glaieuls ? – Ne sois pas naif, le Pere Noel n'existe pas !

17 *Écris l'adjectif au féminin.*

un gros fruit → une grosse pomme

un mur gris → une muraille ...	un champ boueux → une ruelle ...
un plafond bas → une table ...	un air sérieux → une décision ...
un mot précis → une parole ...	un plat niçois → une salade ...
un rire joyeux → une fête ...	un pré ras → une herbe ...
un regard rieur → une bouche ...	un bœuf gras → une viande ...

18 *Trouve les verbes correspondant à ces noms.*

un abus → abuser

le dos	un tracas	le trépas	le débarras	un rabais	le tas
le cadenas	un biais	un tapis	le gras	un propos	le mépris
le bras	le bois	le pavois	le refus	la toux	la croix
le puits	le repos	un creux	l'engrais	l'amas	le progrès

19 *Complète les phrases avec des mots de la même famille que les mots entre parenthèses. Souligne les lettres qui transcrivent les sons [s] et [z].*

(la lassitude)
L'eau continue à monter, inla..., les habitants consolident les digues pour se protéger.
Entendre toujours la même musique, cela finit par être ... .
Après sa journée de travail, madame Bucher se ... en écoutant de la musique.

(la glissade)
La chaussée est ..., soyez très prudents !
Un ... de terrain a recouvert la route nationale ; on ne peut plus rejoindre la station de Val-d'Isère.
Manœuvrée de main de maître, l'embarcation ... sans un bruit sur le lac des Settons.

(la glace)
Amandine met deux ... dans son verre de sirop de menthe.
Avant de partir en pique-nique, Patrick place les provisions dans une ... .
Chaque année, les ... reculent ; les calottes ... diminuent en taille.

(viser)
L'automobiliste aperçoit une moto prête à doubler dans son ... .
Le chef de chantier sup... les travaux de construction du pont sur la Somme.
En cas d'absence, on doit immédiatement en a... le directeur de l'école.

20 *Complète les mots dans lesquels on entend* [s] *ou* [z].

Pour écrire le ru... ou le bulgare, on utilise des caractères cyrilliques.
La ru... du trappeur était grossière, le gibier a fui.
La ba... du triangle mesure cinq centimètres.
Mon cou... joue de la guitare ba... dans un orchestre amateur.
Bien calé contre son cou..., monsieur Adamoli attend le début du film.
Le piranha est un poi... carnassier d'Amazonie.
L'arsenic est un poi... extrêmement dangereux.
La fourrure des vi... était très appréciée des élégantes d'autrefois.
Nous vi... une étagère au mur de la cuisine.

21 *Trouve deux mots de la même famille que le mot entre parenthèses dans lesquels on entend toujours le son* [ʒ].

(la loge)   le logement – le logis – déloger
(le voyage) ...   (jeûner) ...   (jeter) ...   (l'orange) ...   (la margelle) ...
(général) ...   (geler) ...   (régional) ...   (enrager) ...   (la gibecière) ...

22 *Complète les mots dans lesquels on entend le son* [f].
Utilise un dictionnaire.

Combien y a-t-il de lettres dans l'al... français ? – Le dau... devait succéder à son père, le roi de France. – L'in... soigne les malades. – Le désert du Sahara couvre une grande partie de l'A... . – Personne ne veut croire que ce serpent est ino... . – Vania véri... les résultats à l'aide de sa calculatrice. – Le chat rentre ses gri... et fait patte de velours. – Il su... souvent d'un petit cadeau pour entretenir l'amitié. – Acheter immédiatement ce téléviseur, c'est une a... à ne pas manquer !

23 *Complète avec un homonyme du mot entre parenthèses.*
Utilise un dictionnaire.

(la pose)   À mi-chemin, les randonneurs feront une ... .
(l'autel)   M. Blancher a retenu une chambre à l'... Terminus.
(le chaume)   Le personnel de cette entreprise ... deux jours par semaine.
(le taux)   Le premier TGV est à cinq heures, c'est trop ... pour moi.
(la fosse)   Si tu oublies les décimales, tu ... le résultat des calculs.
(le mot)   Aux grands ..., les grands remèdes, dit le proverbe.
(la paume)   Préfères-tu la tarte aux ... ou la tarte au citron ?

24 *Essaie de trouver une phrase dont le dernier mot rimera avec le dernier mot de la première ligne.*

J'ai rencontré un petit papillon
Qui voulait chanter comme un grillon.
Avant de partir en voyage   Le vainqueur attend la médaille
...   ...
Si vous cherchez du travail,   Ouvre grand tes deux oreilles
...   ...

Des finales de noms

Les noms masculins en -ard, -art, -ar, -are

observe

Le **motard** roule doucement dans la campagne. Soudain, aveuglé par les **phares** d'un **autocar**, il fait un **écart**, heureusement sans gravité. Il poursuit sa route tout en maudissant le **chauffard** qui l'a gêné.

retiens

Beaucoup de noms masculins terminés par le son [aʀ] s'écrivent **-ard** :
le motard, le chauffard, le homard, le renard, le boulevard

Attention ! il y a d'autres terminaisons :
-ar : un autocar, un radar, un bazar, un char, un dollar, un bar
-are : un phare, un cigare, un square, un hectare
-art : un écart, le départ
-ars : un jars

exercices ▶ Corrigé p. 256

61 Écris les noms qui correspondent à ces verbes. Utilise un dictionnaire.

écarter	partir	darder	bazarder
placarder	lézarder	retarder	cauchemarder
regarder	hasarder	poignarder	caviarder

62 **Complète les noms terminés par le son [aʀ].** Utilise ton dictionnaire.

Savez-vous que le b… s'appelle le loup, au bord de la Méditerranée ? et que le chamois des Pyrénées c'est l'is… ? – Les employés municipaux prennent le plus grand soin des fleurs du squ… de la Paix. – Perdus dans le brouill…, les randonneurs cherchent le refuge de la Laisse. – Les Indiens d'Amazonie empoisonnent leurs flèches avec du cur… . – Les supporters brésiliens agitent leurs foul… jaunes et verts. – Le matériel agricole est rangé sous le hang… . – Dans la savane, le guép… est le plus rapide, mais il ne court pas longtemps ; heureusement pour les gazelles !

copie et retiens

du lard - les phares de la voiture - le départ de la course - un canard - le brouillard - le retard - un milliard - un hangar

Des finales de noms

Les noms masculins en -i, -il, -is, -it, -ix, -ie

observe

Aujourd'hui, c'est le grand **prix** de Cluny. Les chevaux se rangent sans **bruit** derrière l'élastique. Dès le départ, la course est animée. Un **cri** de surprise s'élève lorsque le **favori** de la course chute sur une haie. Deux chevaux franchissent la ligne d'arrivée en même temps ; le **ralenti** les départagera. Si le 6 gagne, monsieur Robin sera au **paradis**, car il l'a joué.

retiens

Comme les terminaisons des noms masculins en **[i]** sont nombreuses, il est prudent de consulter un dictionnaire.

le favori, le cri, le bruit, le prix, le paradis, l'incendie, le fusil ...

exercices ▶ Corrigé p. 256

63 **Complète ces noms masculins terminés par le son [i].**
Utilise un dictionnaire.

le safar...	l'incend...	le log...	le circu...	le paraplu...
l'espr...	le cabr...	l'appét...	le pissenl...	le salsif...
le crucif...	le favor...	l'abr...	le kiw...	le déf...
le part...	l'étu...	le rép...	le roul...	le col...
le repl...	le sk...	le rôt...	le ralent...	le gâch...

64 **Complète ces noms masculins terminés par le son [i] et donne un mot de la même famille pour justifier la terminaison.**

le biscuit → la biscuiterie

le l...	l'out...	le n...	le fus...	le tam...
le maqu...	le pers...	le r...	le nombr...	le bru...
le perm...	le réc...	le parad...	le prof...	le mépr...

☞ copie et retiens

le ski - le mari - le taxi - l'oubli - le parti - le safari - le ralenti
le lit - le bruit - l'esprit - le fusil - l'outil - le persil
le permis - le tapis - le radis - le mépris - le maquis - le paradis

Des finales de noms

Les noms masculins en -er, -é

Le **routier** roulait à allure modérée mais, à la sortie d'un virage, il dérapa sur les **graviers** que des **ouvriers** avaient étalés la veille et il se retrouva dans le **fossé**. Aussitôt, les témoins se précipitèrent pour secourir un éventuel **blessé**, mais le conducteur fut sur ses **pieds** en un rien de temps. Plus tard, un **fermier** est venu avec son tracteur pour dégager le véhicule.

retiens

Les noms masculins terminés par le son [e] s'écrivent souvent **-er**.
le routier, le gravier, l'ouvrier, le fermier

Mais comme il y a d'autres terminaisons, il est prudent de consulter un dictionnaire, en cas de doute.
-é : le fossé, le blessé
-ée : le musée, le lycée, le scarabée, le trophée
-ed, -ez : le pied, le nez

exercices ▶ Corrigé p. 256

65 **Complète ces noms masculins par -é, -er, -ed, -ée.**
Utilise un dictionnaire.

un usag...	un béli...	un gési...	un alli...
un dang...	un coch...	un pili...	un mus...
un berg...	un pât...	un velout...	un carr...
un scarab...	un troph...	un roch...	un dami...
un verg...	un papi...	un encri...	le chimpanz...
un cahi...	du fumi...	un trépi...	un énonc...
un senti...	un fourr...	un cur...	l'escali...
le bl...	le clich...	le gravi...	le scaphandri...
l'écuy...	le pani...	le gosi...	le quarti...

66 **Écris le nom masculin correspondant à chaque verbe.**
s'adosser → le dossier

dîner	abonner	associer	résumer	inviter
avouer	employer	déjeuner	coucher	marier
immigrer	déléguer	tracer	évader	goûter

67 Écris un nom masculin en -er ou -é de la même famille que chacun de ces noms.

le tison → le tisonnier

la balance	la pédale	la dent	la cire	la route
le handicap	le luth	l'équipe	le beurre	la papeterie
le sabot	la fiche	la métairie	la case	la ferme

68 Complète les noms par -é, -er ou -ez.

Pourquoi les boxeurs ont-ils souvent le n... écrasé ? – Le trait... de Versailles a mis fin à la Première Guerre mondiale. – Le chenal est étroit, le pétroli... avance prudemment. – Il est interdit de pénétrer sur le chanti... sans autorisation. – Aujourd'hui, tous les méti... peuvent être exercés par des femmes. – Depuis qu'il est passé à la télévision, Samuel reçoit un courri... de ministre. – Croyez-vous que les pili... seront assez solides pour supporter ce balcon ?

69 Complète les noms par -é, -er ou -ée.

Laurine a renversé un verre d'eau sur les coussins du canap... . – Au petit déjeun... , Frédéric prend du caf... au lait et Angèle du th... au citron. – Après le collège, Henriette espère bien aller au lyc... . – Madame Racouchot habite sur le même pali... que sa cousine. – Monsieur Ruchon a débarrassé son greni... ; il a tout donné à ses enfants. – Un peu de thym et de lauri... , et votre sauce sera bien plus savoureuse. – Les mains de Patricia courent sur le clavi... ; elle joue du piano à ravir.

70 Sur quel arbre ou arbuste poussent ces fruits ou ces fleurs ?

les bananes → le bananier

les roses	les olives	les noisettes	les dattes	les noix
les prunes	les oranges	les figues	les mûres	les pommes
les cerises	les abricots	les amandes	les poires	les coings

71 Complète par un nom masculin terminé par -er ou -é.

M. Léonard téléphone à son ban... pour savoir s'il reste de l'argent sur son compte. – Le jour du 14 Juillet, le président de la République assiste au dé... militaire. – Monsieur Colin achète toujours ses légumes au marc... ; il dit qu'ils sont plus frais. – Autrefois, les ouv... français n'avaient pas de vacances ; c'est en 1936 que furent accordés les premiers con... payés. – Dans les rues de nos villes, le goudron a remplacé les pav... .

copie et retiens

le marché - le café - le blé - le fossé - le carré - le pré - le canapé le chantier - le routier - le courrier - le danger - le rocher - le dîner - le métier - le nez - le pied - le musée - le lycée

Des finales de noms

Les noms féminins en -ée

La **randonnée** n'en finit plus. Jean a mal évalué la **durée** nécessaire pour effectuer la **traversée** de la **vallée**, et surtout, il ne pensait pas que l'**arrivée** au refuge Carro serait aussi difficile. À la **tombée** de la nuit, la petite troupe aperçoit enfin la **fumée** qui signale la présence du chalet ; chacun pourra poser son sac et passer une agréable **soirée**, bien au chaud, devant la **cheminée**.

retiens

Les noms féminins terminés par le son [e] s'écrivent le plus souvent **-ée**.
la randonnée, la durée, la traversée, la vallée, l'arrivée, la tombée, la fumée

EXCEPTIONS : la clé et la plupart des noms terminés par [te] ou [tje] : la santé, l'amitié, la beauté, la vérité ...

exercices ▶ Corrigé p. 257

72 **Complète par un nom féminin, terminé par le son [e], de la même famille que le mot entre parenthèses.**

(le poing)   La ... de la porte est bloquée ; je ne peux pas entrer.
(un bras)   Baptiste apporte une ... de lilas à son amie Madeleine.
(le jour)   Le boulanger travaille la nuit et dort une partie de la ... .
(le rang)   Les tables de la ... du milieu ont été changées.
(le soir)   Les invités sont partis en fin de ... .
(l'arme)   Le fils de M. Gobin s'est engagé dans l'... de terre.

73 **Complète par des noms féminins terminés par le son [e].**

Le cardinal de Richelieu avait interdit les duels à l'ép... entre nobles. – La cor... d'alpinistes approche du sommet du mont Thabor. – Le décollage de la fu... lunaire est proche ; les techniciens sont inquiets. – Par cette chaleur, débarrasser le grenier : quelle cor... ! – Tous les enfants du monde adorent les contes de f... . – D'une foul... élégante, la championne du monde distance ses adversaires. – Le mois de mars est traditionnellement le mois des gibou... . – Sans gants, tu aurais vite l'ong... par ce froid. – Quelle est la dur... de vie moyenne d'un chat ? – Madame Ledoux adore se promener dans les all... du château de Versailles.

74 Écris le nom féminin en [e] correspondant à chaque verbe.

tourner → la tournée

entrer	assembler	couler	trancher
fumer	échapper	plonger	voler
pincer	mêler	arriver	virer

75 Complète par des noms féminins terminés par le son [e].

Prendrez-vous votre boudin avec de la pur... de pommes de terre ? – Quelques gouttes de ros... au petit matin et les fleurs retrouvent leur beauté. – À mar... basse, les ramasseurs de coquillages sont nombreux. – Après les fortes gel... du mois de janvier, les chauss... sont dans un triste état et les camions n'ont pas l'autorisation de circuler. – La vente du poisson à la cri... est assez rare aujourd'hui. – Les ingénieurs projettent la construction d'un barrage dans la vall... du Doubs. – Toutes les fillettes ont, un jour, câliné une poup... . – La nouvelle s'est répandue comme une traîn... de poudre ; en une heure, tout le monde fut informé. – La voyante peut vous indiquer votre dest... pour l'an... prochaine ; si vous croyez à son pouvoir divinatoire, bien sûr !

76 Complète ces noms féminins et cherche leur signification dans un dictionnaire.

une ond...	la lev...	une nich...	une azal...
une cogn...	la cuv...	une lign...	une corn...
une ris...	la panac...	une épop...	une denr...
une livr...	la naus...	une trou...	une gramin...

77 Complète ces noms. Attention au genre ! Utilise un dictionnaire.

une pens...	une odyss...	une embard...	la renomm...
un énonc...	le march...	un cuisini...	un pi...
un roch...	la travers...	une orchid...	une crois...
une avanc...	un lyc...	un gési...	une gratin...
une saign...	une diarrh...	une girofl...	un carr...

78 Complète ces noms et ajoute un complément (ou un adjectif).

une traînée de peinture

une fricass...	un pani...	une id...	une bourr...
une flamb...	une bouff...	une envol...	une rentr...
une bouch...	une veill...	une matin...	une contr...

C⊕ copie et retiens

*l'année - la cheminée - la poupée - la journée - la matinée - une idée -
la rosée - une entrée - la fumée - la durée - la volée - l'armée -
une allée - la soirée - la pensée - la poignée - la vallée*

Des finales de noms

Les noms féminins en -té ou -tié

observe

La tempête fait rage. L'**extrémité** de la **jetée** est battue par les flots déchaînés. Seule la **moitié** des bateaux est rentrée au port et on est sans nouvelles de ceux qui pêchent habituellement au large d'Audierne. La petite **communauté** des marins vit dans l'**anxiété**, mais les liens de **solidarité** sont importants, et les familles qui seront dans la détresse toucheront des **indemnités**.

retiens

Les noms féminins qui se terminent par [te] ou [tje] s'écrivent généralement sans **e**.

l'extrémité, la moitié, la communauté, l'anxiété, la solidarité, l'indemnité

EXCEPTIONS :
– les noms exprimant un contenu : l'assiettée, la cuillerée
– la dictée, la jetée, la montée, la portée, la pâtée

exercices ⟩ Corrigé p. 257

79 Transforme selon le modèle. Utilise un dictionnaire.

un vendeur aimable → l'amabilité d'un vendeur

un ami loyal	un tunnel obscur
un beau paysage	un concurrent nerveux
un singe agile	une actrice célèbre
une explication claire	une position ferme
une représentation gratuite	un détective curieux
un pays pauvre	une réclamation timide

80 Emploie le nom en -té correspondant à ces adjectifs avec un complément. Utilise un dictionnaire.

léger → la légèreté → la légèreté d'un vêtement

fier	toxique	humide	rapide	valide	sonore
humain	majeur	ferme	intime	fatal	téméraire
faux	moral	énorme	éternel	saint	banal
rival	bref	fluide	mobile	total	légal

81 Complète ces noms féminins par -é ou -ée.

la drag...	l'identit...	la journ...	la gravit...	la mosqu...
la sécurit...	la maturit...	la pât...	la volupt...	la jet...
la saign...	l'autorit...	la port...	la pur...	la quantit...
la vanit...	l'arm...	la réalit...	l'araign...	la tourn...

82 Dans chaque colonne trouve l'intrus (regarde bien les terminaisons ou le genre des noms).

la vérité	l'utilité	la fiancée	la ruée
l'honnêteté	la renommée	la dignité	l'enjambée
la dictée	la densité	la charité	la tranchée
la santé	la liberté	la qualité	la lâcheté
la bonté	la fraternité	la parenté	la marée
l'égalité	la solidarité	la faculté	la destinée

83 Complète par des noms féminins terminés par -ée, -té ou -tié.

Connais-tu un bien plus précieux que l'ami... ? – Le volcan est en éruption ; on aperçoit une cou... de lave sur ses flancs. – Le jury fait preuve de génér... et accepte les réponses du candidat. – Ce prestidigitateur fait disparaître des boules de pétanque : quelle dext... ! – Candice a déjà lu la moi... de son livre : il est passionnant. – Si vous toussez, prenez une gor... de sirop et vous irez mieux. – Vider la piscine avec un seau d'eau, ce n'est pas une id... géniale. – Il paraît qu'il vaut mieux faire envie que pi... .

84 Écris le nom exprimant le contenu correspondant à ces noms.
une maison → une maisonnée

un bol	une brouette	une poêle	une assiette	une pelle
une cuve	une cuillère	un plat	un pot	un four
une nuit	une aiguille	une pince	un nid	un bras

85 Complète ces noms par -é, -ée, -er. Sois attentif(ve) au genre.

le pât...	la nudit...	le comit...	la surdit...
l'arrriv...	le trait...	le lévri...	l'oreill...
le bless...	la poup...	la sûret...	la puret...
l'entr...	un émigr...	le gosi...	le doigt...
le déput...	le conseill...	la propriét...	le fermi...
la volont...	la localit...	la publicit...	l'épervi...
le foss...	l'électricit...	l'indemnit...	le lyc...

⊙ copie et retiens

la liberté - la pitié - l'amitié - la bonté - la volonté - l'égalité - la beauté - la propriété - la propreté - l'utilité - la charité - la qualité
la dictée - la portée - la jetée - la pâtée - la montée

Des finales de noms

Les noms féminins en -ie

Au mois de décembre, la **mairie** a fait un effort pour animer les rues de la ville qui, dès la **nuit** venue, présentent une véritable **féerie** de couleurs. Les magasins, de la plus modeste **épicerie** à l'imposante **librairie**, ont disposé des guirlandes électriques au-dessus de leurs vitrines pour attirer les clients et leur proposer des **économies** de temps, en effectuant immédiatement leurs achats de fin d'année.

retiens

Les noms féminins terminés par le son [i] s'écrivent **-ie**.
la mairie, la féerie, l'épicerie, la librairie, l'économie

EXCEPTIONS : la souris, la brebis, la fourmi, la nuit, la perdrix

exercices ⟩ Corrigé p. 257

86 **Observe l'exemple et indique le nom correspondant à chaque adjectif.** Utilise un dictionnaire.

hypocrite → l'hypocrisie

idiot	inerte	minutieux	plaisant	coquet
bizarre	comique	énergique	espiègle	myope
sympathique	infâme	harmonieux	tragique	fantasque

87 **Complète par des noms féminins terminés par le son [i].**

La fable prétend que la four... n'est pas prêteuse et qu'elle refuse de secourir la cigale. – Attendons une éclair... avant de reprendre la route, c'est plus prudent. – Le roquefort ou la feta sont des fromages faits avec du lait de bre... . – Les clowns font rire les enfants avec leurs acroba... maladroites. – Qui a dit que la nu... tous les chats sont gris ? – Carole consulte les cédéroms de l'ency... que son frère lui a offerte. – Le spéléologue a pu sortir de la grotte en se glissant par un véritable trou de sou... .

copie et retiens

la maladie - la vie - la sortie - une partie - la prairie - la série
la nuit - la souris - la brebis - la perdrix - la fourmi

Des finales de noms

Les noms en -ue, -u, -ut, -us

observe

Avenue des **Canuts**, se trouve un petit restaurant où l'on sert des **menus** insolites. Par exemple, vous pourrez manger de la **morue** séchée dans une carapace de **tortue**, ou bien des tranches de filet de kangourou avec quelques feuilles de **laitue** sur le **dessus** ; au **début**, cela surprend un peu, puis l'on s'habitue rapidement.

retiens

Les noms féminins terminés par le son [y] s'écrivent **-ue**.
l'avenue, la morue, la tortue, la laitue
EXCEPTIONS : la bru, la glu, la vertu, la tribu.

Les noms masculins terminés par le son [y] s'écrivent souvent **-u**, mais comme il y a d'autres terminaisons, il est prudent de consulter un dictionnaire.
le canut, le menu, le dessus, le début ...

exercices Corrigé p. 258

88 **Écris les noms féminins en -ue correspondant à ces verbes.**

recruter → une recrue

retenir	venir	revoir	croître	étendre	entrevoir
muer	voir	battre	tenir	fondre	décroître

89 **Complète ces noms, masculins ou féminins, terminés par -u, -ue, -us, -ut. Utilise un dictionnaire.**

un fich...	un déten...	un ob...	un préven...	un poil...
le trib...	le conten...	le r...	la mor...	un réb...
la trib...	un vainc...	la r...	la vert...	le ref...
le sal...	une ingén...	un intr...	la sangs...	la verr...
le tiss...	la bienven...	la stat...	une inconn...	le j...

copie et retiens

la rue - l'avenue - la tortue - la grue - la statue - la fondue - la revue
le début - le salut - le contenu - le tissu - le dessus - un refus

Des finales de noms

Les noms en -oi, -oie, -ois, -oit, -oix

observe

L'usine qui travaillait la **soie** a fermé à la fin du **mois**. Des centaines d'**emplois** ont été supprimés. La **joie** n'est plus dans le cœur des **villageois**. Des **voix** officielles ont bien réclamé l'application de la **loi**, mais la direction a affirmé qu'elle n'avait plus le **choix** ; la **voie** commerciale choisie se heurtait à la concurrence internationale. Les ouvriers licenciés ont eu **droit** à l'**envoi** d'une indemnité.

retiens

Les noms masculins terminés par le son [wa] s'écrivent souvent **-ois** ou **-oi**.
le mois, le villageois, l'emploi, l'envoi

Les noms féminins terminés par le son [wa] s'écrivent souvent **-oie**.
la soie, la joie, la voie

En cas de doute, il est prudent de consulter un dictionnaire.
la loi, le choix, le droit ...

exercices ▶ Corrigé p. 258

90 **Trouve les noms terminés par** -oi, -oid, -ois, -oit **de la même famille que ces mots.**

la toiture → le toit

les boiseries	renvoyer	convoyer	pavoiser	la froideur
la villageoise	exploiter	la Chinoise	mensuel	la droiture

91 **Complète avec l'homonyme qui convient.** Utilise un dictionnaire.

(la foi, le foie, une fois)   Le ... gras de Sarlat est apprécié des connaisseurs. – Tu as oublié ton cartable, une ... de plus ! – Le témoin raconte ce qu'il a vu, sous la ... du serment.

(la voie, la voix)   Empruntez la ... rapide, vous gagnerez du temps et c'est plus sûr. – Yu Ling, la grande cantatrice, possède une ... merveilleuse.

(la noix, il noie)   Celui qui n'est pas dégourdi se ... dans un verre d'eau. – D'un petit bateau, on dit quelquefois que c'est une coquille de ... .

⊙ copie et retiens

l'endroit - le toit - l'exploit - le maladroit - la paroi - l'emploi - le tournoi - la voie ferrée - une voix douce - la foi - le foie - trois fois

Des finales de noms

Les noms en -eur, -eure, -eurre, -eurt [œr]

observe ....

Les jeunes **campeurs** de Prémanon ont passé une nuit agitée. À deux **heures**, ils ont entendu des grognements et la toile de tente a été violemment secouée. Patrice, l'**éducateur**, a saisi avec **vigueur** un piquet et il s'est précipité à l'**extérieur** pour chasser le **visiteur** indésirable. Comme il n'a rien vu, il est rentré, pas vraiment rassuré. Au matin, la petite troupe a découvert avec **stupeur** l'**auteur** de ce remue-ménage nocturne, endormi devant l'entrée de la tente : un petit veau égaré !

retiens

Les noms masculins et féminins terminés par le son [œr] s'écrivent **-eur**.
les campeurs, la vigueur, l'extérieur, le visiteur, la stupeur, l'auteur

EXCEPTIONS : le beurre, la demeure, l'heure, le cœur, la sœur, un heurt

exercices ❯ Corrigé p. 258

92 Observe l'exemple et écris le nom en **-eur** correspondant à chaque adjectif. Utilise un dictionnaire.

doux → la douceur

splendide	furieux	ample	frais	grand
tiède	douloureux	effrayant	rigoureux	laid
raide	chaud	moite	horrible	fervent

93 Complète ces noms terminés par le son [œr].

une h...	le ski...	l'ordinat...	l'amat...	l'emper...
un dans...	l'ascens...	le sauvet...	le class...	l'équat...
le malh...	le répond...	le ch...	la ranc...	le project...
le b...	la coul...	la s...	l'od...	la fl...
le vélomot...	la val...	le télévis...	la vap...	un h...

copie et retiens

la chaleur - l'odeur - la fleur - la douleur - la couleur - la vapeur - le cœur - le téléviseur - le chanteur - le directeur - le joueur - le spectateur - la hauteur - la sœur - le chœur - l'heure - la demeure - le beurre

Des finales de noms

Les noms en -oir, -oire [waʀ]

observe

Dans un **manoir** isolé, le vieil alchimiste, vêtu d'un **peignoir** déchiré, travaille dans son **laboratoire** à la lueur de deux bougies. Il croit toujours à la formule, lue dans un **grimoire** poussiéreux, qui voudrait que l'on puisse transformer du plomb en or. Il a l'**espoir** d'y arriver bientôt, et il fait tout ce qui est en son **pouvoir** pour garder le secret sur une **victoire** qui marquera l'**histoire** de la science, dit-il !

retiens

Les noms masculins terminés par le son [waʀ] s'écrivent souvent **-oir**.
le manoir, le peignoir, l'espoir, le pouvoir
Quelques-uns s'écrivent **-oire**.
le laboratoire, le grimoire

Les noms féminins terminés par le son [waʀ] s'écrivent toujours **-oire**.
la victoire, l'histoire

exercices Corrigé p. 258

94 **Complète ces noms par -oir ou -oire.** Utilise un dictionnaire.
l'entonn...   la mém...   le supposit...   l'observat...   l'arm...
le tir...   la patin...   le coul...   la nage...   le territ...
le bons...   la pass...   la p...   la gl...   le mir...

95 **Complète par des noms terminés par le son [waʀ].**
M. Moulier note tous les numéros de téléphone sur son réper... . – Épuisés, les chevaux se dirigent vers l'abre... . – Les basketteurs de Prissé ont laissé échapper la vic... ; leurs supporters sont au déses... . – En musique, il faut deux n... pour faire une blanche. – Jessy tient l'audi... sous le charme de son violon. – Les automobiles qui stationnent sur les trot... gênent le passage des piétons. – Hector bâille à s'en décrocher la mâ... . – M. Ferrand a laissé un gros pour... au serveur.

copie et retiens

la mâchoire - la victoire - la nageoire - l'espoir - le soir - le miroir - le couloir - l'observatoire - le territoire - le laboratoire - le répertoire

Des finales de noms

Les noms en -o, -ot, -os, -op, -oc [o]

observe

L'enregistrement s'est déroulé sans **accroc**, Harold avait rendez-vous au **studio** des Cordiers. Le **trio** de musiciens qui devaient l'accompagner était là et ils se sont isolés dans une petite pièce au milieu d'une forêt de **micros**. Le preneur de son leur faisait des signes à travers un **hublot**. Sans un **mot**, ils ont trouvé le bon **tempo** et tout s'est enchaîné très vite. Après avoir écouté les premières prises, ils ont pris un peu de **repos**.

retiens

Certains noms terminés par le son [o] peuvent s'écrire **-o, -ot, -os, -op, -oc**.
le studio, le trio, le micro, le hublot, l'accroc, le repos, le sirop

Il est parfois possible de trouver la terminaison à l'aide d'un mot de la même famille (l'accroc - accrocher), mais il est préférable, en cas de doute, de consulter un dictionnaire.

exercices ⟩ Corrigé p. 258

96 **Trouve le mot terminé par le son [o] de la même famille.**

accrocher	le dossier	le crochet	galoper	tricoter
pivoter	proposer	comploter	sangloter	gigoter

97 **Complète ces noms terminés par le son [o].**

une voix de sopran...
un bistr... parisien
payer ses imp...
entendre l'éch... de ses cris
un ling... d'or
boire au goul... de la bouteille
du sir... de menthe
une douzaine d'escarg...
le robinet du lavab...

le hubl... d'une cabine de navire
une promenade en pédal...
un cage... de haric...
l'encl... de la chèvre de M. Seguin
écouter la mété...
gagner au lot...
un rob... articulé
un hér... de bandes dessinées
le bruit d'un grel...

copie et retiens

le studio - le lavabo - le micro - la radio - le robot - le haricot - le pot - le tricot - le repos - le héros - l'escroc - le sirop - le galop

Des finales de noms

Les noms en -eau, -au, -aud, -aut, -aux [o]

observe

Rachid et Julien regardent la cassette du film *Les bronzés font du ski*. Ils la connaissent par cœur, mais attendent toujours le moment où le moniteur fait un **saut** pour franchir un **ruisseau** et se retrouve coincé dans un étroit **boyau**, enfoui sous la neige, le **fuseau** déchiré et le **bandeau** en travers du visage. Mais le plus drôle, c'est quand un paysan coupe un **morceau** de fromage avec un **couteau** large comme la main et leur offre un verre d'eau-de-vie de **crapaud** !

retiens

Beaucoup de noms terminés par le son [o] s'écrivent **-eau**.
le ruisseau, le fuseau, le bandeau, le morceau, le couteau

Comme il y a d'autres terminaisons, il est préférable de consulter un dictionnaire, en cas de doute.
le saut, le boyau, le crapaud, le taux...

exercices ⟩ Corrigé p. 258

98 **Complète ces noms par -eau ou -au.** Utilise un dictionnaire.

un boy...	un drap...	un cham...	un flamb...	un agn...
un pinc...	un pré...	un mus...	un v...	un trét...
un ét...	un prun...	un cerv...	un flé...	un fourn...
un lamb...	un bat...	un cot...	un joy...	un noy...

99 **Complète par des noms terminés par le son [o].**

La digue s'est rompue sous l'ass... furieux des vagues. – Pendant la Révolution, le bourr... se tenait sur l'échaf... et guillotinait les victimes. – De monumentales cheminées ornent les toits du châ... de Chambord. – En jouant au foot dans la cour, les élèves ont cassé un carr... de la salle de classe.

⊕ copie et retiens

le chapeau - le bureau - le morceau - le drapeau - le couteau - le château
le tuyau - le noyau - l'assaut - l'artichaut - le réchaud - le crapaud

Des finales de noms

Les noms en -et, -aie [ɛ]

observe

La plage du Ramatou connaît un franc **succès** ; les touristes sont nombreux à admirer la magnifique **baie** et les voiliers qui se balancent le long du **quai**. On imagine qu'une armée de pirates y a caché des **coffrets** remplis d'or et de bijoux. Dans la **palmeraie** du bord de mer, les **perroquets** s'en donnent à cœur joie. Devinez quel est le **souhait** de chacun ? Vivre dans ce paradis, bien sûr !

retiens

La plupart des noms masculins terminés par le son [ɛ] s'écrivent **-et**.
le chapelet, le coffret, le perroquet
Attention ! il y a d'autres terminaisons.
le succès, le quai, l'aspect, le souhait
Les quelques noms féminins terminés par le son [ɛ] s'écrivent **-aie**.
la baie, la palmeraie
EXCEPTIONS : la paix et la forêt.

exercices Corrigé p. 258

100 Écris les noms terminés par le son [ɛ] correspondant à ces mots.
la bonneterie → le bonnet

fouetter	progresser	une sorbetière	la préfecture
forestier	respecter	la billetterie	cacheter
crocheter	refléter	souhaiter	la poulette

101 Complète ces noms terminés par le son [ɛ]. Utilise un dictionnaire.

l'asp...	le poign...	le siffl...	le l...	l'obj...
un jou...	un bal...	la p...	le duv...	le budg...
le robin...	l'imparf...	le bracel...	le secr...	un portr...
un tabour...	un carn...	le rel...	un ess...	le dél...
l'engr...	le retr...	la h...	l'alphab...	la cr...

☺ copie et retiens

le secret - le carnet - le poulet - le jouet - le poignet - le paquet - l'objet
la craie - la monnaie - le souhait - le palais - le balai - la paix - la forêt

Des finales de noms

Les noms en -ail, -eil, -euil, -ouil et en -aille, -eille, -euille, -ouille

observe

Si vous passez près de Chartres, ne manquez pas la visite de la cathédrale ; c'est une **merveille**. Sur le **seuil**, admirez l'élégance des statues encadrant le **portail** et la finesse des **gargouilles** ; la **taille** de la pierre n'avait pas de secret pour ces artistes. À l'intérieur, prenez le temps de découvrir le **soleil** couchant qui allume le **vitrail** situé au-dessus du chœur.
Ce chef-d'œuvre de l'art gothique fait l'**orgueil** de toute une région.

retiens

Les noms masculins terminés par [j] s'écrivent **-il**.
le portail, le vitrail, le soleil, le seuil, le fenouil

Les noms féminins terminés par [j] s'écrivent **-ille**.
la taille, une merveille, une gargouille, la feuille

Le portefeuille, le chèvrefeuille, le millefeuille s'écrivent **-lle** parce qu'ils sont formés avec le nom féminin **feuille**.

Attention à l'orthographe de : l'accueil, l'écueil, le recueil, l'orgueil, l'œil

exercices ⟩ Corrigé p. 258

102 Complète ces noms. Attention au genre !

la bout...	la can...	la frip...	le cerf...	le rév...
le vitr...	l'and...	le portef...	le sol...	la mur...
la patr...	la f...	la gros...	le trav...	la citr...
le s...	la merv...	l'autor...	les n...	le tr...
le somm...	l'ent...	la f...	le millef...	la bat...
l'or...	la vol...	la ratat...	la méd...	le rec...

⟳ copie et retiens

le travail - le détail - le vitrail - le bétail - la bataille - la taille - la médaille - le fauteuil - le seuil - le portefeuille - l'accueil - le recueil - le soleil - le conseil - le réveil - le sommeil - la bouteille - la corbeille

Des finales de noms

Les noms en -ent, -ant, -an, -and, anc [ɑ̃]

observe

Il pleut à **torrents** ; le petit **bâtiment** est malmené par la tempête.
L'**océan** se déchaîne et il fait un **temps** à ne pas mettre un marin
dehors. Le **vent** d'ouest interdit tout **virement** de bord, mais le capitaine ne perd pas son **sang**-froid, il laisse le bateau partir un **instant**
sur le **flanc** pour mieux contrôler la manœuvre. Il attend le **moment**
propice pour s'engager dans le chenal et se mettre à l'abri.

retiens

Les noms terminés par [ɑ̃] s'écrivent souvent **-ent**.
le torrent, le bâtiment, le vent, le virement, le moment

Mais il est préférable de consulter un dictionnaire, en cas de doute.
l'océan, le temps, le sang, l'instant, le flanc, le marchand, le champ

exercices ▶ Corrigé p. 258

103 **Complète ces noms terminés par le son [ɑ̃].** Utilise un dictionnaire.

l'él...	l'alim...	le gér...	le serp...	un mom...
le print...	un récipi...	le gl...	un écr...	le march...
un segm...	un pl...	l'accid...	le gé...	l'éléph...
un trid...	l'arg...	un calm...	un div...	un cr...
un diam...	le torr...	un enf...	un par...	le goél...
le cli...	le v...	un g...	le perd...	le bil...

104 **Écris les noms terminés par -ment correspondant à chaque verbe et ajoute un complément.**

trembler → le tremblement des mains

gémir	croiser	ricaner	déménager	châtier
panser	amuser	battre	payer	aboyer

☞ copie et retiens

*la dent - le vent - un parent - un moment - un serpent - un client -
l'argent - le volant - le géant - le savant - l'instant - le diamant -
le ruban - l'écran - l'océan - le divan - un marchand - un brigand*

Des mots difficiles

Des mots invariables

Malgré l'heure tardive, il y a **déjà longtemps** que Freddy attend l'arrivée de son idole. **Soudain**, une clameur parcourt le groupe d'admirateurs situés **près** de la scène : le chanteur est **enfin devant** eux. **Aussitôt**, des centaines de bras se tendent **pour** essayer de le toucher. Les musiciens lancent les premiers accords et **plusieurs** projecteurs balaient la foule. **Maintenant**, le spectacle peut commencer.

Dans une phrase, un certain nombre de mots s'écrivent **toujours de la même façon** ; ce sont des mots **invariables**.

malgré, déjà, longtemps, soudain, près, enfin, devant, aussitôt, pour, plusieurs, maintenant

Comme ils sont très courants, il faut bien connaître leur orthographe.

exercices ▶ Corrigé p. 258

105 Complète avec des mots invariables.

Le pilier de rugby fonce ve... la ligne d'essai co... un taureau furieux. – Nous prendrons l'escalier pa... q... l'ascenseur est en panne. – Lor... vous êtes malade le dimanche, il faut appeler le médecin de garde. – L'échelle est appuyée co... le mur ; tu ne risques ri..., je la tiens fermement. – Mohammed mange des poireaux en salade, ma... il préfère plu... les asperges. – Monsieur Seguin se demandait pour... ses chèvres voulaient aller dans la montagne.

106 Complète avec des mots invariables.

Au Sahara, il ne pleut pas sou... et l'herbe est rare. – Al... que la météo annonçait du beau temps, il a neigé toute la journée ! – Qu'elles soient servies av... de la sauce tomate ou un bon jus de viande, ces pâtes seront excellentes. – Tu écris si mal qu'il est au... difficile de déchiffrer ton écriture que des hiéroglyphes ! – Maxence sortira qu... il aura terminé son travail. – Ch... les musiciens de jazz, le rythme est une seconde nature.

107 **Complète avec des mots invariables.**

Joachim et Rudy sont inséparables ; cet été, ils partiront en vacances ens... . – Com... il n'y avait plus de places assises, Fabien et Zinédine sont restés deb... durant tout le spectacle. – Il y a fort lon... que les dinosaures ont disparu de la surface de la Terre. – Il y a tellement de voitures à Paris que bien... l'air ne sera plus respirable. – Dè... q... le brouillard aura disparu, l'avion pourra décoller, en toute sécurité. – Sa... consulter un dictionnaire, je n'aurais pas trouvé l'orthographe du mot « kyrielle ». – Laurent a fait des études de droit, main... il est avocat. – Ce crayon n'est pas a... taillé, les traits seront tr... épais. – Il y a quelques poires par... les pommes que tu m'offres.

108 **Remplace les mots en couleur par leur contraire.**

Le livre de lecture que je cherchais se trouvait **sur** mon classeur. – M. Chatrieux lit **peu** de romans policiers. – Les enfants attendent le passage des grosses têtes du Carnaval **devant** la barrière. – Madame Clavel **ne** roule **jamais** avec les vitres ouvertes. – Je mangerai ma part de tarte **avant** mon fruit. – Si tu regardais **plus** la télévision, ce serait une bonne chose. – **Loin** de la ville, les conditions de vie sont **moins** faciles.

109 **Complète ces proverbes avec des mots invariables.**

On ne fait pas d'omelette s... casser des œufs. – On a tou... besoin d'un pl... petit que soi. - Il faut battre le fer pen... qu'il est chaud. – Ta... va la cruche à l'eau qu'à la fin elle se casse. – En... deux maux, il faut choisir le moindre. – Il n'y a que les montagnes qui ne se rencontrent jam... . – Il vaut mi... faire envie que pitié. – Pl... on est de fous, pl... on rit. – Qu... on n'a pas une bonne tête, il faut avoir de bonnes jambes. – Ri... ne sert de courir, il faut partir à point. – L'avenir appartient à ceux qui se lèvent t... .

110 **Remplace les mots en couleur par un adverbe en -ment.**

Autrefois, certains grands seigneurs vivaient **dans le luxe**. – Dans le noir, monsieur Zeller essaie **en vain** d'introduire sa clé dans la serrure. – M. Nédélec attend **avec impatience** les résultats du loto. – Le capitaine brandit **avec fierté** la coupe de France. – Dans le monde, beaucoup de gens vivent **dans la pauvreté**. – Martial a résolu le problème **avec aisance**. – Le cuisinier introduit **en douceur** le plat dans le four. – Pourquoi réponds-tu **en termes vagues** à ma question ?

---

copie et retiens

avec - beaucoup - chez - depuis - maintenant - jamais - toujours - lorsque - mieux - aussitôt - alors - très - malgré - sans - derrière - après - longtemps - comme - entre - vers - devant - contre

Des mots difficiles

Des homonymes

observe

Mon **père** a un sens de l'orientation peu commun : même **dans** une ville inconnue, il ne se **perd** jamais. Personne ne sait comment il procède pour prendre ses **repères**, mais il est bien capable de retrouver l'immeuble de ma **tante** américaine, en plein New York, **sans** jamais avoir mis les pieds sur ce continent. Ma **mère** prétend qu'il a des ancêtres parmi les oiseaux migrateurs !

retiens

Les homonymes sont des mots qui ont **la même prononciation**.

le père de famille – il perd ; dans une ville – une dent de lait ; prendre un repère – le repaire des brigands ; une tante et un oncle – une toile de tente ; sans avoir – le sang coagulé – cent francs - il sent bon ; il a mis – la mie de pain ; la mère de famille – la mer Méditerranée – le maire

Il faut chercher le sens de la phrase pour les orthographier correctement.

exercices ▶ Corrigé p. 258

111 **Complète chaque phrase avec le mot qui convient.**

(puis / puits) Nous irons d'abord chez le charcutier ... chez le pâtissier. – Le proverbe dit que la vérité est au fond du ... .

(fin / faim) La ... fait sortir le loup du bois. – M. Buffart ne voit pas la ... de ce travail ; il est épuisé.

(roux / roue) Avant de partir en voyage, M. Vauthier fait gonfler sa ... de secours ; on ne sait jamais ! – Renoir adorait peindre les cheveux ... ; il prétendait qu'ils renvoyaient bien la lumière.

(amande / amende) Coline adore les gâteaux enrobés de pâte d'... . – Les automobilistes qui rouleront trop vite en ville paieront une très forte ... .

112 **Complète par le ou la, il ou ils.**

Omar lève ... doigt.

Théo voit enfin ... bout du chemin.

J'ai choisi ... sole grillée.

Mina adore ... pain de campagne.

... seiche envoie un jet d'encre.

... signent un chèque.

... me doit deux cents francs.

Je marche dans ... boue.

... sol est glissant.

... peint le mur de la chambre.

... sèche ses cheveux.

Elle admire ... cygne blanc.

113 **Complète chaque phrase avec le mot qui convient.**

(sans / sang / cent / sent) L'eau bout à ... degrés. – Agathe redoute les prises de ... . – Il pleut, ne sors pas ... ton parapluie. – Près du feu, Florimond se ... bien ; il se réchauffe.

(ver / vert / vers / verre) Pourquoi un tapis de casino est-il toujours ... ? – Pour pêcher le gardon, M. Bénier choisit le ... de terre plutôt que l'asticot. – Nestor, mon petit chat, tourne sa tête ... moi et attend une caresse. – M. Fayolle boit son eau dans un ... à pied.

(mètre / mettre / maître) Toby suit son ... à travers la campagne. – Il ne faut pas ... la charrue avant les bœufs. – Pour mesurer la hauteur de la chambre, prends un ... à ruban.

(père / pair / paire / perd) En toutes circonstances, Alilou ne ... pas le nord ; il est chez lui partout. – Les Blanchet sont viticulteurs de ... en fils. – Quarante est un nombre ... . – L'été, madame Marchand ne sort pas sans sa ... de lunettes de soleil.

(sale / salle / sales) Cette ... de bains dispose d'une douche et d'une baignoire. – Avec cette lessive miracle, votre linge ... retrouvera ses belles couleurs. – Tu ... ton plat de carottes.

114 **Complète les phrases en employant des homonymes de ces mots :**

mais - plaine - conte - coup - cher - porc - cane
Le trésorier tient les ... de la coopérative. – Handicapée, Jennifer se déplace toujours avec sa ... . – La coupe est ... ; je ne vous supporterai pas plus longtemps. – Le canard est farci avec de la ... à saucisse. – Deux tours protégeaient l'entrée du ... de La Rochelle. – Le 1er ..., c'est la fête du travail et c'est un jour férié. – M. Piard ignore quel sera le ... de la réparation.

115 **Complète ces expressions pour distinguer le sens des mots homonymes.**

le saut en hauteur → un seau d'eau
de la pâte ... → la patte ...
un point ... → un poing ...
une chaîne ... → un chêne ...
un car ... → un quart ...
un cor ... → un corps ...
un phare ... → du fard ...
un chant ... → un champ ...

Révision

25 **Devinettes. Tous les noms se terminent par la lettre h. Utilise un dictionnaire.**

Point du ciel situé exactement à la verticale d'un lieu : le zén...
L'ancêtre de l'éléphant : le mam...
Des algues rejetées par la mer : le var...
Calendrier accompagné de conseils pratiques : l'alma...
Paysan égyptien : un fell...

26 **Complète chaque colonne avec la même consonne double.**

la ba...e	gue...er	abando...er	la te...e
la baga...e	qui...er	bouto...er	le te...ain
déma...er	me...re	harpo...er	le te...itoire
pou...ir	ba...re	crayo...er	la te...asse

27 **Écris le contraire de ces mots. Ils ont tous une consonne double.**

disparaître → apparaître

coupable	minuscule	s'éloigner	décrocher	devant
refroidir	raccourcir	finir	un ami	planter
la paix	alourdir	éteindre	emporter	refuser

28 **Dans chaque colonne, il y a un intrus (le son ne s'écrit pas de la même manière) ; entoure-le.**

[ɑ̃]	[ɔ̃]	[ɛ̃]	[ɑ̃]
emmitoufler	le nombre	impossible	la tempête
emménager	le monde	important	novembre
emmêler	la tombe	sympathique	la dentition
entourer	la compote	la symphonie	semblable
emmener	le pompier	la symétrie	l'exemple
emmancher	le compteur	interdit	employer

29 **Remplace la lettre en gras par un p ou un b pour trouver un autre mot que tu écriras correctement (attention à la transformation du n).**

grincer → grimper

le chan**t**	tren**t**e	lan**c**e	enfi**l**er
la pon**t**e	ran**g**er	la bon**t**é	ton**n**er

30 **Change les lettres en gras pour obtenir un nouveau nom toujours terminé par -tion.**

la punition → la munition

la **r**ation	la **fr**action	la **c**otation
l'**ad**dition	la **n**otation	l'**all**ocation
la **l**otion	la **t**entation	la **p**onction

# Révision

31 — Écris les noms dérivés de ces verbes.

diffuser → la diffusion

former	appréhender	signaler	imprimer
louer	éduquer	réfléchir	vérifier
varier	presser	attribuer	tenter
sentir	motiver	expulser	exclure

32 — Chaîne. Complète ces mots et place-les dans la chaîne. Chaque mot débute par la dernière lettre du précédent.

la croi... – l'étan... – le ner... – sour... – le ban... – le fusi... – le tami... – le lou... –
le xylophon... – le grelo... – le plom...

nerf – f...

33 — Dans cette grille, retrouve quinze mots se terminant par une lettre muette.

E	T	E	W	D	A	R	D
C	O	N	T	E	N	T	H
L	X	R	E	P	A	S	A
A	D	L	Y	A	V	I	R
T	O	I	T	R	I	R	E
W	S	L	I	T	S	O	N
F	R	A	N	C	J	P	G
F	U	S	I	L	O	N	G

34 — Charades

Mon premier est la moitié d'une demi-noix exotique.
Mon deuxième est la fin du dimanche.
Mon troisième est une petite étendue d'eau.
Mon tout est un rêve angoissant. ...

Mon premier est une étendue d'eau.
La piqûre de mon second est très douloureuse.
Mon tout flottait au sommet du donjon du seigneur. ...

Révision

35 *Place ces noms dans la grille après les avoir complétés ; ils se terminent tous par* [aʀ].

cavi... étend... av...

reg... remp... hang...

barb... caf...

36 *Quels sont ces métiers ?*

Il écrit des romans.   le rom...

Il cultive des légumes en grande quantité.   le maraî...

Il fait les pansements et les piqûres.   l'infi...

Il réparait les horloges.   l'hor...

Il conduit les poids lourds.   le rou...

Il fabrique des paniers et des corbeilles.   le van...

Il revend des vêtements usagés.   le frip...

37 *Devinettes. Tous les noms se terminent par le son* [i].

Il en faut généralement deux pour glisser sur la neige.   des s...

Livre du Moyen Âge entièrement écrit à la main.   un man...

À l'entrée du château fort, il permet de franchir les douves.   le p...-le...

Picasso en fut un en peinture et Mozart en musique.   un gé...

C'est un fruit à la chair verte ou un oiseau de Nouvelle-Zélande.   un ki...

En le prenant, on réduit la distance à parcourir.   un raccour...

C'est la nourriture de base des Asiatiques.   le r...

Personne qui ressemble beaucoup à une autre.   un sos...

38 *Charades. Tous les noms sont terminés par le son* [e].

Mon premier est le début du mot « chemise » et la fin du mot « vache ».
Mon deuxième est une note de musique.
Mon troisième se voit au milieu de la figure.
La fumée sort par mon tout.   ...

Mon premier est la première des voyelles.
Mon deuxième partage la chevelure en deux.
Mon troisième ne voulait pas reconnaître les faits.
Mon tout est une bestiole repoussante qui tisse sa toile.   ...

39 *Avec ces étiquettes retrouve huit noms féminins terminés par le son* [e].

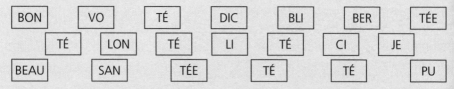

| BON | VO | TÉ | DIC | BLI | BER | TÉE |

| TÉ | LON | TÉ | LI | TÉ | CI | JE |

| BEAU | SAN | TÉE | TÉ | TÉ | PU |

58

40 Donne le nom du magasin où l'on trouve ces produits ou ces objets.

du pain et des croissants	la boul...
du jambon et du saucisson	la char...
des livres et des magazines	la libr...
des gâteaux, des biscuits, des glaces ...	la pâtis...
des produits de beauté	la parf...
des sacs, des valises, des cartables en cuir	la maroqui...
des médicaments	la phar...
des bagues, des colliers, des bracelets ...	la bijou...
de la viande	la bouch...
des fromages	la crèm...
des poissons et des crustacés	la pois...
des armes	l'armur...
des vis et des clous	la quinc...

41 Mots croisés.

Horizontal

1. Autrefois, ils habitaient les bourgs.
2. Partie du corps entre la cuisse et le bas-ventre. – Réserve de grains.
3. Ils nettoient le sang en retirant l'urée. – Une manche au tennis.
4. Ferrées, elles sont parallèles.
5. Douze par an.
6. Semée en terre, elle donnera une plante. – Note de musique.
7. La fin du sommeil. – Celui qui a trouvé la fève le devient ... pour un instant.

Vertical

1. Il permet de faire des réserves d'eau.
2. Son jeu compte 63 cases. – Participe passé d'un verbe très gai.
3. Un tissu d'une seule couleur. – Quelqu'un de doux n'en ferait jamais à une mouche.
4. Retour à l'expéditeur.
5. Les premiers sont donnés à un blessé.
6. Le début de l'escalier. – La fin d'un malaise.
7. Département français dont le chef-lieu est Beauvais.
8. Terres entourées d'eau. – La première d'une série de sept.
9. Il est un peu nigaud. – Tous les citoyens doivent la respecter.

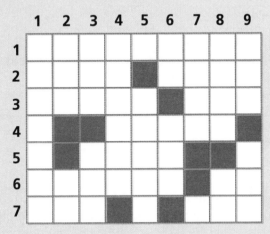

Révision

42 **Comment appelle-t-on celui qui :**

surveille les enfants en colonie de vacances ?   le mon...
qui regarde un spectacle ?   un spec...
qui vote ?   l'élec...
qui contrôle les billets dans un train ?   le contr...
qui fouille les greniers à la recherche de vieux objets ?   le broc...
qui gagne une course ?   le vain...
qui coupe les cheveux ?   le coif...
qui n'a plus de travail et qui en cherche ?   un chô...

43 **Complète ces proverbes par des noms en -oire ou -oir.**

Araignée du s... , e... . – Il faut toujours garder une p... pour la soif. – Si on fait son d...,
on laisse parler les sots. – L'h... n'est qu'à moitié dite quand une seule personne la
raconte. – Il y a des mi... pour le visage, il n'y en a pas pour l'esprit. – Pour une pas...,
ce n'est pas un défaut que d'avoir des trous. – Il ne faut pas triompher avant la v... . –

44 **Trouve dix noms d'animaux terminés par le son [o].**
Utilise un dictionnaire.

escargot   ...   .

45 **Trouve un homonyme du mot entre parenthèses et emploie-le
dans une phrase.**

(un sot)   ...   (un pot)   ...   (les canaux)   ...   (le Verseau)   ...
(les maux)   ...   (il vaut)   ...   (le taux)   ...   (trop)   ...

46 **Donne le nom des habitants de ces villes, de ces régions
ou de ces pays.**

Lyon → les Lyonnais

le Togo	le Liban	l'Écosse	Mâcon
la Pologne	Dijon	le Portugal	Bordeaux
le Japon	l'Irlande	la Hollande	Toulon
le Sénégal	la Camargue	Marseille	La Réunion

47 **Donne le diminutif de ces noms.**

un petit moulin → un moulinet

un petit coffre	un petit jardin	un petit tonneau
un petit gant	un petit porc	un petit wagon
un petit roi	un petit bâton	un petit bassin
un petit coq	un petit garçon	un petit bois

48 **Trouve huit noms terminés par le son [j].**
Utilise un dictionnaire.

la groseille   ...   .

49 *Complète par le mot qui convient.*

(*le chant, le champ*) Les choristes répètent un ... de Noël. – Le sanglier s'est réfugié dans un ... de maïs.

(*le sang, cent, sans*) Avec ... euros, on peut acheter cet anorak fourré. – M. Bec ne démarre jamais ... boucler sa ceinture de sécurité. – Le blessé a perdu beaucoup de ..., il faudra pratiquer une transfusion.

(*le flan, le flanc*) La route serpente à ... de montagne. – Comme dessert, je prendrai un ... au caramel.

(*le paon, il pend*) Comme il adore faire la roue, certains disent que le ... est vaniteux. – Heureux de leur retour, Manuel se ... au cou de ses frères.

(*l'étang, il étend*) Avant de tourner, le cycliste ... le bras. – Les huîtres de ... de Thau sont expédiées dans la France entière.

(*le temps, le taon*) Un ... s'est posé sur ton bras et tu n'as pas eu le ... de le chasser : il t'a piqué.

(*le vent, il vend*) Je crois bien que Raphaël ... la peau de l'ours avant de l'avoir tué. – Don Quichotte voulait se battre contre des moulins à ... .

(*la dent, dans*) Gloria a placé sa ... de lait ... une petite boîte sous son oreiller ; elle attend le passage de la petite souris.

50 *Avec ces lettres, retrouve des mots invariables.*

L	R	Q	E	O	S	U			→	....
M	T	A	N	I	N	N	E	T	A	→ ....
D	S	U	E	I	P				→	....
J	I	M	A	A	S				→	....
T	R	O	J	U	O	S	U		→	....
B	C	P	E	U	U	A	O		→	....
X	I	U	M	E					→	....
L	M	P	S	O	N	E	T	G	→	....

51 *Les mots en gras ont été confondus avec leur homonyme.*
Retrouve la bonne orthographe.
Tu peux utiliser un dictionnaire.

Patricia prépare un **flanc** à la vanille. – Ne t'inquiète pas, j'arriverai dans un **car d'heurt**. – M. Fernec porte une splendide chemise de **soit**. – Madame Carson fait le **plaint** à la station-service. – À quoi **serre** le bouton rouge sur le côté du moteur ? – Au **moi** de **mais**, il y a beaucoup de jours fériés. – Le **tant** se gâte, il va neiger **sept** après-midi. – Les élèves ont appris un **champ** de Noël. – Le **pousse** n'a que deux phalanges.

Révision

52 *Trouve les deux homonymes qui correspondent à ces définitions.*

Allure modérée du cheval.	le t...
Il y en a plus qu'il n'en faut.	t...
Pour dormir, on s'allonge sur lui.	le l...
Dépôt au fond d'une bouteille de vin	la l...
Le fruit du dattier.	la d...
Indication du jour, du mois, de l'année.	la d...
À cheval, on s'assoit dessus.	la s...
Il donne du goût aux plats.	le s...

53 *Complète par des noms terminés par le son [ɛ].*
Utilise un dictionnaire.

Pl... d'argent n'est pas mortelle. – Le spectateur présente son ti... à l'entrée du pa... des sports. – Ce concert fut un vrai suc... populaire. – Le train de Rennes partira du qu... numéro 15. – Comme tu n'as pas de mon..., tu paies avec un chèque. – La b... du Mont-Saint-Michel accueille des millions de touristes chaque année. – À la fin de la classe de troisième, les élèves du collège passent le br... – Le 1er m..., on offre un brin de mu... porte-bonheur. – Les hérons et les canards nichent au bord du ma... de Bouligneux. – Les Canadiens sont passionnés par les matchs de ho... sur glace.

54 *Complète par des noms terminés par le son [o].*

Le naufragé a réussi à gagner un petit îl... perdu au milieu du Pacifique. – Que dirais-tu d'un verre de si... de menthe ? – Dans les usines automobiles, les rob... remplacent peu à peu les ouvriers. – Dans des bandes dessinées pleines d'humour, Olivier dessine les aventures d'un hé... en culottes courtes. – Pour attirer les gardons, rien ne vaut un petit ast... au bout de sa ligne. – Poursuivie par ses admirateurs, l'actrice se rend au stu... pour le tournage de son dernier film. – Dès les premières gouttes, l'esca... sort ses cornes et part à la recherche des feuilles fraîches. – Les cha... de supermarché sont rangés sous un abri. – Le champion olympique a lancé le jave...à plus de quatre-vingt-dix mètres. – Cette feuille est écrite au rec... et au ver... . – Le gros l... de la loterie sera pour le nu... 367. – Au milieu de la plaine de Beauce, les sil... à grains s'aperçoivent de fort loin. – Avant l'ass... final, les deux judokas ajustent leur ki... . – La voiture est en panne : monsieur Daudruy soulève le ca... .

55 *Quelques noms terminés par -o sont en fait des débuts de mots que l'on a coupés.*
À l'aide d'un dictionnaire, retrouve les noms complets.

le micro → le microphone

le vélo	l'auto	le saxo	la météo
la moto	le métro	la dactylo	la radio
le mélo	le kilo	la sono	le stylo

2

Orthographe grammaticale

Le nom

Le genre des noms

Savez-vous qu'il existe un conseil municipal uniquement composé d'**élues** ! Siègent autour de la grande table une **commerçante**, une **technicienne** de laboratoire, une **caissière** de supermarché, une **retraitée**, une **hôtesse** d'accueil, une **architecte**, une **animatrice** de centre de loisirs, deux **étudiantes**, une **secrétaire**, une **coiffeuse** et même l'**épouse** de l'ancien maire ! Mais elles hésitent pour appeler madame Pragon : la mairesse, la maire ou madame le maire !

retiens

On forme souvent le féminin des noms en ajoutant un **e** au nom masculin, sauf si le nom masculin se termine déjà par **-e** ; dans ce cas, on place seulement un article féminin.
un élu – une élue ; un retraité – une retraitée ;
un commerçant – une commerçante ; un étudiant – une étudiante
un architecte – une architecte ; un secrétaire – une secrétaire

Mais d'autres modifications du nom masculin permettent parfois d'obtenir le nom féminin.
-er ; **-ière** : un caissier ; une caissière
-eur ; **-euse** : un coiffeur ; une coiffeuse
-teur ; **-trice** : un animateur ; une animatrice
-e ; **-esse** : un hôte ; une hôtesse
-n ; **-nne** : un technicien ; une technicienne
-oux ; **-ouse** : un époux ; une épouse
-eux ; **-euse** : un envieux ; une envieuse

En cas de doute, parce qu'il existe des formes particulières, il est préférable de consulter un dictionnaire.
un loup – une louve ; un héros – une héroïne ; un roi – une reine

exercices Corrigé p. 259

116 Écris le féminin de ces noms.

un candidat → une candidate

un ours	un voisin	un employé	un châtelain
un ami	un président	un bourgeois	un confident
un étudiant	un absent	un commerçant	un saint

117 Écris le féminin de ces noms.

un infirmier → une infirmière

un sorcier	un ouvrier	un étranger	un passager
un conseiller	un prisonnier	un cuisinier	un berger
un messager	un romancier	un meunier	un gaucher

118 Écris le féminin de ces noms.

un champion → une championne

un paysan	un chien	un chat	un bohémien
un technicien	un polisson	un gardien	un lion
un musicien	un magicien	un comédien	un chrétien

119 Écris le féminin de ces noms.

un tricheur → une tricheuse

un patineur	un coureur	un pleureur	un dompteur
un voyageur	un balayeur	un chanteur	un vendeur
un danseur	un habilleur	un campeur	un escrimeur
un voleur	un visiteur	un coiffeur	un marcheur

120 Écris le féminin de ces noms.

un moniteur → une monitrice

un éducateur	un spectateur	un médiateur	un aviateur
un instituteur	un auditeur	un fondateur	un animateur
un directeur	un lecteur	un traducteur	un électeur

121 Écris le féminin de ces noms.

un poète → une poétesse

un duc	un comte	un ogre	un diable
un prince	un âne	un tigre	un maître

122 Écris le féminin de ces noms.

un copain	un coq	un garçon	un neveu
un dieu	un frère	un singe	un oncle
un héros	un roi	un homme	un parrain

123 Écris le féminin de ces noms. Dans chaque colonne, souligne le nom dont le féminin n'a pas la même terminaison que les autres.

un sportif	un remplaçant	un curieux	un skieur
un fautif	un enfant	un religieux	un acteur
un cerf	un surveillant	un vieux	un rêveur

© copie et retiens

une vendeuse - une nageuse - une patineuse - une coiffeuse - une joueuse
une actrice - une directrice - une monitrice - une éducatrice - une spectatrice

Le nom

Le pluriel des noms

observe

Le samedi, les **voitures** envahissent les **travées** du parking du super-marché. Les **habitants** de la ville voisine effectuent leurs **achats** en famille. Les **chariots** se remplissent de **produits** divers, car ici le choix est vaste ; c'est le paradis des **consommateurs**. On trouve aussi bien des **vêtements** que des **légumes**, des **disques** ou des **casseroles**. Mais en passant devant les **caisses**, on est souvent surpris à la vue des **notes** !

retiens

Pour former le pluriel des noms, on ajoute souvent un **-s** au nom singulier.
les voitures – les travées – les habitants – les achats – les chariots – les produits – les consommateurs – les vêtements – les légumes...
Les noms terminés par **-s, -x, -z** au singulier ne prennent pas la marque du pluriel.
le choix – les choix ; le paradis – les paradis ; le gaz – les gaz

exercices Corrigé p. 259

124 Écris ces noms au pluriel.

une allumette	une odeur	une vérité	une oreille
une pêche	la pièce	une cabine	la route
une idée	une bouche	une opération	la part
une naissance	une raison	la trace	une poule
la ville	la poupée	une chaise	la photo
une nuit	la moyenne	la visite	une séance
la qualité	une poignée	une pierre	une lettre

125 Écris ces noms au pluriel.

le reste	un homme	le masque	le mouton
un salaire	un rocher	le souvenir	le flacon
un rêve	le savant	un camion	un savon
un saut	un ballon	un réservoir	le magasin
le secret	le respect	un roman	un stylo
le caractère	le ressort	le décor	un rire
un banc	le devoir	un poil	un film

126 Place un article devant ces noms. Dans chaque colonne, il y a un nom pour lequel il y a deux réponses possibles : souligne-le.

... rois	... ennui	... relais	... foulard
... samedi	... favori	... bazars	... corps
... balais	... skis	... tombola	... loups
... convoi	... souris	... buisson	... biscuits
... anchois	... fourmis	... coussins	... chef

127 Écris ces noms au singulier. Utilise un dictionnaire.

des palais	des chamois	des choix	des propos
des tapis	des voyous	des neveux	des puits
des remous	des épinards	des curieux	des bruits
des bœufs	des œufs	des caméras	des canevas
des matelas	des remords	des engrais	des céléris
des apprentis	des coutelas	des vérandas	des samedis

128 Écris les noms en *italique* au pluriel et accorde, si nécessaire.

Comme la journée est terminée, le menuisier range son *outil*. – Dimanche, le *train* circule à partir de six heures. – À ta place, je choisirais une *chemise* plutôt qu'un *maillot*. – Le *musicien* joue sans s'arrêter. – Après la *pluie* et le retour du soleil, le *trottoir* brille. – Dès que le *vent* se lève, le *navire* regagne le port. – Marlène remplit son *panier* de cerises bien mûres. – Le *poulet* qui vit en plein air a la chair ferme. – Tu me parais bien pressée d'ouvrir le *carton*. – La *voiture* attend que le *camion* dégage la chaussée. – La *rivière* déborde ; le *champ* sera bientôt inondé.

129 Complète par le nom entre parenthèses et accorde, si le sens l'exige.

(vanille)	M. Veillon remplit son congélateur de glaces à la ... .
(papillon)	Jean Satro a commencé une collection de ... .
(sable)	Les enfants construisent des châteaux de ... .
(chocolat)	Dimitri m'a offert une boîte de ... .
(chocolat)	Es-tu capable de manger deux tablettes de ... ?
(fleur)	Pauline pose un magnifique vase de ... sur la table.
(glace)	Walter prend le plus grand soin de ses patins à ... .
(image)	Clément ne sait pas lire, alors il feuillette son livre d'... .
(parole)	Le présentateur débite un flot de ... en deux minutes.
(farine)	Le boulanger ouvre ses sacs de ... .
(bille)	Pierre-Alexandre emporte son sac de ... à l'école.

copie et retiens

les lettres - les nuits - les erreurs - les feuilles - les saisons - les photos - les murs - les vents - les bancs - les stylos - les souvenirs - les ennuis

Le nom

Le pluriel des noms en **-eau, -au** et en **-eu**

observe ....

Les ouvriers avaient promis de poser les **tuyaux** d'écoulement mardi matin. À l'heure dite, une pelleteuse monstrueuse est arrivée. Ses **pneus** étaient plus hauts que le conducteur. Quand elle a commencé à creuser, les **essieux** grinçaient, tant le sol était dur. Il a fallu quatre heures pour dégager les **caniveaux** ; des **monceaux** de terre obstruaient la route. Le soir, le conducteur a posé des **panneaux** de signalisation autour du chantier pour éviter les accidents.

retiens

Les noms terminés par **-eau, -au, -eu** au singulier prennent un **x** au pluriel.

les tuyaux – les essieux – les caniveaux – les monceaux – les panneaux

EXCEPTIONS : des pneus, des landaus, des bleus

exercices ⟩ Corrigé p. 260

130 **Écris ces noms au pluriel.**

un plateau → des plateaux

un chameau	un flambeau	un préau	un ciseau
un enjeu	un perdreau	un piano	un studio
un troupeau	un escroc	un étau	un domino
un bouleau	un adieu	un lieu	un fardeau
un cheveu	un cerveau	un museau	un vœu
un complot	un corbeau	un sirop	un aveu
un moineau	un micro	un tourteau	un jumeau
un roseau	un tombereau	un pruneau	un niveau

131 **Écris ces noms au pluriel et ajoute un complément.**

un réseau → des réseaux d'espionnage

un morceau	un pinceau	un essieu
un feu	un anneau	le caniveau
un drapeau	le crapaud	un lavabo
un tuyau	un jeu	un hameau
un marteau	un vélo	le tréteau

132 Écris ces noms au pluriel et ajoute un complément.

un ruisseau → des ruisseaux de montagne

un lambeau	un traîneau	un rouleau
un réchaud	un rideau	un chapeau
un carreau	un sabot	un bandeau
un bureau	un cadeau	un barreau

133 Écris ces noms au singulier et souligne les deux seuls noms féminins.

les taureaux	les noyaux	les rameaux
les écriteaux	les dieux	les eaux
les curieux	les joyaux	les fuseaux
les neveux	les peaux	les boyaux
les milieux	les châteaux	les résineux

134 Écris les noms en *italique* au pluriel et accorde.

Le *gâteau* est cuit à point, nous allons nous régaler. – Le *bateau* a fait naufrage ; le *radeau* dérive maintenant au large des côtes africaines. – Le *maquereau* mariné dans du vin blanc possède un goût particulier. – Le *tombeau* de l'*empereur* de Chine est interdit au *visiteur* étranger. – Le *clown* reçoit un *seau* d'eau sur la tête ; il fait semblant de pleurer. – Le *boxeur* termine le combat avec un énorme *bleu* autour de l'*œil*. – Suivie de son *lionceau*, la *lionne* parcourt les hautes herbes de la savane. – Au Moyen Âge, le *trouvère* tenait le *public* en haleine en récitant un *fabliau* de sa composition. – Le *motard* devra changer le *pneu* qui présente des signes d'usure importants. – Le *landau* attend dans le *couloir* de la maternité mais le *bébé* dort encore.

135 Écris les noms en *italique* au pluriel et accorde.

Le *rideau* nous protège de l'*éclat* du soleil estival. – Le *panneau* indicateur est mal placé ; le conducteur ne le voit qu'au dernier moment. – La *gymnaste* lance le *cerceau* à une hauteur vertigineuse et réussit à le rattraper avec grâce. – M. Dufoux place un *cerneau* de noix sur son *chocolat* : c'est tout simplement délicieux. – Autrefois, le *bourreau* portait une cagoule pour ne pas être reconnu. – Le *joueur* pend son *vêtement* au *portemanteau* du *vestiaire*. – Dans l'*aéroport*, le *tableau* qui indique les horaires n'est pas très bien placé, on le voit à peine. – L'oiseau bâtit son nid sous le *chéneau* du *toit* de la ferme.

◎ copie et retiens

les cadeaux - les rideaux - les chapeaux - les panneaux - les châteaux
les tuyaux - les noyaux - les joyaux - les boyaux - les fléaux
les feux - les jeux - les neveux - les aveux - les lieux - les vœux - les pneus

Le nom

Le pluriel des noms en -al et en -ail

observe

Tous les **journaux** ont annoncé que des bateaux espagnols, échoués depuis des siècles au milieu des **coraux** de la mer des Antilles, venaient d'être repérés par deux cents mètres de fond ; les **signaux** des sonars sont formels. Ce sont certainement des galions coulés par les corsaires français. Les chasseurs de trésors rêvent de trouver à l'intérieur des épaves des **métaux** précieux et des diamants, mais les **travaux** de renflouement seront longs et périlleux.

retiens

La plupart des noms terminés par -al au singulier font leur pluriel en -aux.

le journal – les journaux ; le signal – les signaux ; le métal – les métaux

EXCEPTIONS : des bals, des chacals, des festivals, des récitals, des régals

Quelques noms terminés par -ail font leur pluriel en -aux.

le corail ; les coraux – le travail ; les travaux

Les noms dont le singulier est en -al ou en -ail et le pluriel en -aux, ne prennent pas de e dans la terminaison de leur pluriel.

le journal → les journaux – un vitrail → des vitraux

exercices ▶ Corrigé p. 260

136 **Écris les noms au pluriel et ajoute un complément.**

le vitrail → les vitraux de la cathédrale

le journal	le cristal	un procès-verbal
le détail	le local	un quintal
le mal	un attirail	un tribunal
un hôpital	un éditorial	un métal

137 **Écris les noms au pluriel.**

le détail	le végétal	le régal
l'animal	l'amiral	le capital
le caporal	l'éventail	le maréchal
le portail	le carnaval	le terminal
le cardinal	un radical	le chandail

138 **Écris ces noms au singulier.**

des panneaux	des confessionnaux	des couteaux
des chevaux	les châteaux	des jambonneaux
des vaisseaux	des travaux	des oiseaux
les baux	des bigarreaux	des hameaux
des berceaux	les émaux	des barreaux

139 **Écris les noms en *italique* au pluriel et accorde.**

La *confiture* de framboise est conservée dans un *bocal* que l'on place sur une *étagère*. – L'*épouvantail* fait fuir le *moineau* qui s'approchait du *cerisier* – Après le passage du *train*, le *rail* est brûlant. – Le *gouvernail* de ce *voilier* est en fibre de carbone ; il est plus léger et plus résistant. – Le *bal* du 14 Juillet rassemble tous les habitants du quartier ; la fête est toujours très réussie. – Le *rorqual* est un *animal* de très grande taille qui vit dans les mers froides ; on le confond parfois avec la *baleine*. – Ce *tableau* est magnifique, mais ce n'est qu'une *copie* ; l'*original* se trouve au musée d'Orsay, à Paris.

140 **Écris les noms en *italique* au pluriel et accorde.**

L'*autorail* qui relie Nancy à Strasbourg ne circule pas aujourd'hui. – Le *corail* de la mer Rouge est menacé par la pollution. – Le *récital* donné par le *groupe* de rock attire toute la jeunesse de la région. – Le *général* salue le *drapeau* qui claque au vent. – Par l'étroit *soupirail*, il rentre un peu d'air dans la cave. – Le *chacal* attend que le *lion* termine son repas pour se jeter sur le *reste* de la carcasse du zèbre. – Le capitaine du navire croit apercevoir un *signal* de détresse. – Pour vérifier le *total* de la *facture*, utilise une calculatrice.

141 **Écris les noms en *italique* au pluriel et accorde.**

Le *skieu*r imprudent heurte le *poteau* placé à l'arrivée du télésiège. – Le *veau* élevé dans la *prairie* donne une viande d'excellente qualité. – Le *canal* de dérivation permet d'irriguer le *champ* de maïs. – Le *diamant* de la couronne royale d'Angleterre est un vrai *joyau*. – Le *plateau* de fruits de mer est servi avec un *citron* et du vinaigre à l'échalote ; quant au *tourteau*, il se déguste avec une mayonnaise. – Le *bureau* de cette *usine* est équipé d'un *ordinateur* très puissant. – Depuis sa création, des centaines de navires sont sortis de l'*arsenal* de la marine nationale.

☞ copie et retiens

les journaux - les animaux - les métaux - les canaux - les signaux - les tribunaux - les généraux - les totaux - les hôpitaux - les bocaux - les travaux - les vitraux - les coraux
les portails - les rails - les détails - les éventails

Le nom

Le pluriel des noms en -ou

Ce sont les mères des hiboux
Qui désiraient chercher les poux
De leurs enfants, leurs petits choux,
En les tenant sur les genoux.

Leurs yeux d'or valent des bijoux,
Leur bec est dur comme cailloux,
Ils sont doux comme des joujoux,
Mais aux hiboux point de genoux !

Votre histoire se passait où ?
Chez les Zoulous ? Les Andalous ?
Ou dans la cabane bambou ?
À Moscou ? Ou à Tombouctou ?
En Anjou ou dans le Poitou ?
Au Pérou ou chez les Mandchous ?

Hou ! Hou !
Pas du tout, c'était chez les fous.

Robert Desnos, *Chantefables et Chantefleurs,*
Gründ.

retiens

Les noms terminés par **-ou** au singulier font leur pluriel en **-ous**.
les fous – les bambous – les clous – les trous

EXCEPTIONS : les bijoux, les cailloux, les choux, les genoux, les hiboux, les joujoux, les poux.

exercices ▶ Corrigé p. 260

142 Écris ces noms au pluriel.

un voyou	un cheveu	un délai	un filou
un beffroi	un matou	un cachou	un canal
un manteau	un numéro	un lieu	un rival
un aveu	un niveau	un hibou	un arbrisseau
un emploi	un réveil	un seau	un bal

143 Écris ces noms au pluriel et trouve une expression.

un caillou → des cailloux → un tas de cailloux

un bambou	un trou	un clou
un coût	un joujou	un froufrou
un sou	un hangar	une paroi
un cou	un rôti	un fou
un couloir	un toutou	un coup

144 Écris les noms en *italique* au pluriel et accorde.

Le *pou* effectue un retour spectaculaire sur le *crâne* des écoliers ; heureusement, il existe un *produit* efficace qui vous en débarrasse en quelques jours. – Pourquoi le *kangourou* se trouve-t-il seulement en Australie ? C'est un mystère... – La *femelle* du *coucou* pond ses œufs dans le *nid* d'un autre *oiseau*. – Si vous faites une potée, n'oubliez pas d'ajouter un *chou* bien pommé. – En classe, le *chouchou* n'est pas toujours apprécié de ses camarades.

145 Écris les noms en *italique* au pluriel et accorde.

Avec un peu de chance, on peut croiser un *caribou* en traversant la *forêt* canadienne. – Il n'y a pas de noce bretonne sans que le *biniou* soit de la fête. – Sous l'Ancien Régime, le *gabelou* traquait les contrebandiers qui essayaient d'échapper à la taxe sur le sel. – M. Marie respecte le *tabou* de sa tribu : il ne pénètre pas dans la forêt sacrée. – Au printemps, le *matou* court la campagne et rentre au petit matin, le *poil* arraché et la queue ébouriffée.

146 Écris les noms en *italique* au pluriel et accorde.

Le *genou* du *footballeur* est fragile ; une *entorse* est vite arrivée. – La foule des fidèles écoute, sans manifester d'impatience, le *gourou* qui prononce un *discours* interminable. – L'*écrou* était mal serré : la *roue* s'est détachée dès le premier *virage*. – Le *tatou*, petit mammifère édenté, vit en Amérique, du Texas à l'Argentine ; avec sa carapace, les indigènes fabriquent un instrument de musique : le charango. – L'*acajou* est beaucoup utilisé en ébénisterie, parce que son superbe bois brun rouge, très dur, est facile à polir.

147 Écris les noms en *italique* au pluriel et accorde.

C'est aux Pays-Bas qu'est fabriqué le *tissu* dans lequel est confectionné le *boubou* africain. – Le *spéléologue* se faufile dans un étroit *boyau* pour atteindre la salle des stalagmites. – Avant de partir, M. Fernac ferme le *verrou* ; il est rassuré. – Il est absolument interdit de chasser le *mérou* en mer Méditerranée. – Les jeunes prennent le plus grand soin du *local* qui leur est réservé à la Maison de quartier. – Madame Morel ne connaît pas le *détail* de l'accident qui vient d'avoir lieu près de chez elle.

⊙ copie et retiens

des trous - des clous - des sous - des verrous - des cous - des fous les bijoux - les cailloux - les choux - les genoux - les hiboux - les joujoux - les poux

Le nom

Le pluriel des noms composés

Toutes ces voitures disposent d'équipements qui en font de véritables **coffres-forts** ! Les quatre places possèdent des **appuis-tête** ; les **pare-brise** sont en verre spécial pour éviter les éclats ; les **essuie-glace** fonctionnent à merveille ; le **compte-tours** permet d'ajuster sa vitesse avec précision et les ceintures de sécurité vous protégeront en cas de collision. Quant aux tableaux de bord, ce sont de petits **chefs-d'œuvre** de miniaturisation.

Dans les noms composés, seuls le **nom** et l'**adjectif** peuvent se mettre au **pluriel**, si le sens le permet.

des coffres-forts – des pare-brise – des essuie-glace – des sapeurs-pompiers

Lorsque le nom composé est formé de deux noms unis par une préposition (parfois sous-entendue), en général, **seul un des noms** prend la marque du pluriel.

des chefs-d'œuvre – des appuis (pour la) tête

Attention ! pour certains noms composés le sens impose le pluriel, même si le nom est au singulier.

le compte-tours – le pare-chocs

Comme les particularités sont nombreuses, il est préférable, en cas de doute, de consulter un dictionnaire.

Corrigé p. 261

148 **Écris ces noms composés au pluriel.** Utilise un dictionnaire.

un coffre-fort	une chauve-souris	un cordon-bleu
un passe-partout	une patte-d'oie	un pique-feu
un avant-goût	un porte-plume	un protège-cahier
un quatre-quart	une queue-de-cheval	un sous-marin
une reine-claude	un réveille-matin	un risque-tout
un rond-point	un rouge-gorge	un sac-poubelle
un aide-comptable	une langue-de-chat	un avion-cargo
une pochette-surprise	un poisson-chat	un pont-levis
un faire-part	un pot-au-feu	un bouton-d'or

149 **Écris ces noms composés au pluriel.** Utilise un dictionnaire.

un laissez-passer	un remonte-pente	un chou-fleur
un micro-ordinateur	un franc-tireur	un grand-père
un goutte-à-goutte	une bande-annonce	une jupe-culotte
une couche-culotte	un garde-chasse	un laurier-rose
une langue-de-bœuf	un libre-service	un caporal-chef
un loup-garou	un maître-chien	la main-d'œuvre

150 **Écris ces noms composés au pluriel et justifie ta réponse.**
Utilise un dictionnaire.

un brise-glace → des brise-glace, parce qu'on brise *la* glace.

un aide-mémoire	un pur-sang	un chauffe-eau
un arc-en-ciel	un papier-filtre	un abat-jour
un bloc-notes	un tiroir-caisse	un gros-porteur
un timbre-poste	un pare-brise	un taille-crayon
un porte-monnaie	un porte-bonheur	un casse-tête
un perce-neige	un pique-nique	une demi-mesure
un tout-petit	une eau-de-vie	un faux-filet

151 **Écris les noms en *italique* au pluriel et accorde.**
Utilise un dictionnaire.

Ce **grille-pain** est vendu en promotion, les clients l'examinent. – La mairie a décidé de réparer la **route** qui conduit à la **cité-dortoir** près du boulevard périphérique. – Le **semi-remorque** et le **camion-citerne** stationnent sur le parking de l'autoroute. – L'**agriculteur** utilise une **moissonneuse-batteuse** pour son **champ** de blé. – Le **touriste** regarde passer le **bateau-mouche** sur la Seine. – Quelle idée de faire écrire cet **enfant** avec un **coton-tige** ! Il serait plus à l'aise avec un **crayon**. – Le dimanche soir, la **station-service** ferme de bonne heure. – Frédéric Mouchard écrit un **roman-feuilleton** pour son **enfant**.

152 **Écris les noms en *italique* au pluriel et accorde.**
Utilise un dictionnaire.

Armé d'un **balai-brosse**, le gardien nettoie l'**escalier** du **gratte-ciel** : quel courage ! – Léon Ventura joue à la pétanque avec son **beau-frère**. – Madame Delorme a animé l'**aéro-club** de la région pendant huit ans. – Le **jardinier** soigne sa **plate-bande** de petits pois avec amour. – Comme fromage, tu as le choix entre un **petit-suisse** et un **saint-marcellin**. – Le **brigadier-chef** dresse un **procès-verbal** à l'**automobiliste** imprudent.

✪ copie et retiens

un porte-clés - un compte-tours - un vide-ordures - un sèche-cheveux - un ouvre-boîtes - un pare-chocs - un bloc-notes - un porte-bagages des casse-croûte - des pare-brise - des abat-jour - des après-midi - des pur-sang - des casse-tête - des sans-abri - des lave-linge

Le nom

L'accord du nom

Aujourd'hui, **la** publicité envahit **chaque** minute de **notre** vie. Par exemple, alors que vous regardez **vos** émissions préférées, vous devez subir **quinze** minutes de messages qui vantent **les** vertus de produits **aux** qualités indéniables... **Ces** interruptions sont désagréables et **plusieurs** cinéastes ne veulent plus que **leurs** films passent à **la** télévision parce qu'ils sont tronçonnés !

retiens

Pour accorder le nom, il faut chercher le **déterminant** qui le précède et qui nous renseigne généralement sur le genre et le nombre.
la publicité – aux qualités – la télévision
Il y a d'autres déterminants que les articles ; on doit les identifier rapidement pour effectuer les accords.
chaque minute – notre vie – vos émissions – ces interruptions – plusieurs cinéastes – leurs films

Attention ! les adjectifs numéraux sont invariables : quinze minutes

exercices Corrigé p. 261

153 **Accorde ces noms, si nécessaire.**

quelle vitesse... !	mon ongle...	son logement...
ces aliment...	votre tableau...	leur réaction...
tes étiquette...	ce panneau...	cet abri...
quelques miette...	quatre livre...	leurs couteau...
toute la journée...	sa voiture...	notre classe...
cinq doigt...	différents point...	assez de bruit...

154 **Accorde ces noms, si nécessaire.**

plusieurs étage...	neuf an...	nos drapeau...
aucun message...	certains film...	au stade...
quelques barreau...	n'importe quel jour...	une lampe...
cette ville...	divers produit...	des biscotte...
aux champ...	du pain...	tous les carreau...
à la campagne...	quels but... !	vos maillot...

155 Complète avec les noms entre parenthèses que tu accorderas.

(aveu)	Le suspect est passé aux ... ; c'est lui qui a volé la voiture.
(caillou)	Le jardin de monsieur Rubio est envahi de ... .
(raison)	Pour quelle ... n'est-il pas venu hier soir ?
(museau)	Le chien frotte son ... contre la jambe de son maître.
(dieu)	Les Grecs offraient des sacrifices à leurs ... .
(tuyau)	Il y a une fuite, ces ... d'eau sont percés.
(jour)	Il pleut depuis plusieurs ... .

156 Complète avec les noms entre parenthèses que tu accorderas.

(détail)	Marine ne s'attarde pas sur les ... de son aventure.
(animal)	Le soleil brûle la savane, aucun ... ne se risquerait à découvert.
(pneu)	Madame Lamarche a dû changer les quatre ... de sa voiture.
(cachou)	Valérie donne quelques ... à son amie Sabrina.
(cafétéria)	Jeudi, nous sommes allées à la ... de la rue Jean-Moulin.
(cheveu)	Koffi s'est teint une mèche de ... en blond ; il est très fier !
(verrou)	Le portail est fermé à l'aide de trois ... .

157 Complète avec les noms entre parenthèses que tu accorderas.

(sou)	Compte bien tes ... si tu veux t'offrir ce disque.
(château)	Cette famille princière possède plusieurs ... en Europe.
(paroi)	L'alpiniste s'accroche aux ... verticales comme il peut.
(éventail)	Les belles dames espagnoles agitent leur ... .
(beffroi)	Chaque ... possède un caractère qui permet de le distinguer.
(chameau)	Les hommes du désert prennent grand soin de leurs ... .
(hameau)	Ce ... est difficilement accessible dans la montagne.
(feu)	Tous les ... de broussailles sont éteints.

158 Complète avec les noms entre parenthèses que tu accorderas.

(joujou)	J'ai donné tous les ... de mes jeunes années à mon petit cousin.
(bureau)	Désormais, il y a un ordinateur dans chaque ... .
(enjeu)	Cette partie est sans ... ; tu ne la prends pas au sérieux.
(outil)	Le plombier emporte sa boîte à ... .
(genou)	À ... devant la cheminée, Heïdi essaie de rallumer le feu.
(bambou)	Le musicien tape sur des ... creusés et la foule applaudit.
(journaliste)	La chanteuse a donné une interview aux ... .
(rideau)	Pour ta chambre, tu as choisi des ... blancs.

⊕ copie et retiens

quelques jours - plusieurs semaines - leurs gants - nos vacances
ce film - aucun détail - chaque feuille - leur bonnet - notre métier

L'adjectif et le participe passé

Le genre de l'adjectif qualificatif

observe

En cette **chaude** soirée estivale, la **nombreuse** famille de madame Landry se retrouve pour fêter la nouvelle centenaire ! Lorsque ses petits-enfants lui demandent le secret de son **exceptionnelle** longévité, elle répond sans hésiter : « Une **bonne** hygiène de vie, une nourriture **saine** et **légère** avec un peu de vin chaque jour ! » Tout le monde sourit. Les voisins ont tenu à s'associer à cette **amicale** cérémonie en lui offrant une **merveilleuse** parure de perles.

retiens

Tous les adjectifs qualificatifs peuvent être employés au féminin ; on ajoute alors un -e à l'adjectif masculin.
un chaud soleil estival ; une chaude soirée estivale
un amical rassemblement ; une amicale cérémonie
Pour certains adjectifs qualificatifs,
– on double la consonne finale de l'adjectif masculin :
un âge exceptionnel ; une exceptionnelle longévité
un bon repas ; une bonne hygiène
– on change la dernière lettre de l'adjectif masculin :
un public nombreux ; une famille nombreuse
un merveilleux bijou ; une merveilleuse parure
– on modifie la terminaison de l'adjectif masculin :
un nouveau centenaire ; une nouvelle centenaire
un repas léger ; une collation légère

exercices ▶ Corrigé p. 262

159 Écris les adjectifs au féminin.

un bain chaud → une eau chaude

un trottoir étroit → une allée ...	un garçon étourdi → une fille ...
un plat abondant → une entrée ...	un gâteau exquis → une glace ...
un résultat exact → une somme ...	un élève absent → une élève ...
un œil indiscret → une oreille ...	un regard franc → une coupe ...
un prix courant → une réduction ...	un local commun → une salle ...
un court extrait → une ... séance	un drap blanc → une page ...

160 Écris les adjectifs au féminin.

un nez mignon → une frimousse **mignonne**

un ciel gris	→ une nuit ...	un foulard violet	→ une cravate ...
un bel été	→ une ... saison	un livre ancien	→ une gravure ...
un client content	→ une cliente ...	un rapport confus	→ une lettre ...
un coup brutal	→ une chute ...	un tour complet	→ une œuvre ...
un sol glissant	→ une chaussée ...	un bon numéro	→ une ... nouvelle

161 Écris les adjectifs au féminin.

un passage dangereux → une descente **dangereuse**

un vieux vélo	→ une ... moto	un appel sérieux	→ une demande ...
un chemin creux	→ une rigole ...	un détail curieux	→ une œuvre ...
un cas douteux	→ une réponse ...	un ami chanceux	→ une amie ...
un animal peureux	→ une bête ...	un ciel brumeux	→ une soirée ...
un terrain rocheux	→ une paroi ...	un cri joyeux	→ une voix ...

162 Écris les adjectifs au féminin.

un teint vermeil → une bouche **vermeille**

un jardin public	→ une place ...	un accord universel	→ une paix ...
un vent léger	→ une brise ...	un fromage frais	→ une crème ...
un long ruban	→ une ... robe	un chiffon doux	→ une éponge ...
un salut amical	→ une parole ...	un match spécial	→ une partie ...
un trait vertical	→ une ligne ...	un congé annuel	→ une sortie ...
un sirop épais	→ une pâte ...	un appui essentiel	→ une aide ...

163 Complète avec les adjectifs entre parenthèses que tu accorderas.

(général)	La direction ... de cette société s'installe à Orléans.
(usuel)	Pour se faire comprendre, M. Carlier utilise des expressions ... .
(pareil)	M. Deloy n'a jamais vu une ... pagaille : rien ne fonctionne !
(industriel)	Envers et contre tout, Longwy restera une ville ... .
(vilain)	Le blessé présente une ... plaie à la jambe gauche.
(mensuel)	Je lis avec plaisir ce magazine ... .

164 Complète avec les adjectifs entre parenthèses que tu accorderas.

(voisin)	La maison ... de la nôtre est à louer depuis un an.
(paternel)	La grand-mère ... de Vanessa a fêté ses soixante ans.
(mortel)	La morsure de certains serpents peut être ... .
(élégant)	La skieuse enfile une ... combinaison rouge et noir.
(gentil)	Rodrigue a reçu une ... lettre de son ami Justin.
(égal)	Tu peux choisir la place près du conducteur, cela m'est ... .
(naturel)	Pour Sylvie, la modestie est une qualité ... .

> **copie et retiens**
>
> *gentil ; gentille - sec ; sèche - naturel ; naturelle - nouveau ; nouvelle - régulier ; régulière - vieux ; vieille - vif ; vive - doux ; douce*

L'adjectif et le participe passé

Le pluriel de l'adjectif qualificatif

observe

Pour les habitants, le choc est **sérieux** : les chantiers **navals** fermeront bientôt. Les ouvriers les plus **anciens** n'imaginent pas des portails clos, des ateliers **déserts** et des machines **immobiles**. Toutes les familles sont **inquiètes** et la peur du chômage s'installe. Les élus **locaux** tentent de trouver une solution et cherchent de **nouveaux** contrats **intéressants** qui pourraient relancer la production.

retiens

Au pluriel, les adjectifs qualificatifs prennent souvent un **-s**, rarement un **-x**.
un ancien ouvrier ; d'anciens ouvriers – un atelier désert ; des ateliers déserts – une machine immobile ; des machines immobiles – une famille inquiète ; des familles inquiètes – un nouveau contrat intéressant ; de nouveaux contrats intéressants

Certains adjectifs qualificatifs se terminent par **-s** ou **-x** au singulier ; ils ne prennent évidemment pas la marque du pluriel.
un portail clos ; des portails clos – un choc sérieux ; des chocs sérieux

Beaucoup d'adjectifs qualificatifs terminés par **-al** au masculin singulier s'écrivent **-aux** au masculin pluriel.
un élu local ; des élus locaux

EXCEPTIONS : bancal, fatal, final, natal, glacial, naval ont un pluriel en **-s**.

exercices ▶ Corrigé p. 262

165 Écris les expressions au pluriel.

suivre un traitement énergique → suivre des traitements énergiques

contacter un électeur inscrit
tracer un angle droit
manger un œuf dur
attendre le dernier jour
remporter un succès éclatant
enfiler un vieil habit

traverser un parc désert
voir une émission drôle
porter un vêtement élégant
faire une excellente affaire
réaliser un énorme bénéfice
employer un mot usuel

166 **Écris les expressions au pluriel.**

choisir une pêche ferme → **choisir des pêches fermes**

regarder un film ennuyeux   recevoir un beau bijou
emballer un vase fragile   miser sur son cheval favori
vivre une aventure extraordinaire   habiter sur un haut plateau
descendre un slalom géant   appeler un ministre influent
défendre un homme innocent   visiter un pays pauvre

167 **Écris les expressions au pluriel.**

redouter le vent froid → **redouter les vents froids**

entrer dans un centre commercial   retenir un détail banal
partager un goût mutuel   prendre une décision hâtive
agiter un drapeau blanc   battre un record mondial
emprunter l'escalier central   obtenir un court délai
payer un impôt communal   capturer un loup vivant

168 **Écris au singulier.**

des cheveux roux   des paroles affectueuses   des faux numéros
des esprits jaloux   des mots doux   des fromages frais
des bois touffus   des gestes gracieux   des soldats hardis
des propos confus   des enfants étourdis   des maillots bleus
des desserts exquis   des candidats admis   des nuages gris

169 **Complète avec les adjectifs entre parenthèses que tu accorderas.**

(fréquent) Dans cette usine sidérurgique, les accidents sont ... .
(attentif) L'orateur tient sous le charme des auditeurs ... .
(nasal)   Ce traitement vous débouchera les fosses ... en un instant.
(mou)   Que préfères-tu ? les caramels ... ou les caramels durs ?
(assidu)   Des joueurs ... à l'entraînement, c'est la clé du succès.
(estival)   Les départs ... donnent lieu à de nombreux encombrements.
(glacial)   En Sibérie, les hivers ... réduisent les déplacements.

170 **Complète avec les adjectifs entre parenthèses que tu accorderas.**

(prénatal) Léa a subi des examens ... : tout va bien pour son bébé.
(mort)   La partie est acharnée ; il n'y a pas de temps ... .
(moral)   Dans la vie en société, il faut suivre des principes ... .
(forestier) Les bûcherons entretiennent les chemins ... .
(génial)   Ce savant a toujours des idées ... .
(fané)   Ne gardez pas ces fleurs ... ; leur odeur est désagréable.
(familial) Les repas ... sont l'occasion de revoir les cousins et cousines.

☞ copie et retiens

touffu - assidu - attendu - inconnu - connu - issu - disparu - chevelu
intrus - confus - diffus - inclus

L'adjectif et le participe passé

L'accord de l'adjectif qualificatif

observe

Avez-vous déjà bu **cette potion amère** que l'on appelle l'huile de foie de morue ? Autrefois, **les parents attentifs** en donnaient **de nombreuses cuillerées aux effets préventifs incontestables** à leurs jeunes enfants. **Les curieuses grimaces** qui accompagnaient la distribution de **ce remède ancestral** signifiaient que l'huile de foie de morue n'avait que **de lointains rapports** avec la limonade !

retiens

L'adjectif qualificatif **s'accorde en genre et en nombre** avec le nom auquel il se rapporte.
cette potion amère – ce fruit amer ; ces saveurs amères – ces sirops amers
Pour trouver ce nom, on peut poser la question « Qui est-ce qui ? » avant l'adjectif qualificatif.
Qui est-ce qui est ancestral ? → ce remède
Un même nom peut être qualifié par plusieurs adjectifs.
un effet préventif incontestable – des effets préventifs incontestables

exercices Corrigé p. 262

171 Accorde les adjectifs qualificatifs avec chacun des noms.

(abondant)	un repas ...	des desserts ...	des pluies ...
(coquet)	un logement ...	une maison ...	des balcons ...
(absent)	un professeur ...	une ponctuation ...	des employés ...
(aérien)	la navigation ...	les transports ...	les compagnies ...
(tropical)	un cyclone ...	des régions ...	des fruits ...

172 Accorde les adjectifs qualificatifs avec chacun des noms.

(courageux)	une femme ...	des propositions ...	des soldats ...
(hardi)	un projet ...	des explorateurs ...	une tentative ...
(nombreux)	une foule ...	des familles ...	de ... cas
(public)	un jardin ...	une école ...	des services ...
(faux)	un ... tableau	une ... pièce	de ... directions

173 **Accorde les adjectifs qualificatifs avec chacun des noms.**

(étranger)	un pays ...	une ville ...	des voitures ...
(sinueux)	une route ...	des chemins ...	des rues ...
(net)	une coupe ...	des conclusions ...	un arrêt ...
(original)	une chemise ...	des documents ...	des toiles ...
(correct)	une copie ...	des tenues ...	des angles ...
(serein)	un regard ...	une attitude ...	des acteurs ...
(amer)	un sirop ...	une potion ...	des endives ...
(plein)	un verre ...	une tasse ...	des paniers ...

174 **Écris ces expressions au pluriel.**

une épaisse tranche de viande → d'épaisses tranches de viande

un long ruban de soie
une douloureuse piqûre au bras
une froide journée d'hiver
une jolie robe en satin
un violent coup au genou
le principal mot de la phrase
un vaisseau spatial en orbite

un grand chapeau de feutre
un jeune apprenti en stage
un bref coup de téléphone
un vieil objet en cuivre
une petite tasse de café
un nouvel accord de paix
un célèbre chanteur de rock

175 **Complète avec les adjectifs entre parenthèses que tu accorderas.**

(épais)	Je prends une ... tranche de cake.
(sincère)	« Recevez, cher monsieur, mes sentiments les plus ... . »
(inquiet)	Ma tante est ... : elle ne voit pas arriver ses invités.
(particulier)	Le professeur donne une leçon ... d'anglais à Nadine.
(secret)	Le pirate essaie de retrouver la grotte ... du trésor.
(muet)	Les plus grandes douleurs sont ... .
(moyen)	10, c'est vraiment une note ... .
(franc)	L'entrevue a donné lieu à de ... explications.
(mou)	À l'annonce des résultats, Stéphanie a les jambes ... .

176 **Écris les noms en *italique* au pluriel et accorde.**

M. Sardou a découvert un ancien ***bougeoir*** à la brocante de St-Omer. –
S'il donne un brutal ***coup*** de frein, Germain va déraper sur le ***pavé*** gras. –
Le ***cousin*** de Vanessa, quel gai ***luron*** ! – Un ***sentiment*** fraternel unit ces
deux dessinateurs ; ils échangent volontiers leurs idées. – Seul un ***vendeur***
compétent pourrait me convaincre d'acheter ce téléviseur. – Dans le ciel
noir, nous avons aperçu un ***satellite*** artificiel. –Savez-vous déjà ce qu'est
un ***nombre*** décimal ?

copie et retiens

malin - fin - câlin - divin - anodin - voisin - crétin - citadin
ancien - plein - serein - italien - terrien - martien - moyen
vilain - romain - urbain - humain - forain - châtain - germain

L'adjectif et le participe passé

Le participe passé employé comme adjectif qualificatif

observe

> **Surpris** et **déçu** par la faible réduction **faite** par le vendeur sur des vêtements un peu **démodés**, le client quitte le magasin. Il est **décidé** à choisir une autre boutique où il trouvera un rapport qualité-prix **garanti** et un accueil **empressé**. Il ne cherchera pas longtemps, car elles se comptent par dizaines au long des allées du centre commercial !

retiens

> Le participe passé d'un verbe peut être employé comme un adjectif qualificatif ; il s'accorde alors **en genre et en nombre** avec le nom qu'il qualifie.
> un client décidé – une cliente décidée
> des clients décidés – des clientes décidées
>
> Au masculin singulier, pour les verbes :
> • du premier groupe, le participe passé se termine par **-é** :
> décider → décidé ; démoder → démodé ; couper → coupé ; laver → lavé
> • du deuxième groupe, le participe passé se termine par **-i** :
> garantir → garanti ; nourrir → nourri ; finir → fini ; choisir → choisi
> • du troisième groupe, le participe passé se termine par **-i, -u, -s, -t** :
> suivre → suivi ; décevoir → déçu ; surprendre → surpris ; faire → fait

exercices ▶ Corrigé p. 263

177 **Écris les noms en *italique* au pluriel et accorde.**

un *costume* mal nettoyé
un *village* totalement ignoré
un *plat* bien trop salé
un *œil* bouffi de sommeil
un *trottoir* encombré
un *légume* congelé
un *emplacement* réservé

une *explication* très embarrassée
un *résultat* attendu avec impatience
une *main* rougie par le froid
une *jetée* battue par les vagues
un *jardin* parfaitement entretenu
une *rivière* partiellement polluée
un *camping* en partie occupé

178 Emploie le participe passé de ces verbes avec les noms proposés.

(monter)	des œufs ... en neige	une pièce ...
(louer)	une maison ... en été	des appartements ...
(murmurer)	un mot ... dans sa barbe	des paroles ...
(fumer)	du poisson ...	de la poitrine de porc ...
(pratiquer)	une opération ... sous anesthésie	un sport ... assidûment
(calculer)	des prix ... au plus juste	un risque ...
(livrer)	une commande ... à domicile	des fillettes ... à elles-mêmes
(avaler)	des sandwichs ... à la hâte	un bonbon ... tout rond

179 Accorde le participe passé des verbes entre parenthèses.

(grossir)	Les bactéries ... par le microscope sont nettement visibles.
(abolir)	Les privilèges ... par la Révolution étaient ceux de la noblesse.
(fléchir)	Les genoux ..., l'haltérophile soulève facilement la barre.
(rôtir)	Les poulets ... à la broche sont savoureux.
(vieillir)	Les meubles ... artificiellement ne trompent pas les connaisseurs.
(pétrir)	La pâte ... à la main donnera un pain de meilleure qualité.
(munir)	Les pompiers ... de puissantes lances attaquent l'incendie.
(réunir)	Les personnes ... autour du directeur prendront une décision.

180 Accorde le participe passé des verbes entre parenthèses.

(convenir)	À l'heure ..., tous les invités étaient au rendez-vous.
(poursuivre)	Ces concurrents ... par la malchance devront abandonner.
(connaître)	Les tableaux les plus ... de Monet sont au musée d'Orsay.
(vaincre)	Les difficultés ... restent des souvenirs exaltants.
(produire)	Les machines ... dans cette usine s'exportent en Italie.
(satisfaire)	Les spectateurs ... applaudissent à tout rompre.
(inscrire)	Les candidats ... se présentent tous à l'heure.
(prendre)	Les dispositions ... permettront d'éviter une catastrophe.

181 Remplace les adjectifs qualificatifs en *italique* par les participes passés de sens proche et accorde.

paralysé – modéré – désespéré – doué – connu – délavé – distingué
J'essaie de consoler Virginie fort *triste* à l'annonce des résultats. – D'*élégants* mannequins présentent une collection de haute couture. – Les actrices *célèbres* ne passent pas inaperçues lorsqu'elles se promènent à Paris. – Vous tenez des propos *raisonnables*, et c'est la meilleure attitude que vous puissiez avoir. – La jambe *raide*, monsieur Pasquier ne peut pas se déplacer. – Les élèves *intelligents* doivent malgré tout beaucoup travailler pour réussir. – Ces peintures bien *ternes* mériteraient un petit ravalement.

copie et retiens

écrire ; écrit - traduire ; traduit - rejoindre ; rejoint - ouvrir ; ouvert
admettre ; admis - asseoir ; assis - surprendre ; surpris - promettre ; promis

L'adjectif et le participe passé

L'adjectif qualificatif et le participe passé séparés du sujet par le verbe être

observe

Avec Mélanie et Samira, nous sommes **décidées** : nous allons constituer un groupe de chanteuses. Le nom de notre trio est déjà **choisi** : *Les Cavalières endiablées*. Grâce à un ami de Mélanie, les enregistrements de nos premiers disques sont **programmés** pour le mois de juin. Je suis **certaine** que nos parents seront **fiers** de nous ; pourtant, au début, ils étaient **réticents** et ne voulaient pas entendre parler de cette aventure.

retiens

L'adjectif qualificatif et le participe passé peuvent être séparés du nom (ou du pronom) par le verbe **être**.
Dans ce cas, l'adjectif qualificatif et le participe passé **s'accordent toujours avec le nom** (ou le pronom) auquel ils se rapportent.
Le nom est choisi (c'est le nom qui est choisi) – les disques sont programmés (ce sont les disques qui sont programmés) – nos parents seront fiers (ce sont nos parents qui seront fiers)

REMARQUE : Si le pronom qualifié ne marque pas le genre (**je, tu, nous, vous**), il faut examiner le contexte pour effectuer correctement l'accord.
nous sommes décidées (trois jeunes filles) – je suis certaine (une jeune fille)

exercices ▶ Corrigé p. 263

182 Accorde les adjectifs qualificatifs ou les participes passés entre parenthèses.

(tendu)	Le câble est … .	Les cordes sont … .	
(canalisé)	La rivière est … .	Les cours d'eau sont … .	
(coquet)	Suzanna est … .	Les pavillons sont … .	
(couvert)	Le temps est … .	Les rues piétonnes sont … .	
(chiffré)	La réparation est … .	Les travaux sont … .	
(inégal)	La partie est … .	Les résultats sont … .	
(clément)	La sanction est … .	Les juges sont … .	

183 Conjugue au présent de l'indicatif. Pour les troisièmes personnes, tu choisiras des noms comme sujets.

être muet comme une carpe
être noir comme un corbeau
être sale comme un cochon
être vaniteux comme un paon
être sourd comme un pot
être courageux comme un lion

être malin comme un singe
être rusé comme un renard
être grand comme une girafe
être peureux comme un lièvre
être blond comme les blés
être doux comme un agneau

184 Accorde les adjectifs qualificatifs entre parenthèses.

La vendeuse est (honnête), elle signale un défaut à la taille du pantalon. – Les réglages sont (parfait), le moteur tourne comme une horloge. – Les retouches sont (grossier), il faudra repeindre toute la fenêtre. – Géraldine est très (fier) : la couleur de ses cheveux est (naturel) et tout le monde les envie tant ils sont (blond). – Les vêtements sont (sec), on peut les repasser. – Les chaussettes des joueurs français sont (blanc) et leurs shorts sont (bleu). – Cette invention est (génial) : on n'aura plus besoin de passer l'aspirateur. – Ces descentes sont (dangereux) : ralentissez et gardez le pied sur la pédale de frein.

185 Accorde les participes passés entre parenthèses.

Avant la vente aux enchères, la commode était (estimé) à mille euros. – À ce jeu, il paraît que les numéros pairs sont plus (joué) que les numéros impairs. – En été, la pelouse sera (arrosé) quotidiennement. – La serrure est (gelé) ; monsieur Bouquin ne peut pas entrer dans sa voiture. – Les poulets fermiers sont (élevé) en plein air. – Les inscriptions sont (clos) ; vous arrivez trop tard. – Les négociations sont (rompu), les ambassadeurs retournent dans leur pays. – Des fissures sont (apparu) dans la coque du bateau.

186 Complète avec les participes passés des verbes entre parenthèses. N'oublie pas les accords.

Les jus de fruits sont (boire) avec une paille. – Les lumières se sont (éteindre) à minuit. – Ces romans sont (traduire) en anglais et en allemand. – Les légumes sont (servir) avec un jus de viande. – Les voyageurs sont (satisfaire) : l'avion décolle à l'heure. – Après un jugement, les jurés sont (tenir) au secret des délibérations. – Au bout de quelque temps, les menteurs ne sont plus (croire). – Les prévisions de vente de parapluies sont (revoir) à la baisse : il fait trop beau ! – La marge de manœuvre est (restreindre) et le directeur doit prendre des précautions. – Ces appareils électroménagers sont (garantir) cinq ans.

⊙ copie et retiens

tondre ; tondu - apparaître ; apparu - boire ; bu - résoudre ; résolu
construire ; construit - satisfaire ; satisfait - ouvrir ; ouvert

Révision

56 *Complète les phrases par des noms de métier au féminin.*

La cai... calcule le montant de la note à payer, encaisse l'argent et rend la monnaie. – La ven... nous présente différents modèles de chaussures et nous conseille aimablement. – L'inf... change le pansement du blessé. – La mon... de ski emmène son groupe sur une piste rouge. – Vêtue d'un justaucorps mauve, la dan... évolue avec une grâce divine. – Cette inter... parle et écrit cinq langues. – L'act... présente son nouveau film sous les objectifs d'une meute de photographes. – La conci... surveille l'entrée de l'immeuble et nettoie les escaliers. – La coutu... prend les mesures et coupe le tissu.

57 *Écris le nom des habitants et des habitantes de ces pays, de ces villes ou de ces régions.* Tu peux utiliser un dictionnaire.

Exemple : le Maroc → un Marocain → une Marocaine

la Lorraine	le Mexique	la Normandie	l'Italie
l'Alsace	Lyon	la Syrie	l'Angleterre
Paris	Nantes	l'Espagne	le Danemark
l'Égypte	l'Algérie	la Bretagne	la Chine
l'Allemagne	la Suède	Strasbourg	Nice
Grenoble	Rome	Orléans	le Brésil

58 *Écris ces noms au pluriel et place-les dans la grille.*

un mouchoir
un banc
une clé
une cerise
une rue
la police
le char
un poussin
un roi

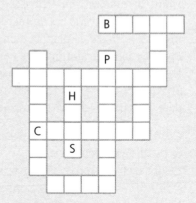

59 *Que trouve-t-on dans ces lieux ? Réponds par des noms au pluriel.*

dans un aquarium ? ....
aux fenêtres des prisons ? ....
dans un port ? ....
au pied du sapin de Noël ? ....
en haut des remparts d'un château fort ? ....
autour des roues des voitures ? ....
au milieu des cerises ou des abricots ? ....
dans une volière ? ....
dans la cave d'un vigneron ? ....

60 *Dans un dictionnaire, cherche le sens de ces noms, écris-les au pluriel et place-les dans une petite phrase.*

un narval → des narvals → Les narvals sont aussi appelés licornes de mer.

un chenal	→ ...	→	...
un piédestal	→ ...	→	...
un serval	→ ...	→	...
un étal	→ ...	→	...
un gavial	→ ...	→	...
un sérail	→ ...	→	...
un caravansérail	→ ...	→	...

61 *Écris trois vers avec une rime en -ou ; les deux noms seront employés au pluriel et l'un d'eux devra obligatoirement faire son pluriel en -oux.*

Au fond des trous, ...

J'ai trouvé des cailloux. ....

....

....

62 *Avec le verbe* garde, *forme cinq noms composés que tu écriras au pluriel.*
Essaie ensuite de trouver deux autres noms composés formés avec le nom garde *et écris-les au pluriel.* Utilise un dictionnaire.

un garde-manger → des garde-manger

...	→	...
...	→	...
...	→	...
...	→	...
...	→	...

63 *Trouve cinq (ou plus... si possible) noms composés d'objets. Écris-les au singulier, puis au pluriel.* Utilise un dictionnaire.

un coffre-fort → des coffres-forts

...	→	...
...	→	...
...	→	...
...	→	...
...	→	...

Révision

64 *Qu'as-tu dans ta chambre ?*
Réponds en utilisant tous les nombres de un à dix.

Dans ma chambre j'ai un lit, deux ....

65 *Trouve l'adjectif manquant, puis accorde-le.*

Il fait un froid glacial. → **Il souffle une brise glaciale.**

Donner en... satisfaction.   Avoir un caractère en..., être catégorique.
Un marin d'eau do... .   Naviguer par un temps do... .
S'embrasser pour le Nou... an.   Fêter joyeusement la nou... année.
Passer un examen or... .   Réussir l'épreuve or... d'un concours.
Aller à l'école pu... .   Utiliser un service pu... .
Retrouver un anc... ami.   Retrouver une anc... amie.
Donner un résultat ex... .   Payer la somme ex..., au centime près.

66 *Dans cette grille, retrouve quinze adjectifs qualificatifs.*

C	O	M	M	E	R	C	I	A	L
O	P	A	Q	U	E	L	A	S	E
M	A	N	U	A	G	E	U	X	G
M	T	U	S	W	A	M	E	R	I
U	I	E	U	F	R	E	L	E	T
N	E	L	E	G	A	N	T	H	I
A	N	Z	L	E	N	T	K	J	M
L	T	O	L	E	R	A	N	T	E

67 *Écris ces adjectifs au masculin. Dans chaque colonne*
tu trouveras alors un intrus qui n'a pas la même terminaison
que les autres. Souligne-le.

élastique	docile	grosse	farouche
publique	utile	métisse	riche
pratique	civile	lasse	louche
nautique	agile	basse	gauche
diabolique	stérile	épaisse	lâche
classique	habile	fausse	étanche
métallique	mobile	grasse	fraîche

68 Qu'as-tu dans ton cartable ?
Commence par décrire un objet avec un adjectif, puis deux objets avec un autre adjectif et ainsi de suite, jusqu'à dix !

Dans mon cartable, j'ai un stylo noir, deux ....

69 Emploie les participes passés de ces verbes comme des adjectifs, avec deux noms de ton choix, un au singulier, l'autre au pluriel. Accorde.

(dissiper)	une classe dissipée	des spectateurs dissipés
(déguiser)	...	...
(garer)	...	...
(animer)	...	...
(brûler)	...	...
(assourdir)	...	...
(enregistrer)	...	...
(modifier)	...	...
(annuler)	...	...
(farcir)	...	...

70 À l'aide de ces huit lettres, trouve six participes passés que tu emploieras ensuite avec un nom dans une expression.

C L É P R O E U

pelé → des poires pelées avec le plus grand soin

... → ....

71 Écris un bulletin météorologique en utilisant des adjectifs ou des participes passés que tu sépareras des noms par le verbe être.

Ce matin, les nuages sont nombreux. La température est ....

72 Attention ! certains mots féminins n'ont pas du tout le même sens que les noms masculins qui leur correspondent. Complète les phrases avec des noms (ou des adjectifs) féminins de la même famille que les noms masculins entre parenthèses.

(un cafetier)	Monsieur Grandet range sa ... dans le haut de son placard.
(un routier)	Le conducteur consulte une carte ... avant de partir.
(un portier)	La ... du passager assis à l'avant est mal fermée.
(un lisier)	La cabane est construite en ... de la forêt Clermain.
(un cocher)	Il ne faut jamais stationner devant une porte ... .
(un œillet)	Les chevaux de courses portent souvent des ... .
(un gravier)	Certains jettent leurs déchets dans la ... abandonnée.
(un glacier)	Nous plaçons tous les aliments dans la ... .

Le verbe

L'accord du verbe

observe ....

Nous le **constatons** chaque jour un peu plus : les téléphones portables **équipent** désormais des millions de personnes. Les communications **s'obtiennent** facilement où que vous **habitiez**. Je **connais** même un voisin qui l'accroche à sa ceinture ; il **craint** de ne pas entendre la sonnerie. Tu **imagines** sa vie avec son petit boîtier placé en permanence sur lui, dans sa sacoche et même dans son lit !

retiens

Le verbe s'accorde, **en personne et en nombre**, avec son groupe sujet. On trouve le groupe sujet en posant la question **« Qui est-ce qui ? »** devant le verbe.

Qui est-ce qui constate ?	Nous	1re personne du pluriel
Qui est-ce qui s'obtiennent ?	Les communications	3e personne du pluriel
Qui est-ce qui craint ?	Il	3e personne du singulier

exercices ❯ Corrigé p. 263

187 **Écris les verbes entre parenthèses au présent de l'indicatif.**

Au dernier moment, nous (décider) de ne pas regarder le reportage sur les Açores. – Tu (avaler) ta soupe en faisant une horrible grimace. – J'(apprendre) les numéros de téléphone de mes amies par cœur. – Vous ne (réussir) pas à effacer ces taches de goudron. – Tu (dormir) toujours la fenêtre ouverte. – Nous (prendre) un ticket numéroté au rayon boucherie et nous (attendre) notre tour. – L'autobus est en retard, je (manifester) mon impatience en battant la semelle. – Vous (refuser) de baisser les bras et vous (continuer) à décoller le papier peint. – Tu ne (sentir) plus ta force et tu (tordre) cette barre de fer en quelques secondes.

188 **Complète avec un pronom personnel qui convient.**

... connais un village où les voitures n'ont pas l'autorisation de circuler ; ... peux même te donner son nom : Adiclaux. – ... fermez la porte de l'immeuble à clé. – ... plaçons tous nos espoirs dans la réussite de cette opération humanitaire. – Pour brancher ton ordinateur, ... utilises une rallonge électrique. – ... mord à pleines dents dans sa part de gâteau au chocolat. – ... se nourrissent uniquement de fruits et de légumes frais. – ... ne sais plus à quel saint me vouer.

189 Remplace les pronoms personnels sujets en *italique* par des noms qui conviennent.

Ils attendent que les barrières du passage à niveau se lèvent. – *Il* répond à toutes les questions posées par l'examinateur. – *Elle* ramasse les cahiers et les corrigera pour demain matin. – Avant d'atterrir, *ils* tournent dix minutes au-dessus de la piste. – *Elle* se remplit lentement ; nous devrons attendre pour nous baigner. – Au moindre appel, *ils* sautent dans leur camion et se rendent sur les lieux de l'incendie. – *Elles* obtiennent de petits rôles dans divers films.

190 Écris les mots en *italique* au pluriel et accorde les verbes.

Le *musicien* regarde attentivement le chef d'orchestre. – L'*usine* de produits chimiques pollue toutes les rivières de cette région. – Le *phare* ne perce qu'avec peine le brouillard. – Cette *copie* ressemble à s'y méprendre à un *tableau* de Modigliani. – L'*espion* code le message qu'il envoie à l'ambassade de son pays. – Avant le départ de la course, le *coureur* s'échauffe. – L'*ogre* engloutit plusieurs moutons pour son petit déjeuner. – Le *coup* de théâtre survient toujours au moment où le *spectateur* s'y attend le moins.

191 Écris les verbes entre parenthèses au présent de l'indicatif.

Les poussins **(se blottir)** sous l'aile de la mère poule. – Ce jeune conducteur **(conduire)** prudemment. – Vous **(introduire)** le gratin de courgettes dans le four. – Tu **(courir)** pour essayer de rattraper l'autobus. – L'essence **(valoir)** un euro depuis le début du mois de septembre. – Je **(battre)** les cartes avant de les distribuer. – Pour la première fois, nous **(participer)** au cross de l'école. – Quand on **(chauffer)** de l'eau, elle s'**(évaporer)**. – Chacun **(trembler)** à l'idée de voir le dompteur pénétrer dans la cage aux ours.

192 Écris les mots en *italique* au singulier et accorde les verbes.

Ces *journaux* paraissent chaque matin. – Les jeunes *biches* tressaillent au moindre bruit. – Les *pêcheurs* ne perdent pas espoir, *ils* aperçoivent un banc de sardines au loin. – Les *automobilistes* obéissent aux indications des *agents* de police. – Avant l'ascension, les *alpinistes* consultent le bulletin de la météo. – Les *motards* escortent le cortège présidentiel.

193 Transforme selon le modèle.

la disparition des hannetons → Les hannetons disparaissent.

l'évasion du prisonnier
la fumée des cheminées
la vengeance du prince noir
le claquement des volets
le lever du jour

l'explosion d'un baril de poudre
la fin de la partie
l'arrivée des beaux jours
le chant des oiseaux
l'augmentation des prix

copie et retiens

connaître - disparaître - comparaître - méconnaître - reparaître

Le verbe

L'accord du verbe – L'inversion du sujet

observe

Depuis quelques années, on **assiste** à une dégradation rapide de l'environnement. La vie dans les régions où s'**installent** certaines usines **devient** impossible. Les produits chimiques **empoisonnent** les rivières et les fumées, même s'il **existe** des systèmes de filtration, **entraînent** des maladies respiratoires. La prise de conscience de ces phénomènes de pollution **concerne** l'ensemble de la population de la planète.

retiens

Quelle que soit la construction de la phrase, le verbe s'accorde toujours avec **le nom principal du groupe sujet** qui peut être séparé du verbe par des groupes ou des propositions.

Qui est-ce qui devient ? la vie   → 3e personne du singulier → devient

Qui est-ce qui entraîne ? les fumées → 3e personne du pluriel → entraînent

Le groupe sujet peut être placé **après le verbe** ; on dit alors qu'il y a inversion du sujet.

Qui est-ce qui s'installe ? les usines   → 3e personne du pluriel → s'installent

exercices ▶ Corrigé p. 264

194 **Écris les verbes entre parenthèses au présent de l'indicatif.**

Au rayon des disques (s'aligner) les nouveautés que les adolescents (rechercher). – L'ordinateur qu'(utiliser) les techniciens de la base de Kourou (calculer) les trajectoires des fusées Ariane. – Les épidémies que (redouter) les médecins tropicaux (se propager) très rapidement. – Les conseils que (donner) les vrais amis (être) toujours appréciés.

195 **Écris les verbes entre parenthèses au présent de l'indicatif.**

Au chaud soleil de la Provence (mûrir) de délicieux melons. – Sur le quai de la gare (aller) et (venir) les voyageurs impatients. – Les massifs que (nettoyer) les jardiniers de la ville (déborder) de fleurs odorantes. – Le Père Noël, qu'(attendre) tous les enfants, n'(oublier) généralement personne.

⊙ copie et retiens

le massif - le tarif - le motif - le canif - le récif - le passif - le fautif
admissible - admirable - administrer - admettre - un adjectif - un adhérent

Le verbe

L'accord du verbe avec deux sujets

observe

Lorsqu'il prépare une potée aux choux, monsieur Tréjean choisit un gros chou blanc qu'il tranche en quatre, puis qu'il plonge cinq minutes dans l'eau bouillante. Pendant que **le lard coupé en dés et un gros oignon reviennent** dans du beurre, il hache le chou. **Le sel et le poivre relèveront** encore le goût de ce plat familial.

retiens

Deux sujets au singulier valent un sujet pluriel.
Qui est-ce qui reviennent ? le lard et un oignon → 3ᵉ pers. du plur. → reviennent
Qui est-ce qui relèveront ? le sel et le poivre → 3ᵉ pers. du plur. → relèveront

exercices ▶ Corrigé p. 264

196 **Écris chaque verbe au présent de l'indicatif. Entoure l'ensemble du groupe sujet.**

Le médecin et l'infirmier (vacciner) les enfants d'un village africain. – Papa et maman (câliner) leur bébé. – La deuxième couche de peinture (accentuer) le contraste des couleurs. – Joyce et son amie (bénéficier) d'une réduction sur le prix de leur billet. – Le premier et le second de cette course (recevoir) la même récompense. – La neige et le verglas (recouvrir) les chaussées.

197 **Écris chaque verbe au futur simple. Entoure l'ensemble du groupe sujet.**

S'il n'y prend pas garde, l'argent et l'ambition (ruiner) la carrière de ce jeune homme. – Les électeurs de cette ville (élire) prochainement leurs conseillers municipaux. – L'apiculteur et son aide (recueillir) le miel en prenant des précautions. – En septembre, la cigogne et l'hirondelle (quitter) nos régions pour des pays plus chauds. – Le gazole et l'essence (augmenter) le mois prochain.

℅ copie et retiens

la récompense - la dispense - la défense - l'offense - la dépense
la séance - la finance - la balance - la relance - les vacances - la distance
l'agence - la cadence - l'audience - l'urgence - l'absence

Le verbe

Le sujet **tu**

....

Lorsque **tu veux** voyager facilement et à peu de frais, **tu prends** un livre ! **Tu découvriras** l'univers fantastique des pirates des mers tropicales et **tu partageras** les malheurs d'Olivier, jeune orphelin parisien. **Tu peux** devenir un instant le comte de Monte-Cristo, un détective, ou encore, le commandant d'un vaisseau spatial. **Tu** n'**entends** plus rien, **tu** ne **vois** personne, **tu te trouves** dans un autre monde, celui de la lecture.

retiens

À tous les temps, avec le sujet **tu**, tous les verbes se terminent par **-s**.
tu partageras – tu découvriras – tu trouves – tu prends – tu vois

EXCEPTIONS : les verbes **vouloir, pouvoir, valoir** prennent un **-x** à la 2e personne du singulier du présent de l'indicatif.
tu veux, tu peux, tu vaux

exercices ❯ Corrigé p. 264

198 **Écris les verbes au présent de l'indicatif.**

Tu les **(détacher)**	Tu me **(coiffer)**	Tu te **(laver)**
Il te **(protéger)**	Tu l'**(arroser)**	Elle se **(décider)**
Je les **(ranger)**	Elle t'**(informer)**	Tu les **(couper)**
Tu nous **(payer)**	Tu lui **(murmurer)**	Je vous **(écouter)**
Tu me **(croire)**	Elle te **(prévenir)**	Tu te **(perdre)**
Il vous **(rejoindre)**	Tu les **(applaudir)**	Tu la **(vendre)**

199 **Écris les verbes au futur simple.**

Si la poulie grince, tu l'**(huiler)** un peu. – Pour le barbecue, tu **(embrocher)** des saucisses et des merguez. – Pour monter cette étagère, tu **(tâtonner)** un peu, mais tu y **(parvenir)**. – Quand elle **(meubler)** sa salle à manger, madame Ditte **(choisir)** une table ovale et des chaises confortables. – Lorsque tu **(être)** électricien, tu **(se spécialiser)** dans l'installation des systèmes télécommandés.

✍ copie et retiens

le concert - le dessert - le couvert - le camembert - l'expert - le transfert
le calvaire - le repaire - l'horaire - le salaire - le corsaire - le sommaire

Le verbe

Le sujet **on**

Quand **on utilise** une perceuse électrique, **on prend** des précautions.
D'abord, **on évite** d'avoir les mains mouillées quand **on** la **branche**.
Ensuite, **on choisit** avec soin les mèches, ni trop grosses ni trop fines.
Si **on doit** monter sur un escabeau, **on vérifie** qu'il est bien calé.
Enfin, **on appuie** lentement pour que la mèche ne se casse pas.

retiens

On peut être remplacé par **il, elle** ou par **un nom**.
on utilise ; il utilise ; elle utilise ; l'ouvrier utilise
On est toujours le sujet d'un verbe qui doit s'écrire à la 3e personne du singulier.
on prend ; on prenait ; on prendra ; on a pris

exercices Corrigé p. 264

200 **Écris les verbes de ces proverbes au présent de l'indicatif.**
Quand on **(vouloir)** noyer son chien, on l'**(accuser)** d'avoir la rage. – On **(ne pas faire)** d'omelette sans casser des œufs. – On ne **(prêter)** qu'aux riches. – C'est dans le besoin que l'on **(connaître)** ses véritables amis. – On **(attraper)** plus vite un menteur qu'un voleur. – Quand on **(parler)** du loup, on en **(voir)** toujours la queue. – Ce qu'on **(apprendre)** au berceau, on le **(retenir)** toute sa vie. – Comme on **(faire)** son lit, on **(se coucher)**. – Faute de grives, on **(manger)** des merles.

201 **Remplace les pronoms sujets nous par on et accorde les verbes.**
Nous obtenons dix minutes de récréation supplémentaires. – L'escalier est glissant, nous le descendons lentement. – Nous soumettrons votre proposition à l'ensemble de la classe. – Nous ne consommerons que des produits frais. – Nous déblayons la neige qui se trouve au pied de l'immeuble. – Nous échouons tout près du but : c'est dommage.

copie et retiens

le cœur - le bœuf - un œuf - la sœur - une œuvre - un œil
se gâter - un mâle - une bâche - lâcher - pâle - bâtir - un bâton

ORTHOGRAPHE GRAMMATICALE

Le participe passé

Le participe passé en -é ou l'infinitif en -er

observe

Rachel a **emprunté** la nouvelle ligne de métro pour **aller** à la Bibliothèque nationale **installée** au bord de la Seine, à Paris. Après avoir **monté** les escaliers, elle a **cherché** l'entrée pour **pénétrer** dans la salle où l'on peut **consulter** les publications les plus récentes. Elle a **feuilleté** deux ou trois revues, mais elle voulait surtout **admirer** de près ce monument qu'elle ne connaissait qu'en photographie.

retiens

Il ne faut pas confondre le participe passé en **-é** avec l'infinitif en **-er** des verbes du 1er groupe.
Le participe passé en **-é** peut être remplacé par le participe passé d'un autre verbe du 2e ou du 3e groupe, comme fini, réussi, pris, vu, écrit...
elle a emprunté ; elle a pris – la bibliothèque installée ; la bibliothèque bâtie
L'infinitif en **-er** peut être remplacé par l'infinitif d'un autre verbe du 2e ou du 3e groupe comme finir, réussir, prendre, voir, écrire...
pour aller ; pour se rendre – on peut consulter ; on peut voir

exercices ▶ Corrigé p. 264

202 Complète par -é ou -er.

Pascaline a trouv... du travail ; elle doit distribu... des journaux dans les boîtes aux lettres. – Avant de plong..., il faut inspir... longuement pour s'oxygén... . – Madame Roulet a plac... une partie de ses économies à la banque ; elle pense ainsi avoir assur... ses vieux jours. – Le stade est noy... sous la brume ; le match est report... à une date ultérieure. – Quand le barrage sera achev..., on pourra irrigu... tous les champs de haricots. – Beaucoup de mineurs ont laiss... leur santé au fond des puits.

203 Transforme selon le modèle.

Il a retourné sa feuille. → Il va retourner sa feuille.
Tu as fouiné dans le grenier à la recherche d'un vieux violon.
J'ai encollé les rouleaux de papier peint.
Milan a enregistré le film de dimanche soir.
Le chat a miaulé toute la journée devant la porte.

98

204 **Complète par l'infinitif ou le participe passé du verbe entre parenthèses que tu accorderas, si nécessaire.**

La décision n'a pas fait plaisir à tout le monde, beaucoup de dents ont (grincer). – Pour (piloter) un hélicoptère, il faut (posséder) un permis spécial. – Benjamin n'a pas son pareil pour (improviser) un costume de carnaval. – Au cours de sa vie, Nicole Le Goff a (cumuler) les séjours à l'étranger ; elle a (rencontrer) des personnages extraordinaires. – Pour (confirmer) votre réservation, il serait prudent d'(envoyer) un fax. – Les supporters ont (défiler) en brandissant des écharpes et en chantant pour (encourager) leur équipe. – La secrétaire a (tamponner) l'imprimé de Noémie. – Le directeur va (féliciter) ses employés pour leur travail (acharner).

205 **Remplace fait ou faire par un des verbes de cette liste ; tu l'écriras à l'infinitif ou au participe passé.**

décider – effectuer – rédiger – fabriquer – provoquer – nager – peser – changer – tracer – nettoyer

L'ébéniste a *fait* une table pour l'angle de la salle à manger. – La situation est désespérée, personne ne peut rien y *faire*. – L'architecte a *fait* un plan original pour la nouvelle salle des fêtes. – Madame Vannier ne veut rien *faire* avant d'avoir étudié toutes les solutions possibles. – Jean-Mathieu a *fait* deux kilomètres pour rejoindre l'île d'Aix. – Julien a *fait* son garage de fond en comble. – Pour *faire* ce rapport, Hassan utilise un traitement de texte. – Pour porter ce piano, il faut être au moins quatre, car il doit *faire* au moins deux cents kilos. – L'orage a *fait* des dégâts considérables dans toute la région. – Pour *faire* sa triple boucle, le patineur a pris beaucoup d'élan.

206 **Remplace les mots en *italique* par des verbes du 1er groupe à l'infinitif.**

Pour *la correction de* ce devoir, prenez un crayon à papier. – *L'installation* des volets roulants prendra au moins deux jours. – Réjane espère *une amélioration de* sa moyenne en français. – *Le refus de* la priorité peut avoir de graves conséquences. – Florent adore *le dessin*. – Au marché de Pont-de-Vaux, *le marchandage* est monnaie courante. – Le facteur devrait passer chez madame Philippe pour *le versement de* sa pension. – *L'impression de* ce texte exigera la mise en place d'une cartouche d'encre neuve. – Utilise une calculatrice pour *la vérification de* tes résultats.

⟳ copie et retiens

une banderole - une bricole - une casserole - une rigole - une auréole
exiger - exister - s'exiler - exagérer - examiner - exécuter - s'exercer

Le participe passé

Le participe passé en -é ou le verbe à l'imparfait

observe

Les joueurs de l'équipe d'Antibes, **encouragés** par leurs supporters **déchaînés**, **attaquaient** sous tous les angles pour marquer des paniers. Sur le banc de touche, l'entraîneur **encourageait**, lui aussi, son équipe de la voix et du geste. Durant la dernière minute de la partie, la moindre faute **déchaînait** les protestations du public ; à l'inverse, des cris de joie **saluaient** les paniers à trois points.

retiens

Il ne faut pas confondre le participe passé en **-é** (qui peut s'accorder) avec le verbe conjugué à l'imparfait de l'indicatif.
On peut remplacer le participe passé par un adjectif qualificatif (ou un autre participe passé) et le verbe conjugué à l'imparfait par une forme conjuguée à un autre temps.
les joueurs encouragés ; les joueurs soutenus – des supporters déchaînés ; des supporters heureux
l'entraîneur encourageait ; l'entraîneur encourage – la moindre faute déchaînait ; la moindre faute déchaîne

exercices ▶ Corrigé p. 264

207 **Accorde le participe passé ou complète avec la terminaison du verbe à l'imparfait de l'indicatif.**

Les économies réalis... permettront d'acheter un téléviseur pour la classe. – Chaque année, la famille Dunoyer lou... une villa à Arcachon. – Dans leur jeunesse, nos grands-parents ignor... l'existence des ordinateurs. – Les personnes abus... par des vendeurs malhonnêtes peuvent annuler leur commande. – Seul l'hélicoptère ravitaill... les villages isol... . – Les vacanciers allong... sur le sable chaud oubli... leurs soucis.

copie et retiens

le supporter - supposer - supprimer - supplier - suppléer - le supplément
superbe - superviser - la supercherie - la superficie - superflu - supérieur

Le participe passé

Le participe passé employé avec l'auxiliaire **avoir**

observe ....

La directrice **a** d'abord **parlé** à voix basse avec monsieur Weber, notre instituteur, puis elle **a annoncé** la nouvelle à toute la classe : la mairie **avait décidé** d'acheter cinq ordinateurs pour notre école. Mes camarades **ont applaudi** ; certains **ont manifesté** bruyamment leur joie ; il **a fallu** que monsieur Weber les calme. Ensuite, nous **avons** tous **donné** notre avis sur l'endroit où nous allions installer ces appareils.

retiens

Le participe passé employé avec l'auxiliaire **avoir** ne s'accorde **jamais avec le sujet du verbe.**
le directeur a parlé ; la directrice a parlé ; les élèves ont parlé ; il a annoncé ; elle a annoncé ; nous avons annoncé ; vous avez annoncé

exercices ▶ Corrigé p. 264

208 **Conjugue au passé composé.**

tourner les pages	sonner à la porte	cacher sa déception
renverser un verre	acheter des piles	déplacer ses pions
surveiller la cuisson	avaler une arête	réparer le vélo

209 **Écris les verbes entre parenthèses au passé composé.**

Le Petit Poucet (**chausser**) les bottes de l'ogre. – Tu (**composer**) un poème pour ta grand-mère. – M. Entrevaux (**éclairer**) le fond de la cave. – Vous (**oublier**) votre ordonnance chez le pharmacien. – Tu (**refuser**) notre aide ; tu (**avoir**) tort. – Par mégarde, Hervé (**poser**) la main sur la plaque chauffante. – Impatient, Yohan (**glisser**) un œil dans les coulisses pour apercevoir les comédiens. – Vous (**transformer**) cette vieille poussette en chariot de cow-boy ! – Les touristes (**prolonger**) leur séjour en Sicile pour admirer l'Etna. – J'(**voyager**) debout dans le couloir, de Nice à Valence.

copie et retiens

le chariot mais *charrier - la charrette - la charrue - le charretier*
le musicien - le comédien - le mécanicien - le pharmacien - le magicien

Le participe passé

Le participe passé employé avec l'auxiliaire **avoir** (suite)

observe

Les minutes que tu as perdues au départ seront difficiles à récupérer. Tu n'as pas suffisamment surveillé tes concurrents. Cette étourderie, **tes principaux adversaires l'ont immédiatement exploitée** et ils ont lancé une échappée. **La poursuite que tu as engagée** avec quelques-uns de tes équipiers sera vaine ; tu ne reverras les premiers que la ligne d'arrivée franchie.

retiens

Le participe passé employé avec l'auxiliaire **avoir** ne s'accorde jamais avec le sujet du verbe. Il s'accorde **en genre** et **en nombre** avec le **complément d'objet direct** du verbe, quand celui-ci est placé **avant le participe passé**. Dans ce cas, le complément d'objet direct est souvent un pronom personnel ou un pronom relatif.

les minutes que tu as perdues – le temps que tu as perdu
la course que tu as perdue – les vêtements que tu as perdus
cette étourderie, ils l'ont exploitée – ce retard, ils l'ont exploité
ces erreurs, ils les ont exploitées – ces oublis, ils les ont exploités

exercices ▸ Corrigé p. 264

210 Écris les verbes entre parenthèses au passé composé.

Dès son arrivée dans le bureau, madame Chevrot **(déplacer)** les placards et les ordinateurs. – M. Rebatel **(déposer)** une réclamation ; la directrice du magasin lui **(répondre)** en moins de quatre jours. – En se baissant trop rapidement, Emmanuel **(déchirer)** son pantalon ; heureusement qu'il a toujours une épingle de nourrice sur lui ! – Jamais personne n'**(égaler)** la longévité de Mathusalem : 969 ans ! – Les réponses que nous **(entourer)** devraient être exactes. – Les campeurs **(plier)** leur matériel à la hâte, car la pluie tombait drue. – Dès la sortie du village, le conducteur **(accélérer)**, sans toutefois dépasser la vitesse autorisée. – Agnès n'était pas très douée pour la gymnastique, mais elle **(persévérer)** et, finalement, les efforts qu'elle **(faire)** lui **(permettre)** de devenir une championne. – Devant la montagne de cadeaux au pied du sapin, Romain et Grégoire **(courir)** pour embrasser leurs parents. – Les trois verres que tu **(boire)** devraient te désaltérer.

211 Écris les mots en *italique* au pluriel et accorde comme il convient.

Le *navigateur* a échoué dans sa tentative de battre le record de la traversée du Pacifique à la voile. – L'*automobiliste* n'a pas vérifié la pression de ses *pneus* avant de partir ; il prend un risque. – Le *seigneur* avait octroyé le droit de chasse au *paysan* de son domaine. – Le *fourgon* que le *pompier* a appelé en renfort apportera du *matériel* perfectionné. – Le *produit* chimique a pollué la *rivière*. – Toute trace de vie a disparu dans la *rivière* qu'a polluée le *produit* chimique. – L'*élève* a corrigé son *erreur*. – Le *professeur* ne souligne pas l'*erreur* que l'*élève* a corrigée. – Le *questionnaire* qu'a rempli le *client* permettra de mieux connaître la clientèle du supermarché.

212 Écris les verbes en *italique* au passé composé.

Le naufragé *réussit* à s'accrocher à une planche. – Mariette *beurrera* ses tartines avec soin. – Les vêtements que *brade* le marchand forain se révèlent d'excellente qualité. – Les danseurs *valsent* toute la soirée au son de l'accordéon. – Les boîtes de conserve qu'*empilait* l'épicier *occupaient* tous les rayonnages. – Les traces que Flambant *flaire* sont en fait celles d'un lézard ! – La truite que monsieur Glénat *pêche* est trop petite, il la *rejette* à l'eau. – Les remontrances que vous m'*adressez* à tort me *vexent*. – Les problèmes de mathématiques que Thomas *résout* sont faciles. – Les laiteries *disparaissent* au fil des ans. – Les sentiers que nous *prenons* devraient nous permettre d'arriver avant la nuit.

213 Observe bien l'exemple et supprime les répétitions.

Le chanteur a dédicacé les photos ; ses admirateurs lui ont tendu des photos.
→ Le chanteur a dédicacé les photos que ses admirateurs lui ont tendues.

L'architecte a inspecté les chantiers ; les maçons ont terminé les chantiers. – Le chirurgien a opéré les malades : le médecin généraliste lui a adressé des malades. – Les savants suédois ont poursuivi les recherches ; leurs collègues anglais ont commencé des recherches. – Les musiciens ont étudié les partitions ; le chef d'orchestre a donné des partitions aux musiciens. – Je n'ai pas obtenu les résultats ; j'ai prévu des résultats. – Monsieur Rondeau a remis en liberté le jeune faon ; sa femme a nourri un jeune faon pendant deux mois.

☞ copie et retiens

l'accordéon - l'accusation - acclamer - l'accent - l'accélérateur - l'accoudoir - l'accord - accrocher - accueillir - accumuler - accompagner - accomplir
le faon - le paon - le taon - Laon (une ville de France)

103

Le participe passé

Le participe passé employé avec l'auxiliaire **être**

observe

La mode de cet hiver **est arrivée** ; nous pouvons la découvrir dans les magazines spécialisés. **Nous serons vêtus** comme des Lapons, c'est-à-dire que **nos manteaux seront boutonnés** jusqu'au menton ; **les bonnets seront entourés** de fourrure et la peau des bottes **sera retournée** sur nos mollets. Seules **les couleurs sont restées** classiques. Mais une chose est certaine, nous n'aurons pas froid !

retiens

Le participe passé employé avec l'auxiliaire **être** s'accorde **en genre** et **en nombre** avec le nom principal du groupe sujet.
la mode est arrivée – le catalogue est arrivé – les modèles sont arrivés – les couturières sont arrivées
le bonnet sera entouré – les bonnets seront entourés – la casquette sera entourée – les casquettes seront entourées
Les verbes pronominaux sont toujours employés avec l'auxiliaire **être**.

exercices ▶ Corrigé p. 265

214 **Conjugue au passé composé.**

arriver à l'heure   revenir sur ses pas   partir en promenade
tomber dans l'escalier   rester sans voix   aller à la piscine

215 **Écris les verbes entre parenthèses au passé composé.**

Ces vêtements (se vendre) comme des petits pains ! – La vendeuse (rester) jusqu'au départ du dernier client. – Comme le terrain est impraticable, les dirigeants (décider) de reporter le match. – Pendant des siècles, les armées françaises et anglaises (se combattre) farouchement. – Que (devenir) les belles demeures des seigneurs de la Renaissance ?

216 **Écris les noms en *italique* au pluriel et accorde.**

Ce *paquet* est expédié par avion. – Au dernier moment, le *technicien* s'est aperçu qu'il y avait une fuite dans le moteur ; l'*opération* de lancement a été annulée et le *cosmonaute* s'est déclaré déçu. – La *porte* s'est entrouverte et un *employé* est venu annoncer que la *distribution* des cartes d'identité était suspendue. – L'*éducateur* est intervenu pour que le jeune homme soit embauché. – La *pelouse* du *jardin* est envahie par les mauvaises herbes.

217 Écris les verbes entre parenthèses au passé composé.

Pendant la Première Guerre mondiale, les jeunes soldats **(se comporter)** en véritables héros. – Bertrand **(ne pas se méfier)** mais le champ était plein d'orties. – Les routiers **(se restaurer)** au relais de la Croix-Blanche. – Les compagnons du tour de France **(restaurer)** la cathédrale de Beauvais. – En voulant sortir en mer malgré la tempête, vous **(se ridiculiser)** et vous **(mettre)** la vie des sauveteurs en danger. – Malgré des années de séparation, ces deux frères **(se reconnaître)** au premier regard. – Vincent Van Gogh **(immortaliser)** l'église d'Auvers-sur-Oise. – Après avoir connu une gloire éphémère, cette chanteuse **(retomber)** dans l'oubli. – Une averse **(venir)** troubler le tournage du dernier film de Niño Cavanez. – Lors du tremblement de terre, les murs **(se lézarder)** et quelques maisons **(s'écrouler)**. – Pour produire de nouveaux modèles de téléviseurs, cette usine **(se moderniser)**.

218 Transforme selon le modèle.

refuser une réduction → La réduction est refusée.

vendanger les vignes
sucer les bonbons
évacuer les blessés
enjamber la barrière
hisser les voiles
brosser les vêtements
éteindre les lumières

démêler les cheveux
photographier les animaux
exhiber les décorations
insonoriser la pièce
compter les billets
préciser les détails
graisser la chaîne

219 Complète ces phrases par un verbe pronominal que tu écriras au passé composé.

Les randonneurs n'avaient pas emporté de cartes ni de boussole : ils ... . – Les invités avaient très faim ; ils ... devant une énorme choucroute. – Le bruit des chasseurs a effrayé les chevreuils qui ... dans les sous-bois. – Durant des années, monsieur Pegon ... en Père Noël pour distribuer des cadeaux aux enfants de la commune. – Comme le guichet n° 1 était fermé, Leslie ... vers un autre guichet pour acheter des timbres. – La partie ... sur un résultat nul ; le public est déçu. – Les prisonniers ... : les gardiens sont à leur recherche.

---

copie et retiens

barrer - le barrage - la barrière - le barreau - le barreur - la barrette
un escalier - un escabeau - une escadrille - une escale - une escalope

Le participe passé

Le participe passé employé avec l'auxiliaire **être** (suite)

Madame Touvain a été engagée comme ingénieur informatique. **Les modalités** de son contrat **ont été** rapidement négociées et **le salaire a été fixé** sans problème. **Les horaires** de travail **n'ont pas été déterminés** avec précision. Cette question sera réglée ultérieurement.

retiens

Lorsqu'on rencontre la forme **avoir été**, il s'agit du verbe **être** conjugué avec l'auxiliaire **avoir** ; le participe passé **été** est toujours invariable.
Le participe passé qui suit la forme **avoir été** est employé avec l'auxiliaire **être**, il s'accorde donc toujours avec le nom principal du groupe sujet.
madame Touvain a été engagée – monsieur Touvain a été engagé
les ouvrières ont été engagées – les ouvriers ont été engagés
le salaire a été fixé – la somme a été fixée – les prix ont été fixés – les commandes ont été fixées

exercices ▶ Corrigé p. 265

220 **Écris les verbes entre parenthèses au passé composé.**

Les trottoirs (être arrosé) par les employés communaux. – Les jardiniers (arroser) les massifs de la place Darcy. – Ce modèle de canapé (avoir) beaucoup de succès ; les livraisons (être expédié) aux quatre coins de la France. – Les ouvriers (être informé) des bons résultats obtenus par leur entreprise ; ils auront certainement une augmentation. – Les services de renseignements (informer) le ministre de l'éventualité d'une fuite au sein du personnel. – Les avions (être cloué) au sol par des conditions météorologiques désastreuses.

221 **Complète avec le participe passé du verbe entre parenthèses que tu accorderas, si nécessaire.**

Cette automobile a été (assurer) contre le vol. – Monsieur Loquin nous a (assurer) que les travaux seraient (terminer) à la fin de la semaine. – Avant de prendre son élan, la sauteuse en longueur a (sautiller) sur place. – Toute la mémoire de cet ordinateur a été (effacer) par erreur ; c'est une lourde perte. – Par mesure d'hygiène, ces produits ont été (retirer) de la vente.

222 **Écris les verbes entre parenthèses au passé composé.**

Pauline (naître) un 31 décembre. – La table (être recouvert) d'une belle nappe blanche. – Les vainqueurs de la finale (être acclamé) par une foule en délire. – La montgolfière (rester) au-dessus du massif de l'Oisans pendant cinq heures. – Les piquets (être enfoncé) à la masse dans le sol gelé. – La journaliste (revenir) du Liban avec un reportage sur la reconstruction de Beyrouth. – Mes oncles (être poursuivi) par la malchance, ils (ne jamais gagner) jamais au loto, mais ils ne doivent pas être les seuls !

223 **Complète avec le participe passé du verbe entre parenthèses que tu accorderas, si nécessaire.**

Les élèves sont (suspendre) aux lèvres de l'artisan qui leur raconte une histoire. – Les rois de France voulaient être (obéir) de tous les sujets du royaume, y compris les nobles. – Claire est imbattable en orthographe, elle a été (retenir) pour la finale départementale du championnat. – Lorsque le ferry a (couler), les passagers ont été (répartir) dans les canots de sauvetage ; il (ne pas y avoir) de disparus. – Anne est (prendre) à son propre piège ; voilà où mènent les mensonges.

224 **Écris les verbes en *italique* au passé composé.**

Mohammed se ***console*** comme il ***peut*** de la perte de sa montre. – Les présidents de la République ne ***se déplacent*** jamais sans leurs gardes du corps. – Les touristes ***reviennent*** de vacances avec de magnifiques souvenirs mexicains. – Les vaccins ***sont*** d'abord ***expérimentés*** sur des animaux, sans danger pour leur santé. – Les conducteurs ***sont éblouis*** par les phares du camion. – Les rangées de fauteuils ***se garnissent*** à vue d'œil ; la représentation ***peut*** commencer. – La machine à laver ***est réparée*** en moins de temps qu'il ne ***faut*** pour le dire.

225 **Transforme selon le modèle.**

On a évité la collision. → La collision a été évitée.

On a proposé des aménagements.
On avait payé la note avec une carte bancaire.
On a recherché un meilleur emplacement pour se garer.
On avait constaté une fuite d'huile sous le moteur.
On a savouré ces chocolats avec plaisir.
Avec cette décision, on aura contenté toute l'assistance.
De ce belvédère, on a admiré les gorges du Verdon.
En voulant la pousser, on a renversé la brouette de sable.

⊙ copie et retiens

la brouette - la cuvette - la recette - la vedette - la galette - la toilette
effacer - effectif - effaroucher - l'effet - effeuiller - efficace - effleurer

Révision

73 *Écris ces noms composés au singulier et justifie ta réponse.*
Utilise un dictionnaire.

des pèse-lettres → un pèse-lettres parce que l'appareil sert à peser des lettres.

des porte-avions	des tourne-disques	des sourds-muets
des sèche-cheveux	des passe-temps	des petits-fours
des sapeurs-pompiers	des chiens-loups	des monte-plats
des compte-gouttes	des lance-flammes	des ouvre-boîtes
des coupe-légumes	des porte-bagages	des brise-lames
des porte-clés	des serre-livres	des pare-chocs
des vide-ordures	des faux-nez	des cure-dents
des compte-tours	des après-skis	des blocs-notes

74 **Complète avec les adjectifs entre parenthèses que tu accorderas, si nécessaire.**

(cruel) Quand Gaétan échoua à son examen, ce fut une … déception.
(bref) Le ministre n'a fait qu'une … intervention à la télévision.
(amer) Le repas débute par une salade de chicorée … .
(vif) Plutôt que d'écrire, faites vos remarques de … voix.
(irréel) Les astronautes découvrent un panorama … .
(sec) Le réservoir est vide ; la voiture est en panne … .
(docile) Ce poney est … ; les enfants l'apprécient beaucoup.

75 *Complète selon le modèle.*

guérir une maladie → une maladie guérie

limiter la vitesse	suivre des conseils
libérer des prisonniers	replier des ailes
informer des auditeurs	illuminer des rues
manquer une cible	surmonter des échecs
imprimer des cartes	consulter les électeurs
enterrer un trésor	fleurir des balcons
détruire des récoltes	conquérir une autonomie
tenir des engagements	résoudre une énigme

76 *Transforme les expressions selon le modèle.*

vendre des légumes → Les légumes sont vendus.

condamner des coupables	signer des chèques
ouvrir une porte	résoudre des problèmes
finir des devoirs	garantir des appareils
vaincre la peur	vivre une aventure
coudre une jupe	interrompre des émissions
récompenser les vainqueurs	importer des produits
photographier des animaux	plâtrer un membre

77 *Complète ces phrases à ta convenance en respectant l'accord des verbes.*

... font des grimaces pour amuser les visiteurs du zoo. – ... boucles ta ceinture de sécurité. – ... utilisent des outils de très haute précision. – ... se pend aux rideaux du salon. – ... balbutie une vague excuse et s'installe à sa table de travail. – ... vous protégez de la pluie et du vent. – ... éclatent au soir du 14 Juillet. – ... parle six langues. – ... profitent des réductions offertes en fin d'année. – ... fredonnons une chanson à la mode. – ... surnagent à la surface de l'étang. – ... ne brutalise jamais son chien. – ... vieillissent beaucoup plus vite que ceux en bois.

78 *Complète avec des verbes de ton choix conjugués au présent de l'indicatif. Attention ! les sujets se trouvent après les verbes.*

Les marchandises que... les ouvriers de l'usine seront expédiées dans le monde entier. – Sur les pentes enneigées ... les skieurs. – Les plats que ... le cuisinier de ce grand restaurant sont à base de produits du terroir. – L'appartement qu'... la famille Montandon est situé au quinzième étage. – Au centre de la pièce ... une monumentale table en chêne. – Les tableaux que ... monsieur Gallet finiront peut-être au musée du Louvre, à Paris ?

79 *Trouve un début pour ces fins de phrases.*

... , Denis Raffa les imite à la perfection.

Les hommes politiques, Denis Raffa les imite à la perfection.

... , monsieur Roudier les accroche au mur.
... , la rivière l'inonde chaque automne.
... , les touristes le contemplent au soleil couchant.
... , c'est le nouvel entraîneur qui la formera.
... , les ingénieurs le construiront entre ces deux montagnes.
... , les secrétaires l'ouvrent chaque jour.

80 *Complète avec deux sujets singuliers de ton choix.*

... achètent le même journal tous les matins.
... se souviennent de leur dernière rencontre au pied de la tour Eiffel.
... mûrissent à la même époque.
... perdent leurs feuilles en automne.
... plairont à tous les publics, les jeunes comme les plus âgés.
... guettent l'arrivée de l'avion de Madrid.
... réalisent un reportage sur la pollution provoquée par les raffineries.

81 *Rédige un texte : tu t'adresses à ton ami(e) pour lui expliquer comment réparer son lecteur de disques. Tu conjugueras les verbes au présent de l'indicatif.*

Tu débranches ton lecteur de disques. Tu ....

Révision

82 *Écris les verbes au présent de l'indicatif, puis remplace le pronom sujet* on *par un sujet de ton choix (attention aux accords).*

On (coudre) un écusson sur le maillot des joueurs. – On (aller) chez le médecin. – Sous le compliment, on (rougir) de plaisir. – On (obéir) au doigt et à l'œil. – On (frôler) la catastrophe. – On (apitoyer) les âmes charitables. – On (assassiner) cette merveilleuse sonate de Schubert. – On (garer) le véhicule le long du trottoir. – On (affronter) un cyclone d'une rare violence. – On (survoler) l'océan Atlantique. – On (découvrir) le fonctionnement de ce nouvel ordinateur.

83 *Remplace les participes passés en italique par les adjectifs qualificatifs de sens voisin (n'oublie pas les accords).*

las – raisonnable – plein – odorant – impatient – sale – attentif – irritable – secret

Cette année, les fleurs de lilas sont particulièrement *parfumées.* – Les randonneurs sont *épuisés* ; une bonne soupe chaude les réconfortera. – Le savant est *concentré* ; il espère obtenir des résultats intéressants. – Change tes vêtements, ils sont *tachés.* – M. Lemot est *emporté,* il se fâche pour un rien. – On pense que l'assassin s'est enfui par un escalier *dérobé.* – *Énervés,* les spectateurs attendent le début du spectacle. – Les wagons *chargés* de pétrole partent pour la raffinerie de Feyzin. – Carla devrait suivre ces conseils car ils sont *modérés.*

84 *Remplace les verbes à l'infinitif du 1er groupe, par des verbes à l'infinitif du 2e ou du 3e groupe de sens voisin.*

suivre – soutenir – conduire – voir – obtenir – effectuer – cuire – valoir

Le chef d'orchestre est capable de *diriger* l'orchestre après quelques répétitions seulement. – Je ne sais pas combien peut *coûter* cette paire de chaussures. – La rue est barrée, les automobilistes doivent *emprunter* la déviation. – Pour *aider* les personnes qui n'ont plus d'argent, les bénévoles se dévouent sans compter. – Samuel laisse *mijoter* le civet de lièvre pendant deux heures. – Monsieur Henriat insiste pour *rencontrer* le directeur du magasin. – Pour *retirer* de l'argent avec une carte de crédit, il faut *taper* son code confidentiel sur le clavier.

85 *Pour terminer ces phrases en conjuguant les verbes à l'imparfait de l'indicatif, tu peux consulter ton livre d'histoire ou un dictionnaire.*

Les hommes préhistoriques ...
Louis XIV ...
Les châteaux forts ...
Les Romains ...
Les armées royales ...
Le clergé et la noblesse ...
Les premiers avions ...

86 *Réponds à ces questions en employant des verbes conjugués au passé composé.*

Qu'a fait Clovis du vase de Soissons ?
Clovis a brisé le vase de Soissons.

Comment es-tu montée au vingtième étage ?
....

Qu'a fait monsieur Coulet devant les deux modèles d'aspirateur ?
...

Qu'a fait l'arbitre en voyant un joueur arrêter le ballon avec la main ?
...

Qu'ont fait les chevaux devant la rivière des Tribunes ?
...

Qu'ont fait les usagers du métro pendant les travaux de réparation ?
...

Qu'a fait le pilote au moment de l'atterrissage ?
...

87 *Réponds à ces questions.*

Avez-vous rempli les réservoirs ? → **Oui, nous les avons remplis.**

M. Arredi a-t-il écouté les messages ?   Non, …
As-tu accepté notre proposition ?   Oui, …
Les gamins ont-ils excité les chiens ?   Non, …
Avez-vous réservé vos places ?   Oui, …
Ai-je réussi à convaincre le maître ?   Oui, …
Avez-vous posté le courrier ?   Non, …
M. Decoin a-t-il utilisé sa scie ?   Non, …
As-tu demandé une réduction ?   Oui, …
Le dentiste a-t-il soigné tes dents ?   Oui, …
Avez-vous déjà joué au golf ?   Non, …

88 *Écris toutes les phrases possible, grammaticalement correctes, en prenant un élément dans chaque colonne. Retrouve ensuite celles qui correspondent à des contes bien connus.*

La Belle au Bois dormant	se sont moqués du petit cygne gris.
Le Chat Botté	se sont perdus dans la forêt.
Les Trois Petits Cochons	se sont rencontrés dans le bois.
Aladin	est restée endormie cent ans.
Le Loup et le Petit Chaperon Rouge	s'est tournée vers son miroir magique.
Le Petit Poucet et ses frères	est devenu l'ami du marquis.
La méchante reine	a trouvé la lampe merveilleuse.
Les canards	se sont sauvés pour échapper au loup.

Révision

89 *Ajoute des éléments pour composer une phrase de plus en plus longue.*

La salle est fermée.
La salle des fêtes est fermée.
La salle des fêtes est provisoirement fermée.
La salle des fêtes est provisoirement fermée pour cause de travaux.
La salle des fêtes du quartier est provisoirement fermée pour cause de travaux.
La petite salle des fêtes du quartier est provisoirement fermée pour cause de travaux.

Les murs sont peints.
...
La manche est cousue.
...
La nouvelle est arrivée.
...
La prédiction s'est accomplie.
...

90 *Transforme selon le modèle.*

Elle a inscrit son nom sur la fiche de présence.
→ **Elle s'est inscrite sur la fiche de présence.**

M. Poch a soigné son lumbago.
À la mi-temps, les joueurs ont changé de maillot.
La foule a dirigé ses pas vers les issues de secours.
Lisa a regardé son visage dans le miroir.
Les lionceaux ont léché leurs pattes.
Tu as défendu ton point de vue.
Nous avons confié notre secret à nos amis les plus sincères.
Les skieurs ont réchauffé leurs pieds devant la cheminée.

91 *Complète avec le participe passé ou avec la forme conjuguée à l'imparfait de l'indicatif du verbe entre parenthèses.*

(*dispenser*)   Les élèves ... d'éducation physique resteront chez le directeur.
(*dispenser*)   Valérie ... des cours de musique aux enfants de Berzé.
(*emporter*)   Les explorateurs ... des quantités importantes de vivres.
(*emporter*)   Le bruit ... par le vent ne trouble guère le silence de la forêt.
(*signaler*)   Les gyrophares ... la présence des gendarmes.
(*signaler*)   Le panneau lumineux ... les horaires des trains.
(*congeler*)   Autrefois, les pêcheurs ne ... pas le poisson sur le bateau.
(*congeler*)   Les aliments ... se conservent assez longtemps.

92 *Écris chaque verbe à l'imparfait de l'indicatif.*
Entoure l'ensemble du groupe sujet.

Les aventures de Tarzan (captiver) les lecteurs des années 30. – Après l'accident, le camion et sa remorque (barrer) la totalité de la route. – Le plombier et son apprenti (souder) les tuyaux du chauffage au gaz. – Chaque année, Edwige et Antonia (se réjouir) à l'approche des vacances. – Le seigneur et le serf (vivre) sur le même territoire, mais ne (bénéficier) pas des mêmes droits. – Ce chemin et cette route (aboutir) au même endroit.

93 *Écris les verbes au présent de l'indicatif.*

Cette affaire (être) intéressante, tu (sauter) sur l'occasion. – Tu (garder) ton vélo sous le préau de l'école. – Tu (sursauter) dès qu'une porte (claquer). – Tu (pouvoir) sourire, mais je t'(assurer) que mon histoire est vraie. – Tu (se réjouir) à l'idée d'assister au concert des *Guitares ensorcelées*. – Si tu (vouloir) arriver à l'heure, prends le métro plutôt que l'autobus. – Tu n'(avoir) que huit de moyenne ce trimestre ; d'habitude, tu (faire) mieux que cela. – En français, tu (inventer) toujours des récits extraordinaires.

94 *Écris les verbes au futur simple.*

Cette écriture est trop fine, on ne la (déchiffrer) qu'avec peine. – Si le temps se gâte, on (écourter) la partie. – On (collecter) des boîtes de conserve pour les Restaurants du Cœur. – Au moment des soldes, on (dévaliser) les magasins de vêtements. – On (conclure) la lettre par une formule de politesse. – On (évacuer) les zones inondées avant ce soir. – On (expédier) des livres aux enfants de Bulgarie. – On (soulever) le couvercle du coffre à jouets. – On (respecter) les panneaux de signalisation.

95 *Transforme selon le modèle.*

Il vient de me confier un secret. → Il m'a confié un secret.

Le juge vient de classer l'affaire sans suite.
Ce joueur d'échecs vient d'abandonner au 35ᵉ coup.
Monsieur Jardin vient de gratter son ticket de jeu.
Les gardes du parc de la Kéran viennent de capturer un éléphant blessé.
Le maçon vient de carreler sa salle de bains ; il est satisfait de son travail.
Monsieur Jaillet vient de critiquer l'organisation du tournoi de pétanque.
Nous venons de discuter pendant des jours ; cela suffit.
Je viens de rêver que je m'embarquais dans une fusée spatiale.
Le policier vient de tamponner le passeport de madame Christin.
Le président vient de féliciter la ministre de la Justice pour son travail acharné.
Le mauvais temps vient de paralyser la circulation dans la capitale.

Des adverbes, des adjectifs et des pronoms

tout – tous – toute – toutes

observe

Toutes les semaines, la programmation des cinémas change. Les spectateurs peuvent voir de **tout** nouveaux films. Mais la fréquentation est **toute** différente selon la qualité des œuvres proposées. Certaines productions restent à l'affiche pendant des mois, car on ne retire pas un film que **tous** souhaitent voir. À l'inverse, quand, malgré **tous** les efforts de promotion, seuls de rares amateurs se retrouvent devant l'écran, le film est condamné à l'oubli.

retiens

Tout, déterminant ou pronom indéfini, est **variable**.
tout le mois – toute l'année – tous les ans – toutes les semaines
Tout précédant un adjectif qualificatif est le plus souvent adverbe, donc **invariable**.
un tout nouveau film – de tout nouveaux films
Par euphonie (pour l'oreille), on accorde **tout** devant les adjectifs qualificatifs féminins commençant par une **consonne** ou un **h** aspiré.
la fréquentation est toute différente – le résultat est tout différent

exercices ▶ Corrigé p. 265

226 **Complète par tout, tous, toute ou toutes.**

aimer ... les fromages
parler en ... franchise
jouer un numéro à ... hasard
chanter ... ensemble
avaler des bonbons ... rond
corriger ... ses erreurs

changer ... les piles
effectuer un saut de ... beauté
être d'accord sur ...
reculer à ... vitesse
oublier ... ses rendez-vous
dormir ... la nuit

227 **Transforme ces expressions selon le modèle.**

chaque disque → tous les disques

chaque jour
chaque panneau
chaque journal

chaque détail
chaque idée
chaque bijou

chaque fenêtre
chaque pneu
chaque étage

228 Complète par tout, tous, toute ou toutes.

partir ... de suite en vacances
des fleurs aux pétales ... rouges
nager ... seule dans le grand bain
lire les ... derniers chapitres
partir à ... jambes
regarder l'heure ... les cinq minutes

rouler sur des routes ... enneigées
des jeunes mariés ... émus
dire ... autre chose que la vérité
être ... en larmes
manger en ... simplicité
ne rien y comprendre du ...

229 Accorde, si nécessaire, les mots entre parenthèses.

Les concurrents, (tout) bien entraînés, prennent le départ du triathlon de Nice. – À la brocante, monsieur Duberne a déniché des assiettes (tout) ébréchées ; le vendeur en voulait un prix élevé. – Maman aime son enfant de (tout) son cœur. – Gaétan est formel : « (tout) autant que nous sommes, nous n'avons rien pu faire pour éviter la catastrophe : (tout) les parasols ont été emportés par la bourrasque. »

230 Complète par tout, tous, toute ou toutes.

Madame Schumacher, la ... dernière arrivée des institutrices, a la responsabilité des ...-petits. – ... malins qu'ils soient, Antoine et Erwan n'ont pu remplir la grille de mots croisés. – Ange Battistini a passé les ... premières années de sa vie à Bastia. – La salle est ... acquise au groupe des *Aigles blancs* ; le concert sera, à n'en pas douter, un succès. – Ce vaporisateur détruit ... les odeurs désagréables.

231 Écris les noms en *italique* au pluriel et accorde.

Tout étonné, le *retardataire* constate qu'il reste encore des places. – Le *nageur* sort de l'eau tout tremblant : il est frigorifié. – Tout maigre et tout fragile, cet *agneau* ne survivra pas longtemps. – Tout auréolé de sa victoire en coupe du monde, le *joueur* exhibe sa médaille. – La *promenade* n'est pas tout à fait aussi reposante que tu le pensais, il faudra franchir le col d'Aussois avant la nuit.

232 Complète ces proverbes avec tout, tous, toute ou toutes.
(Tu peux chercher leur signification...)

La nuit, ... les chats sont gris. – ... peine mérite salaire. – À ... seigneur, ... honneur. – ... est bien qui finit bien. – ... les goûts sont dans la nature. – ... vient à point à qui sait attendre. – ... nouveau, ... beau. – ... médaille à son revers. – ... les chemins mènent à Rome. – Le soleil luit pour ... le monde. – Dans la vie, ... a une fin. – Il faut de ... pour faire un monde. – ... ce qui brille n'est pas d'or.

---

copie et retiens

la cathédrale - exhiber - la méthode - l'athlète - l'adhésion - le rythme - le théâtre - l'hypothèse - un mythe - déshabiller - le véhicule - la silhouette

Des adverbes, des adjectifs et des pronoms

même – chaque – plusieurs

observe

Si vous voulez acheter une voiture, vous avez en principe le choix entre **plusieurs** modèles. Mais en fait, **chaque** marque propose, à peu près, les **mêmes** véhicules que ses concurrentes. Vous vous déciderez seulement en fonction de la couleur de la carrosserie. **Même** les moteurs se ressemblent ; les mécaniciens **eux-mêmes** s'y perdent !

retiens

Même ne s'accorde que quand il signifie « pareil, semblable » et quand il est joint à un pronom personnel pluriel.
le même véhicule, lui-même, eux-mêmes
Sinon, il ne s'accorde pas. même le moteur, même les moteurs
Chaque est toujours au singulier ; **plusieurs** est toujours au pluriel.

exercices ▶ Corrigé p. 266

233 Écris les noms précédés de chaque, aucun, plusieurs.

signal → chaque signal → aucun signal → plusieurs signaux

caillou	journal	bateau	jeu	cheval
noyau	trou	animal	bal	vitrail
hibou	rideau	vœu	cadeau	clou

234 Complète par même ou mêmes.

À New York, Laurent a vu les ... gratte-ciel que son frère deux ans auparavant. – Faustin Delattre est distancé mais il continue quand ... à pédaler ; pour le sport, dit-il ! – La télévision est installée ... dans les pays les plus déshérités, à condition qu'il y ait de l'électricité ! – Tes baskets sont à la mode, j'ai les ... . – Lorène est née la ... année que Sophie. – Aujourd'hui, ... les sapins de Noël sont en plastique.

copie et retiens

le plastique - la critique - la pratique - la tactique - la boutique
mais : le mastic - le public - le trafic - le déclic

Des adverbes, des adjectifs et des pronoms

quelque – quelques

Quelque part dans le massif du Mercantour, monsieur Ferrari a découvert **quelques vestiges** préhistoriques. Il a déterré patiemment des outils en pierre taillée et des ossements appartenant à des espèces disparues. Il poursuivra ses recherches encore **quelque temps**. Mais **quelque intéressantes** que soient ses découvertes, ce n'est pas aujourd'hui qu'il fera fortune en les vendant !

retiens

Quelque s'écrit au pluriel seulement quand il a le sens de **plusieurs**.
quelques vestiges – plusieurs vestiges
Retenons l'orthographe de ces expressions : quelque chose ; quelque temps ; quelque part ; en quelque sorte ; quelquefois

exercices Corrigé p. 266

235 **Complète avec** quelque **ou** quelques.

… étages à monter	… temps pour rêver	… places libres
… feuilles de salade	… pincées de sel	… vieux film
camper dans … endroit	… tranches de pain	… wagon vide
… coups de bâton	écrire … lettres	avoir … espoir

236 **Si nécessaire, accorde les expressions entre parenthèses.**

Avec (quelque ami), monsieur Thang a ouvert un restaurant chinois à Grenoble. – Manuel Pietro a abandonné à (quelque kilomètre) de l'arrivée, c'est dommage car il avait (quelque chance) de réaliser un bon temps. – Il paraît que notre sosie se trouve (quelque part) ; il suffit de le trouver parmi les (quelque milliard) d'habitants de la Terre !

copie et retiens

emballer - déballer - la balle - le ballon - ballotter - le ballottage - la ballottine - ballonner - un ballot - un balluchon

Des homonymes à ne pas confondre

à – a

observe

Pour accompagner son oncle **à** la foire aux bestiaux de Saint-Christophe, Stéphane **a** dû se lever **à** cinq heures du matin. Pendant que son oncle faisait ses affaires, Stéphane **a** parcouru les allées **à** la découverte des plus belles bêtes. Il **a** observé les maquignons, le bâton **à** la main, prêts **à** payer comptant en cas d'accord de l'éleveur. **À** dix heures, tout était terminé, ils sont allés déjeuner.

retiens

Ne confondons pas :
à, préposition invariable.
à la foire – à cinq heures – à payer
a, forme conjuguée du verbe **avoir** que l'on peut remplacer par une autre forme conjuguée de ce verbe (avait, aura, ont...).
il a observé ; il avait observé ; il aura observé ; ils ont observé

exercices Corrigé p. 266

237 Conjugue au présent de l'indicatif.

avoir envie de dormir
ne pas avoir à se plaindre
avoir de l'énergie à revendre

avoir les yeux bleus
avoir une machine à calculer
avoir une valise à la main

238 Conjugue au passé composé.

taper à la machine   respirer à pleins poumons   rouler à petite vitesse
fermer la porte à clé   chanter à voix basse   marcher à reculons

239 Écris les verbes en *italique* au présent de l'indicatif.

Ce romancier *avait* beaucoup d'imagination pour inventer des personnages extraordinaires. – Il *faisait* très froid, heureusement qu'Eddy *avait* des bottes fourrées à sa disposition. – Lorsqu'il n'y *avait* pas d'électricité, on *utilisait* des lampes à pétrole ou des bougies. – Au départ du cross de l'école, Laëtitia *avait* des fourmis dans les jambes. – Bérangère *avait* un professeur de mathématiques qui ne *rendait* jamais les contrôles à temps et qui *avait* toujours une bonne excuse pour cela.

240 Complète par a ou à.

M. Fargeat ... acheté un nouveau tracteur ... crédit pour son exploitation agricole. – Le maraîcher ... conservé les légumes ... l'abri de la chaleur. – Mathias ... fait réchauffer son bol de chocolat dans le four ... micro-ondes. – La représentation théâtrale ... pris fin ... vingt-deux heures. – Madame Ricœur ... pris soin d'installer son enfant ... l'arrière de la voiture sur un siège adapté ... sa petite taille : c'est plus prudent. – Roxane ...-t-elle la possibilité d'aller ... la bibliothèque cet après-midi ?

241 Complète par a ou à.

L'an dernier, monsieur Merlot ... participé ... une émission de jeux ; ... cette occasion, il ... gagné un séjour d'une semaine ... la Martinique. – Patrice ... le diable au corps, il ... répandu de la poudre ... éternuer dans le vestiaire du gymnase ; le gardien ... dû ouvrir toutes les fenêtres. – Monsieur Tréjean ... toujours une foule de projets ... réaliser, mais il n'... pas la patience voulue pour les mener ... terme. – Martial va perdre la partie car il ... affaire ... plus fort que lui. – Cette maison ... un toit ... quatre pans recouvert de tuiles.

242 Écris les verbes en *italique* au présent de l'indicatif.

Lisette *aura* du mal à retrouver un emploi près de chez elle. – Pour percer un trou dans ce mur en béton, Léonard *aura* besoin d'une perceuse à percussion. – En utilisant ce stylo à encre violette, tu *auras* une écriture beaucoup plus lisible. – Nelly *aura* dix ans pendant la classe verte ; à cette occasion, ses camarades lui *feront* un cadeau. – En prenant le train de huit heures à Toulouse, Ophélie *aura* le temps de changer à Narbonne et elle *arrivera* tranquillement à Avignon. – En choisissant ce lampadaire à deux cents francs, madame Devers *aura* un éclairage de qualité.

243 Écris les noms en *italique* au singulier et accorde.

Ces *sherpas* ont l'habitude des ascensions à plus de huit mille mètres. – Les *crabes* ont une curieuse façon de se déplacer. – Ces *camions* ont des *cabines* très confortables. – Comme la pelle mécanique était en panne, les *terrassiers* ont creusé les tranchées à la pioche. – Les *ministres* ont inauguré la nouvelle usine de traitement des eaux. – Les *serpents* à sonnettes ont effrayé les touristes venus visiter la région. – Les *vendeurs* ont regarni les *rayons* de jouets qui ont été pris d'assaut à la veille des fêtes.

---

copie et retiens

attraper - l'attraction - l'attrait - attribuer - un attroupement - attrister
la terre - la terrasse - le terrassier - enterrer - le terrain - atterrir

Des homonymes à ne pas confondre

et – est

Après plusieurs séances au cours desquelles il a découvert cette activité, Romain **est** maintenant convaincu que le judo **est** un sport qui développe la maîtrise de soi **et** les réflexes. Les adversaires se respectent **et** le combat **est** toujours parfaitement loyal ; les mauvais coups sont interdits. Il **est** probable que Romain prendra une licence dès l'an prochain **et** qu'il s'entraînera chaque semaine.

retiens

Ne confondons pas :
et, mot **invariable** (une conjonction de coordination) qui permet de relier deux groupes de mots ou deux parties d'une phrase.
la maîtrise de soi **et** les réflexes
Il prendra une licence **et** il s'entraînera.

est, forme conjuguée du verbe **être** que l'on peut remplacer par une autre forme conjuguée de ce verbe.
Romain **est** convaincu. → Romain **était** convaincu. → Romain **sera** convaincu.
Le judo **est** un sport. → Le judo **et** la lutte sont des sports.

exercices ▶ Corrigé p. 266

244 Complète par et ou est.

L'horodateur ... en panne ... monsieur Bondy ne peut pas retirer son ticket de stationnement. – Le vendeur ... catégorique ... il n'attendra pas plus longtemps : cette affaire ... à prendre ou à laisser ! – À l'approche des fêtes de Noël, la vitrine ... illuminée ... la foule se presse pour l'admirer. – Après l'orage, la route ... inondée ... les véhicules circulent difficilement. – L'émission ... interrompue par de nombreux messages publicitaires. – Manifestement, la réponse ... fausse ... tu devras reprendre tous les calculs. – Le supermarché ... ouvert jusqu'à vingt ... une heures. – Le guide ... d'accord pour nous montrer le passage secret du château de Sertier. – Avec un compas ... une règle, Jane ... capable de tracer deux droites perpendiculaires.

245 **Écris cette phrase en changeant les sujets, mais en conservant les temps.**

Je suis en voyage et je ne reviendrai que dans deux semaines.

Monsieur Chanal ...

Nous ...

Charline ...

Tu ...

Mes parents ...

Le directeur ...

Vous ...

246 **Écris les verbes en *italique* au présent de l'indicatif.**

Au vu de ces traces de pas, le coupable *était* tout désigné. – Le massif de fleurs *était* laissé à l'abandon : quel dommage ! – Grâce à son canot de sauvetage et à son formidable courage, le navigateur *était* encore en vie. – La statuette *était* creuse et un message *était* caché à l'intérieur. – L'accueil *était* cordial et chaleureux. – Le personnel de l'entreprise de travaux publics *était* à pied d'œuvre dès le lever du soleil. – Dans l'attente des résultats, Solène *était* dans tous ses états.

247 **Écris les noms en *italique* au singulier et accorde.**

Les *nageurs* sont au départ du 100 mètres papillon et ils attendent le coup de pistolet du starter. – Les *charnières* sont en mauvais état et les *portes* sont difficiles à fermer. – Les *livres* sont recouverts de papier transparent. – Les *escaliers* roulants sont en réparation ; il faut monter à pied. – Les *programmes* sont enfin installés sur l'ordinateur et vous pouvez commencer à travailler. – Des *tableaux* de Paul Klee sont exposés dans une galerie de la rue Childebert. – Ces *enfants* sont de grands mangeurs de frites. – Les *textes* sont écrits dans une langue étrangère et ils sont difficiles à traduire.

248 **Transforme ces expressions selon l'exemple donné.**

une lointaine cité abandonnée → La cité est lointaine et abandonnée.

un long film ennuyeux

une timide parole inaudible

un cruel animal sanguinaire

un court récit mouvementé

un vieux marin solitaire

une brutale collision catastrophique

un vaste domaine cultivé

un banal appartement meublé

un subtil parfum envoûtant

un ancien monument délabré

une sage décision réfléchie

un sombre couloir inquiétant

Des homonymes à ne pas confondre

son – sont

observe

Monsieur Balland, le boulanger du quartier, n'abandonnerait pas **son** métier pour tout l'or du monde. D'ailleurs, s'il manifestait une telle intention, ses clients le retiendraient, car ses baguettes **sont** les meilleures que l'on puisse trouver à des kilomètres à la ronde. Comment prépare-t-il **son** pain ? C'est **son** secret, et il est bien gardé ! Dès six heures, les portes de la boulangerie **sont** ouvertes et la bonne odeur de pain frais attire les curieux.

retiens

Ne confondons pas :
son, déterminant possessif, qui peut être remplacé par le pluriel **ses**.
son métier ; ses métiers – son pain ; ses pains

sont, forme conjuguée du verbe **être** que l'on peut remplacer par une autre forme conjuguée de ce verbe (étaient, seront...).
ses baguettes sont les meilleures ; ses baguettes étaient les meilleures ; ses baguettes seront les meilleures

exercices ▶ Corrigé p. 266

249 Transforme selon le modèle.

l'adresse de Tristan → son adresse

l'appartement du voisin	le sifflet de l'arbitre
l'auteur de la chanson	le fouet du dompteur
le manteau de Madeleine	l'histoire de Mélanie
les pinceaux du peintre	les gâteaux du pâtissier
la dent de Dolorès	la truelle du maçon

250 Conjugue au présent de l'indicatif.
(Pour les troisièmes personnes, tu choisiras des noms sujets.)

être très près de la solution	être au sommet de la colline
être de mauvaise humeur	être d'une politesse extrême
être à côté de la vérité	être dans de beaux draps
être en tenue de sport	être dans tous ses états

251 **Complète par** sont **ou** son.

M. Verdurin est ennuyé : les rayons de ... armoire ... trop hauts et il ne peut pas ranger ... linge. – Le Doubs est sorti de ... lit, les prairies ... inondées. – Tintin et ... chien Milou ... allés sur la Lune bien avant les Américains, dans l'imagination d'Hergé et pour notre plus grand plaisir ! – Les éleveurs de porcs ... contents ; le prix du kilo a connu ... cours le plus haut depuis dix ans. – Les appartements du Roi à Versailles ... grandioses ; on ne peut qu'admirer l'architecte Mansart pour ... immense talent.

252 **Écris les verbes en** *italique* **au présent de l'indicatif.**

Seront-ils assez patients pour nous attendre ? – Les musées *étaient* fermés le mardi. – Le jour de la fête foraine, les manèges *seront*-ils encore sur la place ? – Les négociations de paix *étaient* au point mort. – Pour une fois, les avions *étaient* en avance sur l'horaire prévu et Boris n'a pas trouvé son oncle à l'aéroport. – Ces terrains *étaient* en friche et ils *étaient* à vendre pour une somme dérisoire. – Les deux joueurs de dames *étaient* en pleine réflexion ; chacun *étudiait* son jeu et *essayait* de prévoir les coups de son adversaire. – La vue de Margot *baissait* de jour en jour et les verres de ses lunettes n'*étaient* plus assez puissants.

253 **Écris les noms en** *italique* **au singulier et accorde.**

Comme d'habitude, Christophe a laissé traîner ses *vêtements*. – M. Desmolaise a mangé ses *œufs* sur le plat. – Le sculpteur choisit avec le plus grand soin ses *modèles*. – Aline adore ses *moniteurs* de judo. – Monsieur Zarka retourne à l'hôpital parce que le médecin doit lui changer ses *pansements*. – Sébastien est fier de ses *résultats* ; il n'espérait pas avoir sa moyenne en français. – Madame Courcelle affiche ses *opinions* avec une conviction sans égale ; ses *adversaires* sont admiratifs et elle remportera certainement les élections.

254 **Écris les verbes en** *italique* **au passé composé.**
(Attention à l'accord des participes passés.)

Les chercheurs d'or s'*enrichissent* en quelques semaines. – Les choses s'*arrangent* plutôt bien pour monsieur Barnier : il *retrouve* son emploi à Matour. – Les jeunes mariés *vont* chez le photographe. – Les routiers *arrivent* tous en même temps au marché de Rungis ; certains *restent* en attente devant les quais. – Dès neuf heures, les clients *entrent* dans le supermarché en poussant leur chariot. – Les cosmonautes *partent* à l'heure prévue ; le compte à rebours et le décollage *se déroulent* sans incident.

© copie et retiens

le vêtement - vêtir - dévêtir - le revêtement - le survêtement - le vestiaire
à rebours - le parcours - le concours - le discours - le secours - le velours

Des homonymes à ne pas confondre

on – ont

observe

Aujourd'hui, **on** extrait de plus en plus de pétrole. Les recherches **ont** été intensifiées dans tous les pays du monde, et même en pleine mer. **On** constate que les automobiles et les camions en consomment une part importante, mais **on** sait moins que, sans le pétrole, **on** ne pourrait faire usage de produits qui **ont** une utilité incontestable : matières plastiques, médicaments, peintures, tissus synthétiques, caoutchouc...

retiens

Ne confondons pas :
on, pronom personnel, qui peut être remplacé par un **autre pronom** (il ou elle) ou par un **nom sujet** (l'homme).
on extrait ; il extrait ; l'homme extrait – on sait ; elle sait ; l'homme sait

ont, forme conjuguée du verbe **avoir** que l'on peut remplacer par une autre forme conjuguée de ce verbe (avaient, auront...).
les recherches ont été intensifiées ; les recherches avaient été intensifiées

exercices ▶ Corrigé p. 267

255 Complète par on ou ils.

... a des chaussures noires.
... ont roulé toute la nuit.
... a le droit de voter à dix-huit ans.
... ont retiré de l'argent à la banque.
... a changé toutes les ampoules.
... a découvert un nouveau virus.

... ont attendu deux heures.
... a des idées intéressantes.
... ont aligné les bureaux.
... ont collectionné les timbres.
... ont collé des affiches.
... ont éteint la télévision.

256 Conjugue au présent de l'indicatif. (Pour la troisième personne du singulier, tu emploieras le pronom personnel on).

avoir un ordinateur relié à Internet
avoir la tête près du bonnet
avoir du courage à revendre
avoir un message sur son répondeur

avoir une heure devant soi
avoir des lunettes de soleil
avoir les cheveux longs
avoir une console de jeux

257 **Remplace le pronom sujet nous par le pronom sujet on et accorde.**

Nous sommes à l'étroit dans ce petit studio, mais nous n'y resterons qu'une semaine. – Si nous tendons bien l'oreille, nous entendrons le chant du rossignol. – Avant de plonger dans l'eau froide, nous avons pris une douche pour éviter tout accident. – Dans la grande salle de la maison de quartier, nous avons installé trois tables de ping-pong. – Nous projetions un voyage en Suisse, mais nous n'avons pas assez d'argent.

258 **Complète par ont ou on.**

... profite des derniers beaux jours pour paresser un peu au soleil. – Toutes les sirènes du port ... hurlé en même temps et ... a vu les chalutiers emprunter le chenal. – Quand ... visite Paris, ... photographie souvent la tour Eiffel, puis l'Obélisque de la place de la Concorde, si l'... arrive à se faufiler parmi les touristes qui ... envie d'admirer ces lieux. – En colonie de vacances, dès que l'... a un moment de libre, ... chahute avec les polochons et les oreillers. – Dans tous les romans d'espionnage, les espions ... de fausses moustaches et des lunettes noires pour qu'... ne puisse pas les reconnaître !

259 **Écris les verbes en *italique* au présent de l'indicatif.**

Les figurants n'*auront* que de tout petits rôles dans ce film. – Pour traverser le désert du Sahara, les caravaniers *avaient* d'importantes réserves d'eau. – Comme chaque année, les habitants de Milly *auront* à cœur de fleurir leur village. – En s'entraînant aussi intensément, les Stéphanois *auront* une équipe redoutable et redoutée ! – Les cathédrales gothiques *avaient* des vitraux de toute beauté. – Les archéologues *avaient* étudié en détail les vestiges mis au jour lors des travaux de terrassement de l'auto-route. – Les éleveurs de moutons *avaient* fait des efforts pour améliorer la qualité de leur troupeau.

260 **Écris les noms en *italique* au pluriel et accorde.**

Le *pantalon* a des rayures rouges ; on dirait un *pantalon* de clown. – Ce *vieillard* a encore l'oreille fine, il entend tout ce que l'on dit, même à voix basse. – La *vague* a emporté la petite guérite qu'on avait abandonnée sur la plage. – Mon *oncle* a allumé le barbecue ; on va pouvoir manger les merguez et les sardines grillées. – Ce *pays* a beaucoup souffert lors du dernier tremblement de terre ; on organise une collecte pour secourir les habitants. – Le *géomètre* a tracé les limites du terrain ; le travail de terrassement va commencer.

© copie et retiens

vieux - vieille - vieillir - le vieillard - la vieillesse - la vieillerie - vieillot le cycle - recycler - la bicyclette - le cyclomoteur - le cyclone - le tricycle - cyclique - le cyclisme - le cyclotourisme

Des homonymes à ne pas confondre

leur – leur(s)

observe

Mercredi a lieu le cross départemental. Toutes les écoles présentent **leurs** meilleurs coureurs. À l'heure dite, les concurrents se rassemblent sur la ligne de départ et les entraîneurs **leur** donnent les derniers conseils sur la tactique à adopter. Tous veulent faire honneur à **leur** école et vont au bout de **leurs** forces. À l'arrivée, le juge-arbitre relève **leur** numéro de dossard pour établir le classement.

retiens

Ne confondons pas :

leur, pronom personnel (3e personne du pluriel) placé près du verbe, qui s'écrit toujours **leur** ; il peut être remplacé par **lui**.

les entraîneurs leur donnent ; les entraîneurs lui donnent

leur(s), déterminant possessif, qui s'accorde avec le nom auquel il se rapporte.

leurs meilleurs coureurs (pluriel) – leur école (singulier) – leurs forces (pluriel)

exercices ▶ Corrigé p. 267

261 Complète par leur ou leurs.

... plus belles années   ... émissions préférées   ... haute taille
... grands-parents   ... vêtements d'hiver   ... voyage mouvementé
... généreux donateur   ... journal quotidien   ... larmes de crocodile

262 Complète par leur ou leurs.

Quand les arbres sont trop frêles, on ... met des tuteurs pour que ... racines se développent correctement. – Les Messins ont déçu ... supporters car ils ont perdu ... dernier match. – Beaucoup de personnes changeraient volontiers ... lunettes contre des lentilles, mais ... prix parfois élevé en fait hésiter plus d'une ! – Les élèves du cours préparatoire ont envie d'apprendre à lire ; la maîtresse ... distribue des albums pour qu'ils puissent découvrir ... premiers mots. – Les producteurs de tomates se font du souci pour ... récolte, car le temps n'a pas été très favorable cette année.

263 Conjugue au présent de l'indicatif.
Pour les troisièmes personnes, tu choisiras des noms sujets.

leur dire leurs quatre vérités

leur préparer des petits plats

leur téléphoner à toute heure

leur remettre une lettre

264 Complète par **leur** ou **leurs**.

Si vous voulez installer ces meubles dans votre chambre, il faudrait d'abord savoir quelles sont ... dimensions exactes. – Il paraît que les Français ne change pas assez souvent ... brosse à dents ; les dentistes le ... rappellent pourtant régulièrement. – Les grands-parents gâtent souvent ... petits-enfants ; ils les emmènent en promenade et ... achètent des friandises. – Un peu de persil sur les pommes de terre sautées, cela ... donne une saveur particulière. – Pour ... permettre de se déplacer en apesanteur, de nombreuses poignées sont à la disposition des cosmonautes à l'intérieur de ... navette spatiale.

265 Écris les mots en *italique* au pluriel et accorde.

À la fin de l'entracte, le *spectateur* regagne sa place. – Le *pêcheur* prépare ses lignes avec soin et il range ses hameçons dans une boîte spéciale. – Dans les contes, la *princesse* a toujours sa marraine, une bonne fée, pour la protéger. – L'*enfant* fait la grimace, car son père lui verse une pleine assiette de soupe. – Le *banquier* n'a plus d'argent, son moral est au plus bas, comme ses comptes ! – Le *marathonien* est un coureur de fond remarquable ; sa résistance à l'effort est exceptionnelle et son cœur bat très lentement.

266 Transforme selon le modèle pour éviter les répétitions.

M. et Mme Nunès travaillent dans une fabrique de jouets ; il arrive que M. et Mme Nunès travaillent tard le soir. →
M. et Mme Nunès travaillent dans une fabrique de jouets ; il leur arrive de travailler tard le soir.

Sandrine lit volontiers des livres de science-fiction, mais elle préfère les livres policiers aux livres de science-fiction. – Harold a beaucoup d'amis, il prépare un goûter à ses amis pour son anniversaire. – Les nageurs sont au bord de l'épuisement ; on tend une perche aux nageurs au bord de l'épuisement. – Le médecin examine les personnes âgées et conseille aux personnes âgées un peu d'exercice physique. – Les deux apprentis boulangers travaillent chez monsieur Sauveur qui apprend aux deux apprentis les petits secrets du métier.

copie et retiens

un crocodile - un mobile - un missile - un fossile
l'argent - le segment - le serpent - le piment - l'élément - le sergent

Des homonymes à ne pas confondre

ces – ses

observe

Tous **ces** derniers mois, madame Diot a occupé **ses** loisirs à peindre sur de la soie. Elle prépare elle-même **ses** couleurs et **ses** pinceaux ; elle peut rester des heures à travailler les détails du motif qu'elle a choisi. **Ces** périodes sont pour elle synonymes de concentration. Tous **ses** amis admirent **se**s œuvres et lui commandent des tableaux.

retiens

Ne confondons pas :
ces, déterminant démonstratif, pluriel de **ce, cet, cette**.
ces derniers mois ; ce dernier mois – ces périodes ; cette période
ses, déterminant possessif, pluriel de **son** ou de **sa**.
ses couleurs ; sa couleur – ses pinceaux ; son pinceau
Il faut écrire **ses** quand, après le nom, on peut dire **les siens (les siennes)**.

exercices ▶ Corrigé p. 267

267 Écris ces groupes nominaux au pluriel.

sa première année d'école primaire
son logiciel de traitement de texte
sa douleur à la cuisse droite
son répertoire téléphonique
son brusque coup de volant
cette descente dangereuse

ce fil électrique
son véritable prénom
cet admirable tableau
cette ruelle sombre
ce bijou en or massif
cet oreiller en plumes

268 Transforme selon le modèle.

les pinceaux du peintre → ses pinceaux → les siens

les chevaux préférés du parieur
les pattes du canard
les souvenirs de M. Gorlier
les bottes de l'Ogre
les menhirs d'Obélix

les grimaces du clown
les champs de M. Mayollet
les outils du mécanicien
les voyages de l'explorateur
les préoccupations de Gaëlle

269 Complète par **ses** ou **ces**.

Dès que ... enfants eurent atteint l'âge de leur majorité, monsieur Effantin leur a donné à chacun une partie de ... collections de médailles. – ... nuages ne me disent rien de bon ; monsieur Gonon devrait mettre ... plantes à l'abri, car la grêle n'est pas loin. – Où M. Jassaux a-t-il pu trouver ... verres en cristal ? – M. Guillard, le vendeur de voitures, reçoit tous ... clients avec le sourire. – Dans son devoir, Muriel a souligné toutes ... réponses. – Au moindre bruit, le lièvre dresse ... oreilles et prend la fuite.

270 Écris les noms en *italique* au pluriel et accorde.

Cette *moto*, bien que très puissante, se conduit avec une facilité déconcertante. – Lorsqu'il a acheté un nouvel ordinateur, Florian a dû changer son *logiciel*. – Patrick est fâché avec son *voisin* ; c'est un peu normal, car il joue de la trompette toute la nuit. – Marine a oublié son *gant* à la caisse du supermarché. – Cet *orchestre* est spécialisé dans les interprétations des œuvres de Brahms. – Ce *pays* s'équipe peu à peu ; après l'eau, c'est l'électricité qui pénètre dans les villages. – Le moniteur ne mettra jamais sa *menace* à exécution et il organisera les jeux, comme d'habitude.

271 Complète par **ses** ou **ces**.

Monsieur Lebœuf mange trop de beurre ; il a du cholestérol dans le sang et ... artères sont obstruées. – Accompagnée de ... parents, Virginie se rend dans le bureau du directeur ; elle va déménager et quitter définitivement ... camarades. – ... lignes ne sont pas perpendiculaires, nous avons vérifié avec une équerre. – ... carrefours sont très dangereux, il faudrait qu'ils soient équipés de feux tricolores. – ... locaux devront être démolis car ils ont été isolés avec de l'amiante. – Avec tous ... bruits autour du présentateur, je ne peux pas comprendre ... paroles.

272 Transforme selon le modèle pour éviter les répétitions.

Cet ouvrier a rangé ses outils : cet autre ouvrier a laissé ses outils sur l'établi. →
Cet ouvrier a rangé ses outils : cet autre a laissé les siens sur l'établi.

Lydie a noué ses cheveux en queue de cheval ; Farida a coupé ses cheveux. – Karine verse du ketchup sur ses frites ; Juliette sale ses frites. – M. Burtin t'adresse ses remerciements ; M. Collet t'envoie aussi ses remerciements. – Justin nous fait pitié avec ses sanglots, mais Joachim ne nous arrache pas une larme avec ses sanglots : il fait semblant d'être malheureux. – Ce fleuriste met ses fleurs en valeur ; cet autre fleuriste a beaucoup moins de soin et laisse ses fleurs se faner.

◌ copie et retiens

le remerciement - le dénouement - l'engouement - l'enrouement - le dévouement - le ralliement - le tutoiement - le bégaiement

Des homonymes à ne pas confondre

se – ce

Depuis son plus jeune âge, Mélinda veut être journaliste ; **ce** métier la séduit. Elle **se** voit partir en reportage à travers le monde, **s'**approcher d'un volcan en activité, interroger les vedettes de cinéma, **se** lancer à l'assaut des monts du Tibet ou **se** poser sur une plate-forme pétrolière. Mais **ce** qui lui plairait par-dessus tout, **ce** sont les rencontres avec des personnalités exceptionnelles, comme les savants ou les écrivains.

retiens

Ne confondons pas :
se (s'), pronom personnel réfléchi à la 3e personne, qui fait partie d'un verbe pronominal. En conjuguant le verbe, on peut le remplacer par un autre pronom (**me, te**...).
elle se voit ; je me vois – s'approcher ; m'approcher – se lancer ; te lancer

ce, déterminant ou pronom démonstratif. On peut le remplacer par un autre déterminant ou par **cela**.
ce métier ; un métier ; son métier – ce qui lui plairait ; cela lui plairait

exercices › Corrigé p. 267

273 **Conjugue au présent de l'indicatif.**
Pour les troisièmes personnes, tu choisiras des noms sujets.

se maintenir en forme
se fondre dans la foule
s'évanouir à la vue d'une seringue
s'abonner à un magazine mensuel
se méfier des champignons inconnus

se couvrir de ridicule
se satisfaire de peu de chose
s'assurer contre l'incendie
se déguiser en corsaire
s'appliquer dans son travail

274 **Écris ce devant les noms masculins et se (s') devant les verbes à l'infinitif.**

... panier	... rasoir	... plaindre	... danger	... renier
... revoir	... étendre	... verger	... rosier	... dortoir
... défendre	... ranger	... papier	... émouvoir	... méandre
... dégager	... plier	... voir	... rendre	... clocher

275 Complète par ce (c') ou se (s').

... calcul ... lit très mal car il est écrit avec de tout petits chiffres ; est-...
justifié ? – Avec ... brouillard, il n'est pas question de ...aventurer hors des
pistes balisées. – Caché derrière ... bosquet, le chasseur guette le lapin qui
ne montre pas le bout de ses oreilles : il ... méfie. – Fais attention, ... boulevard ... traverse en empruntant le passage souterrain. – ... champion
...entraîne régulièrement ; il ... prépare pour les Jeux olympiques.

276 Complète par ce (c') ou se (s').

Au premier examen, ... détail m'avait échappé ; il ...en est fallu de peu
pour que j'achète une montre dont le verre est rayé. – ... chapeau est
inutile, il suffit de ... mettre à l'abri sous ... parasol. – Dans ... bocal, de
petits poissons rouges ...agitent ; ils attendent leur nourriture. – ... jeune
collégien ... trouve à la croisée des chemins ; il doit choisir une orientation
et ... convaincre qu'il va apprendre un métier.

277 Écris les noms en *italique* au singulier et accorde.

Ces *marins* s'aventurent sur une mer déchaînée ; ils ont du courage. – Ces
murs s'écrouleront au premier coup de masse. – Avec ces *réservoirs*, les
piscines se rempliront en quelques heures. – Ces *boulangers* se sont formés
au fil des ans ; leur pain, cuit au feu de bois, est croustillant à souhait. – Ces
anciens *billets* de cent francs s'échangeront contre des euros pendant encore
trois ans. – À l'approche du mois de mai, ces *balcons* se couvrent de fleurs. –
Ces *tracteurs* se sont embourbés dans les *chemins* creux.

**278 Remplace les pronoms personnels en *italique* par des noms
sujets (singuliers ou pluriels) et accorde.**

Tu t'installes devant le piano et la magie de la musique s'empare de
nous. – *Je* me regarde dans un miroir ; décidément, ces épis sont
rebelles ! – *Vous* vous ruinez en jeux vidéo. – *Tu* t'énerves dès que quelqu'un
te fait une remarque. – Ce champ est envahi d'orties et *nous* nous piquons
les jambes. – *Je* me décide enfin : je sacrifie ma tour pour sauver mon
roi. – *Vous* vous découpez une belle tranche de rôti.

279 Écris le verbe au présent de l'indicatif, en changeant le sujet.

Je m'assure que ce pont est solide avant de m'engager.

Tu ...	Les pêcheurs ...
Orso ...	Vous ...
Nous ...	Estelle ...

☺ copie et retiens

la nourriture - nourrir - la nourrice - le nourrisson - nourrissant - nourricier
connecter - la connexion - l'interconnexion - un connecteur

Des homonymes
à ne pas confondre

c'est – s'est – c'était – s'était

observe

C'est décidé, monsieur Mazué va pouvoir consulter le réseau Internet. Depuis longtemps, **c'était** son objectif secret. En fait, dès qu'il **s'était** pris de passion pour l'informatique, il avait envisagé d'augmenter la puissance de son ordinateur. Il **s'est** équipé d'un modem qui lui assurera une connexion de qualité. Demeure un petit problème : il ne sait pas encore ce qu'il va chercher sur ce réseau !

retiens

Devant le verbe **être** :
on écrit **se (s')**, s'il s'agit du pronom personnel réfléchi (3ᵉ personne) qui fait partie d'un verbe pronominal. En conjuguant le verbe, on peut le remplacer par un autre pronom (**me** ou **te**).
il s'est équipé ; tu t'es équipé – il s'était pris ; je m'étais pris

on écrit **ce (c')**, s'il s'agit du pronom démonstratif. Il a le sens de **cela**.
c'(cela) est décidé ; c'(cela) était son objectif

exercices ▶ Corrigé p. 268

280 **Complète par s'est ou c'est.**

Te revoir après de si longues années, ... une surprise. – Monsieur Dubersten ... versé un grand verre d'eau minérale. – La descente de l'Ardèche, ... un paradis pour les amateurs de canoë. – La batterie ... déchargée en quelques minutes. – Poursuivi par les braconniers, le rhinocéros ... réfugié dans les hautes herbes ; ... un abri provisoire. – ... avec Claire que nous avons découvert le charme de la Sologne. – ... très aimable à vous de venir m'aider. – Déplacer la statue sans l'endommager, ... une rude tâche. – Barnabé ... bien habitué à sa nouvelle école.

copie et retiens

une entreprise - entreprendre - un entrepreneur - se méprendre - la méprise la batterie - battre - le battement - l'abattoir - le batteur - la battue - mais : la bataille - le bataillon - batailler - combatif - la combativité

Des homonymes à ne pas confondre

peu – peut(x)

Aujourd'hui, la publicité insiste sur le fait que le tirage du loto **peut** faire ta fortune. Il suffit que tu coches six cases sur la grille, mais tu **peux** aussi choisir des combinaisons multiples. Avec un **peu** de chance, tu gagneras, pourtant le hasard est capricieux, et finalement, très **peu** de gens décrochent le gros lot.

retiens

Peu est un adverbe de quantité **invariable** ; on peut le remplacer par un autre adverbe.
avec un peu de chance ; avec beaucoup de chance

Peut, ou **peux**, sont des formes conjuguées du verbe **pouvoir**. On peut les remplacer par d'autres formes conjuguées (pouvait, pourra, pourrait...).
le loto peut ; le loto pouvait ; le loto pourra – tu peux ; tu pourras ; tu pouvais

exercices ▸ Corrigé p. 268

281 **Conjugue au présent de l'indicatif.**
Pour les troisièmes personnes, tu choisiras des noms sujets.

pouvoir admirer l'île d'Oléron
ne pouvoir retenir ses larmes

pouvoir revenir sur ses pas
pouvoir étaler la pâte

282 **Complète par** peu **ou** peut (peux).

Un bon puzzle ... vous passionner des heures durant pour ... que les pièces se ressemblent. – Le mécanicien ... régler la hauteur des phares. – Avec un ... de chance, tu ... passer à travers les gouttes, mais il vaudrait mieux que tu prennes un parapluie. – Comme vous êtes entrés avec vos chaussures boueuses, je ... nettoyer la moquette !

☞ copie et retiens

la seconde - seconder - secondaire - le second
le puzzle - la pizza - la mezzanine - le muezzin - la razzia - le blizzard

Révision

96 *Cherche le sens de ces expressions dans un dictionnaire et emploie-les dans une phrase.*

Exemple : être en tous points conforme.
→ La copie est en tous points conforme au tableau original ; on ne distingue pas le faux du vrai.

être tout ouïe	le dire tout net
un point c'est tout	une tout autre affaire
boire tout son soûl	tout compte fait
en tout bien tout honneur	pour solde de tout compte
toutes affaires cessantes	en toutes lettres
toutes proportions gardées	tous les trente-six du mois
en tout état de cause	envers et contre tous

97 *Continue les phrases à ta guise, en accordant* même *comme il convient.*

Les (même) causes produisent …
Toutes les inventions, (même) les plus …
Monsieur Sagnier n'a (même) pas …
Nous terminerons nous-(même) …
Cyprien voudrait avoir les (même) …
Parfois, avec le (même) …
Le dompteur apprivoise les tigres, (même) …
Tu répètes toujours les (même) …
On prend les (même) …

98 *Complète les phrases avec une de ces expressions :*

quelque peu – quelque part – quelque temps – quelque chose – en quelque sorte – et quelques – quelquefois – quelques-uns

La tour Eiffel mesure trois cents mètres … depuis qu'un relais de télévision y a été installé. – M. Adamo est … gêné pour remplir ce questionnaire car il est écrit en petits caractères ! – Il y a … d'indécent à manger plus que de raison, quand on sait que des millions d'enfants meurent de faim. – Les supporters ont envahi les tribunes ; … brandissent des banderoles pour encourager leur équipe. – Le refuge de la Frasse se trouve … dans la forêt du Massacre. – C'est … plus rapide de prendre le métro plutôt que sa voiture pour circuler dans Paris. – Ce disque est … le seul qui ait été enregistré en public par les *Débardeurs musclés*. – Dans …, Amélie devra changer sa paire de skis, car elle grandit vite !

99 *Invente des objets farfelus en employant la préposition* à.

un stylo à bille carrée
une voiture à sept roues
…
…
…
…
…
…

100 *Écris des phrases en employant ces expressions pour en préciser le sens.*

vendre à la sauvette – au fur et à mesure – parler à la légère – avoir les yeux plus grands que le ventre – à tout prendre – courir à bride abattue – filer à l'anglaise – avoir l'esprit ailleurs – avoir un travail monstre – avoir toujours quelqu'un sur le dos – avoir plusieurs cordes à son arc.

Exemple :
Le 1ᵉʳ mai, certaines personnes vendent des brins de muguet à la sauvette.
...

101 *Trouve des sujets qui peuvent compléter ces phrases.*

... est en stationnement interdit. – ... et ... de cette chanson ont été composées par Norbert Madez. – ... est à l'écoute de ses patients et les soigne avec compétence. – ... est vendue dans des barils de cinq kilos. – ... est en éruption et les habitants des villages situés sur ses pentes ont très peur. – ... est partagée en huit morceaux et chacun en aura une. – ... est arrêté devant la barrière du péage de l'autoroute. – ... est l'animal idéal pour traverser le désert. – ... est caché derrière les nuages.

102 *Complète ces proverbes avec* **sont** *ou* **son**.

Les cordonniers ... souvent les plus mal chaussés. – Les amis de nos amis ... nos amis. – À chacun ... métier et les vaches seront mieux gardées. – Au royaume des aveugles, les borgnes ... rois. – Comme on fait ... lit, on se couche. – Les conseilleurs ne ... pas les payeurs. – La nuit tous les chats ... gris. – Chacun prend ... plaisir où il le trouve. – Les yeux ... le miroir de l'âme. – Le méchant portera ... fardeau sur ... dos.

103 *Dans ces phrases, remplace le sujet* **on** *par un sujet pluriel de ton choix.*

On a adoré ce nouveau dessin animé.
→ **Les enfants ont adoré ce nouveau dessin animé.**

On a échangé des coups de poing sur le ring.
On a fabriqué de nouveaux modèles de broches et de colliers.
On a posé des tuyaux pour le chauffage au gaz.
On a rendu la monnaie aux clients.
On a vendu trois vaches et un veau à la foire de Beaubery.
On a installé l'échafaudage pour crépir la façade de l'immeuble.
On a préparé un pâté en croûte.

Révision

104 *Pour trouver les mots, lis les définitions et ajoute à chaque fois une lettre au mot précédent.*

Adjectif démonstratif	→	C E S
Elles permettent d'ouvrir les portes.	→	C ... E S
Elles sont au fond du navire.	→	C ... ... E S
Assemblages de fils métalliques.	→	C ... ... E S
Conspirations d'autrefois	→	C ... ... E S

Adjectif possessif	→	S E S
Tu essaies en dépit des risques.	→	... S E S
Les mannequins les prennent devant le photographe.	→	... ... S E S
Les facteurs les fréquentent souvent.	→	... ... S ... E S
Affiches anglaises.	→	... ... S ... E ... S

105 *Remplace les noms féminins par des noms masculins, puis accorde. Choisis des noms qui ne modifient pas trop le sens des phrases.*

Cette phrase est absolument incompréhensible. – Les téléspectatrices attendent cette émission avec impatience. – Cette fleur s'épanouit très bien dans nos régions. – Cette couverture devrait te suffire car il ne fait pas trop froid. – Cette dépense ne s'imposait pas ; Kamel aurait pu faire des économies. – Cette pierre précieuse brille dès qu'un rayon de soleil se pose sur elle. – Pourquoi ne pouvez-vous pas résoudre cette énigme ? – Cette montagne se couvre de neige dès le mois de novembre.

106 *Réponds à ces questions. (Tu emploieras* c'est, s'est, c'était, s'était *dans tes réponses.) Tu peux utiliser un dictionnaire.*

Où Louis XIV vivait-il ? → **Louis XIV s'était installé à Versailles.**

Qui était Léonard de Vinci ?
Quelle est la capitale de l'Italie ?
Qui était Jean Moulin ?
Quelle course a rendu Éric Tabarly célèbre ?
Comment Henri IV est-il devenu roi de France ?
Qui a posé le premier le pied sur la Lune ?

107 *Complète par* et *ou* est.

Sébastien ... inscrit pour le cross des écoles ... il compte bien se classer dans les premiers. – La nouvelle ligne d'autobus ... en service depuis six mois, ... déjà les voyageurs sont nombreux à l'emprunter. – En juillet, Lisiane ... partie avec Justine ... Géraldine ; elles sont allées camper dans le Jura ... elles ont fait de grandes randonnées. – Un panneau ... accroché sur la porte de la boulangerie : « Fermeture annuelle ». – Mon frère ... parti travailler en Bretagne ... nous ne nous voyons que pendant les vacances. – La ligne téléphonique de monsieur Chamard ... en dérangement ... il ... impossible de le joindre pour l'instant.

108 *Complète les phrases avec ces expressions.*
(Tu peux en chercher le sens dans un dictionnaire.)

quelque peu – peu à peu – sous peu – pour un peu – à peu près – peut-être – depuis peu – un peu mieux – fort peu – tant soit peu

Le président de la République devrait faire son entrée ... ; les journalistes et les photographes sont fébriles. – Vous alliez si vite que ... vous ratiez la sortie de l'autoroute. – Le lutteur français est ... malmené par son adversaire chinois. – Les Nantais s'habituent ... au nouveau plan de circulation. – Avec un ... de patience, tu aurais serré correctement les boulons du moteur. – Pour aller en Espagne, il faut compter ... trois heures en partant d'Avignon. – Si le temps le permet, nous irons ... faire du roller sur la voie verte. – Monsieur Reynaud a retrouvé du travail ... et il a dû déménager. – Après avoir pris ce médicament, le malade se sent ... . – Le tireur a raté de ... le centre de la cible.

109 *Complète par* **même** *ou* **mêmes**.

Chaque semaine, la première chaîne programme les ... feuilletons pour fidéliser les spectateurs. – Monsieur Lerobin a construit lui - ... sa maison ; il lui a fallu trois ans. – Cette calculatrice effectue toutes les opérations, ... les plus compliquées. – Les poids lourds empruntent les ... routes que les autres véhicules : c'est parfois dangereux. – Les Inuits n'ont pas la ... façon de s'habiller que nous ; c'est normal, puisqu'ils vivent près du pôle Nord ! – Dans certaines usines, les ouvriers accomplissent toute la journée les ... gestes. – Ceux-là ... qui critiquent l'action du maire ne feraient certainement pas mieux, s'ils étaient élus.

110 *Écris les noms en italique au pluriel et accorde.*

On dit que l'*âne* est un animal têtu, mais on parle moins de son ardeur au travail. – Le *chamois* est heureux de vivre en liberté dans la montagne, c'est son domaine et personne ne le dérange. – Le *ballon* de rugby n'est pas rond, savez-vous pourquoi ? – Au plus fort de l'hiver, le *toit* est couvert de neige. – La *file* d'attente est si longue que le *client* est mécontent. – Un *ennui* est à craindre si tu continues à travailler ainsi.

111 *Complète par* **ses** *ou* **ces**.

... louanges me flattent mais je crois bien qu'elles ne sont pas méritées. – Avec ... mâchoires garnies de dents acérées, le caïman est un animal redoutable. – ... maisons datent du XVIIe siècle, elles ont gardé tout leur charme. – Monsieur Izoard aide des personnes plongées dans la misère ; ... qualités sont très appréciées. – Youri retient ... leçons avec une facilité qui rend admiratifs tous ... amis. – La fabrique de meubles de cuisine va s'agrandir prochainement ; ... employés sont heureux et se demandent quand les travaux vont commencer.

Révision

112 *Complète par* ce (c') *ou* se (s').

… combat est inégal, car l'un des deux judokas … présente sur le tatami avec une blessure. – … jeune commerçant …installe dans la galerie marchande ; il … lance dans la vente de vêtements. – … sombre couloir …enfonce dans les profondeurs du château ; … serait folie que d'aller plus avant. – Avec … modèle d'ordinateur, Joris pourra … connecter au réseau Internet. – Pour les gourmands, … dessert au chocolat … mange sans faim ! – La bataille d'Azincourt, … fut une terrible défaite pour les armées du roi de France.

113 *Conjugue au passé composé, puis au plus-que-parfait de l'indicatif.*

se couper en épluchant des pommes
se méfier des menteurs
s'intéresser aux monnaies anciennes

se cacher derrière un buisson
s'étouffer avec un beignet
s'installer confortablement

114 *Complète par* s'était *ou* c'était.

Réparer la tondeuse à gazon, … le travail de monsieur Labatut. – À son retour, Grégory … étonné de ne pas nous rencontrer. – Traverser la Manche dans une baignoire, … une entreprise un peu folle. – Au stage de musique, Vanina … fait remarquer par son sens du rythme. – Chez les Grecs, … un esclave qui conduisait l'élève à l'école ; à l'occasion, il lui faisait réciter ses leçons : on l'appelait le pédagogue. – Mineur de fond, … un métier difficile et dangereux. – Si Robert … contenté de se couper les cheveux, cela aurait pu passer, mais il en avait profité pour les teindre en bleu.

3

Conjugaison

Le verbe

Infinitif – radical – terminaisons

Pour **savoir** les numéros de téléphone de ses amis, on peut **recourir** à plusieurs solutions : les **inscrire** sur un carnet, **apprendre** la liste par cœur et la **consulter** souvent, se **munir** d'un Minitel, **disposer** d'un annuaire téléphonique, s'**offrir** les services d'une mémoire vocale, **établir** des relations mnémotechniques entre les différents numéros (mais c'est bien compliqué !) ou tout simplement **utiliser** sa mémoire !

retiens

Un **verbe à l'infinitif** se compose de deux parties : le **radical** et la **terminaison**.
sav-oir ; recour-ir ; inscri-re ; apprend-re
On classe les verbes en **trois groupes**, selon la terminaison de leur infinitif.
Le **premier groupe** : tous les verbes en **-er** sauf **aller**.
consulter, disposer, utiliser
Le **deuxième groupe** : les verbes en **-ir** qui intercalent **-iss-** entre le radical et la terminaison, pour certaines formes conjuguées.
munir (en munissant) ; établir (en établissant)
Le **troisième groupe** : tous les autres verbes (en **-re**, **-oir**) et quelques verbes en **-ir** qui n'intercalent pas **-iss-** entre le radical et la terminaison.
savoir ; inscrire ; apprendre ; offrir (en offrant)
Les deux auxiliaires **avoir** et **être** n'appartiennent à aucun groupe.

exercices Corrigé p. 268

283 **Sépare le radical de la terminaison de ces verbes à l'infinitif et classe-les en trois groupes.**

chercher	remplir	préparer	courir	accrocher	bronzer
voter	posséder	attendre	pouvoir	réussir	craindre
ralentir	partir	plaire	venir	manger	raconter

284 **Classe ces verbes en trois groupes.**

refuser – rire – nourrir – casser – dormir – expliquer – finir – comprendre – balayer – battre – élargir – découper – faire – avancer – choisir – pleuvoir

copie et retiens

pouvoir - savoir - devoir - pleuvoir - décevoir - voir mais : *boire* et *croire*

Le verbe

Les temps – les personnes

Autrefois, les gens se **déplaçaient** peu et quand ils le **faisaient**, c'**était** une véritable expédition ; il **fallait** plusieurs jours pour se rendre de Paris à Lyon. Aujourd'hui, nous **utilisons** l'automobile, le T.G.V. ou l'avion sans aucun problème. Les distances **semblent** se réduire. Dans quelques années, en une seule journée, vous **flânerez** le matin à Rome, vous **achèterez** un costume à Londres l'après-midi et le soir, vous **verrez** un film à Berlin... en attendant de passer le week-end sur la Lune !

La terminaison des verbes varie selon le moment où se fait l'action (le temps) et selon la personne.

hier   → passé :   les gens se déplaçaient
maintenant → présent : nous utilisons
demain   → futur :   vous flânerez

Il y a trois personnes pour le singulier : **je, tu, il (elle** ou **on)** et trois personnes pour le pluriel : **nous, vous, ils (elles).**

❯ Corrigé p. 268

285 **Indique le temps (passé, présent, futur) de chaque verbe.**

Dans cinq minutes, tu apercevras la côte vendéenne. – Sur le verglas, M. Verchère conduisait toujours prudemment. – Un sucre me suffit pour mon café. – Sur la place Saint Pierre, le pape a béni la foule. – À cinq ans, tu croyais encore au Père Noël. – Le postier timbre le courrier. – Vous réfléchirez à ma proposition et vous donnerez votre réponse lundi. – Les panneaux publicitaires envahissent le bord des routes.

286 **Indique la personne de chaque verbe.**

Elle cajole son ours en peluche. – Vous avez inventé une histoire. – Il a ridiculisé ses adversaires. – Tu éternues bruyamment. – Les pétards exploseront. – Nous garnissons le sapin avec des boules multicolores. – Je ne trahirai pas votre secret. – Tu nous prêteras ton jeu vidéo.

bruyant ; bruyamment - savant ; savamment - méchant ; méchamment

Le verbe

La 3ᵉ personne

observe

La **navette spatiale** est sur le pas de tir ; **elle** paraît immense. **Les techniciens** effectuent les ultimes préparatifs avant le grand départ ; **ils** vérifient notamment le remplissage des réservoirs de la fusée. À l'heure prévue, **les six cosmonautes** enfilent leur combinaison et **ils** se dirigent vers l'ascenseur. **Le compte à rebours** commence. À chaque instant, **les ordinateurs** surveillent le bon déroulement des opérations. **L'espace** attend ses aventuriers.

retiens

À la place d'un groupe nominal sujet au singulier, on peut mettre un **pronom** de la 3ᵉ personne du singulier (**on, il** ou **elle**) et inversement.
La navette spatiale est sur le pas de tir ; **elle** est sur le pas de tir ;
elle paraît immense ; **la navette spatiale** paraît immense.

À la place d'un groupe nominal sujet au pluriel, on peut mettre un **pronom** de la 3ᵉ personne du pluriel (**ils** ou **elles**) et inversement.
Les **techniciens** effectuent ; **ils** effectuent ;
ils se dirigent ; **les cosmonautes** se dirigent

exercices ▶ Corrigé p. 268

287 **Remplace les groupes sujets par des pronoms personnels.**

Le mécanicien recharge la batterie. – L'hôtesse accueille les personnalités. – Des trombes d'eau s'abattent sur le petit port de Trestel. – Les pompiers secourent les blessés. – Le bal du 14 Juillet attire toujours autant de monde. – L'avion New York-Paris amorce son atterrissage. – Ces démarches n'aboutiront pas.

288 **Remplace les pronoms personnels sujets par des groupes nominaux qui conviennent.**

Il terrassa le dragon. – Elles résonnent dans la ville endormie. – Ils moderniseront l'équipement de leur magasin. – Elles grillent sur le barbecue. – Il galope au lieu de trotter tranquillement. – Elle s'immobilise au milieu de la chaussée. – Elle a bien interprété le texte de cette admirable pièce de théâtre. – Il slalome avec élégance parmi des piquets.

289 **Remplace les pronoms personnels sujets par des prénoms qui conviennent.**

Il sifflotera en marchant. – Elle zigzague avec habileté entre les plots avec ses rollers. – Ils bravent la tempête et sortent sous les rafales. – Elles hasardent de timides objections. – Il emmêle les cordons des rideaux avec la tringle du volet roulant. – Elle énumère tous les avantages de ce nouveau produit. – Ils exploitent la moindre erreur de leurs adversaires. – Elles ont frôlé la catastrophe. – Il cherche en vain une place libre. – Elle confectionne un pantin articulé. – Il entoure le paquet avec un joli ruban. – Ils espèrent une réponse favorable. – Elles ont retroussé le bas de leur pantalon pour franchir le ruisseau. – Elle se méfie des imitations. – Ils craignent de ne pouvoir lire ce livre écrit en chinois.

290 **Remplace le pronom personnel sujet on par des groupes nominaux qui conviennent.** (Tu pourras, si tu le souhaites, choisir des groupes nominaux au pluriel ; dans ce cas, n'oublie pas les accords.)

On tamise le sable avant de le mélanger au ciment. – On ne bâcle pas le travail. – On masse les cuisses du coureur cycliste. – On enjolive cette histoire. – On s'enlise dans le chemin boueux. – On ne cède pas à la facilité. – On n'ose pas interrompre l'orateur. – On annonce un froid sibérien sur toute la France. – On taquine le chat Ramina. – On installe les chaises devant l'estrade. – On vit une aventure exceptionnelle. – On installe une étagère.

291 **Remplace les groupes sujets par des pronoms personnels.**

Les troncs flottent à la surface du fleuve. – Le journal télévisé consacre quinze minutes à l'élevage des bovins dans les alpages. – Les bons conducteurs d'attelage fouettent rarement leurs chevaux. – Les escargots craignent la sécheresse. – Cette robe plaît à Dorothée. – Les gourmands apprécient les gâteaux. – Au printemps, les amandiers fleurissent les premiers. – Ces centrales nucléaires produisent de l'électricité. – Ninon souffre d'une douleur au bras. – Bastien attendrit ses amis avec le récit des aventures de son chien. – Les vieux quartiers de Colmar offrent aux visiteurs la vision d'une petite ville au Moyen Âge. – Les gendarmes interdisent l'entrée de l'autoroute aux poids lourds. – L'hôtel est complet. – Arnaud et Bérangère ressentent une impression de malaise en pénétrant dans la grotte. – Les marathoniens parcourent les derniers tours de piste.

---

copie et retiens

immobile - s'immobiliser - l'immobilisme - l'immobilité - l'immobilisation
submerger - substituer - subordonner - subjuguer - sublimer - la substance

Le présent de l'indicatif

Le verbe être

Ce matin, **je suis** au lit ; maman et moi, **nous sommes** inquiets ; elle téléphone au médecin. Je transpire et **les draps sont** humides ; **c'est** certainement la grippe. « **Tu** n'**es** pas raisonnable, me dit-elle ; hier, t**u es sorti** sans ton anorak. » À dix heures, le médecin arrive ; il m'examine et donne l'ordonnance à maman. « **Vous êtes** à cinq minutes de la pharmacie ; allez-y tout de suite. » Il m'assure que j'irai mieux dans trois jours.

retiens

Conjugaison du verbe **être** au présent.

Je suis au lit.	Elle est au lit.	Vous êtes au lit.
Tu es au lit.	Nous sommes au lit.	Ils sont au lit.

Le verbe **être** peut servir d'auxiliaire pour former le passé composé ; il est alors conjugué au présent de l'indicatif. tu sors ; tu es sorti(e)

exercices > Corrigé p. 268

292 **Complète avec un pronom personnel qui convient.**

... êtes sur le point de faire une bêtise, attention ! – Le matin, ... es toujours levé le premier. – ... ne suis pas sûre de ma réponse. – ... sommes devant la télévision. – ... est sans nouvelles du marcheur solitaire, perdu au milieu du Ténéré. – ... êtes vraiment à côté de la vérité. – ... sont loin de Rodez.

293 **Conjugue le verbe** être **au présent de l'indicatif.**

être de bonne humeur   être devant le guichet   être dans les nuages

294 **Complète par le verbe** être **que tu écriras au présent de l'indicatif.**

Les touches du clavier de l'ordinateur ... dures. – Comme le risque d'avalanche ... important, vous ... en danger en dehors des itinéraires balisés. – Les automobilistes ... arrêtés devant la barrière d'entrée du parking parce qu'il ... complet, pour l'instant. – Il ... minuit, les cloches sonnent !

copie et retiens

le fantôme - le diplôme - un môme - le dôme - l'arôme - le symptôme

Le présent de l'indicatif

Le verbe avoir

observe

J'ai un jeune chat pour me tenir compagnie. **Il a** le poil noir. Ses yeux sont dorés et brillent dans la nuit. Avec ma sœur, **nous avons confectionné** un couffin où il dort parfois. En effet, il est plus souvent sur le canapé du salon, au grand désespoir de Papa. « **Vous avez** un chat qui apprécie son confort ! » Maman poursuit : « **Tu** n'**as** pas tort ! Ce petit animal aime les coussins moelleux ! »

retiens

Conjugaison du verbe **avoir** au présent.

| J'ai un chat. | Elle a un chat. | Vous avez un chat. |
| Tu as un chat. | Nous avons un chat. | Ils ont un chat. |

Le verbe **avoir** peut servir d'auxiliaire pour former le passé composé ; il est alors conjugué au présent de l'indicatif.
nous confectionnons ; nous avons confectionné

exercices ▸ Corrigé p. 269

295 **Conjugue le verbe** avoir **au présent de l'indicatif.**

avoir beaucoup d'amis   avoir de l'imagination
avoir le sens de l'équilibre   avoir un don pour la musique

296 **Complète par le verbe** avoir **que tu écriras au présent de l'indicatif.**

En mer, tu ... toujours mal au cœur. – Les rames de métro ... maintenant des wagons articulés. – Vous n'... pas la chance d'habiter dans ce pays. – Nous ... un nouveau professeur. – J'... retiré des timbres au distributeur automatique. – Cette voiture ... une boîte de vitesses automatique. – Les Alsaciens n'... que peu de kilomètres à faire pour se rendre en Allemagne. – J'... obtenu un autographe de ce chanteur. – Le moulin à eau du village ... cessé de tourner depuis longtemps.

copie et retiens

l'as - l'atlas - la vis - le tennis - le cassis - l'oasis - le métis - le myosotis
l'entraînement - l'entraîneur - un traînard - traîner - le traîneau - la traînée

Le présent de l'indicatif

Les verbes en -er (1er groupe)

....

J'**étale** les feuilles de papier coloré, tu **découpes** soigneusement les bordures, Diane **prépare** les enveloppes ; pour les adresses, nous **imitons**, avec un vieux porte-plume, l'écriture des moines copistes du Moyen Âge et vous **collez** les timbres. Nos parents **trouvent** que le travail d'expédition des invitations est exemplaire. Il ne **reste** plus qu'à espérer que la fête soit aussi réussie que nos préparatifs !

retiens

Au présent de l'indicatif, tous les verbes du 1er groupe ont les mêmes terminaisons : **-e, -es, -e, -ons, -ez, -ent.**

j'étale	tu découpes	Diane (elle) prépare
nous imitons	vous collez	Nos parents (ils) trouvent

exercices ▶ Corrigé p. 269

297 **Conjugue les verbes au présent de l'indicatif ; pour les troisièmes personnes, choisis des groupes nominaux comme sujets.**

quitter la pièce sur la pointe des pieds – assister au concert – éclater de rire à la vue des clowns – présenter son travail avec beaucoup de goût – détester les épinards – profiter des derniers jours de vacances – donner son numéro de téléphone à tous ses amis – envelopper les cadeaux dans du papier doré – adopter un petit chat abandonné – tenter l'escalade d'une paroi

298 **Écris les verbes entre parenthèses au présent de l'indicatif.**

La médaille d'or (récompenser) le vainqueur du 10 000 mètres des Jeux olympiques. – Tu (peiner) pour monter les dernières marches, il (être) vrai que tu (arriver) au quinzième étage ! – Vous (camper) dans un pré : attention au taureau. – Nous (inspecter) tous les tiroirs de la commode à la recherche des clés de la boîte aux lettres. – Je (savourer) une délicieuse glace au chocolat. – L'usine de pâte à papier (polluer) la rivière ; les pêcheurs (protester) vigoureusement. – Valentin (effectuer) des tours de magie devant ses amis, très étonnés.

299 **Complète ces phrases avec un sujet de ton choix ; respecte l'accord du verbe.**

... collectionne les cartes téléphoniques et ... les montre de temps en temps à mes amies. – À la recherche d'un livre égaré, ... fouillons notre appartement de fond en comble. – Dès que ... passe au vert, ... démarrent dans un bruit d'enfer. – Comme il ne fait pas très beau, ... écourtez votre séjour à Saint-Malo. – ... flairent une piste sérieuse. – ... facilite la traversée de l'avenue principale. – ... esquive les questions embarrassantes avec habileté. – ... étrennes ta nouvelle paire de rollers au parc Darrien. – ... déroulent les câbles électriques et préparent leur matériel.

300 **Écris les verbes entre parenthèses au présent de l'indicatif.**

Comme le trafic (être) important, M. Valérian (ne pas oser) emprunter l'autoroute. – Vous (réserver) vos places pour la représentation de samedi soir. – Les pays européens (importer) du pétrole. – Nous (ne jamais commander) nos vêtements par correspondance. – Chaque jour, tu (perfectionner) un peu plus ta pratique de l'espagnol. – Tu (manifester) ta mauvaise humeur en boudant. – François (ne jamais refuser) de rendre un service. – Grâce aux congélateurs, les poissonniers (conserver) leurs produits plus longtemps qu'auparavant. – Vous (brosser) les pierres pour les nettoyer. – Le buffet (être) somptueux, tous les invités (féliciter) le chef cuisinier. – Tu (brûler) de nous montrer les photographies de tes dernières vacances. – Ce conte de fées (captiver) les enfants qui (regarder) la maîtresse avec admiration. – Les éclairs (zébrer) le ciel et des grêlons, gros comme des balles de ping-pong, (tomber) sur le sol.

301 **Complète avec un verbe du 1ᵉʳ groupe de ton choix ; écris-le au présent de l'indicatif.**

Tu ... du beurre sur de grandes tartines de pain. – La sortie de ce nouveau film ... les passions. – Nous ... notre station de radio préférée. – Au moindre bruit, vous .... – Au jeu, je ne ... jamais. – Cette équipe ... treize points ; elle est en tête du classement. – Les douaniers ... les bagages des voyageurs avec attention. – Chaque jour, les avions ... des centaines de milliers de passagers de par le monde. – Renaud ... à ses amis pendant des heures ; ils ont toujours quelque chose d'urgent à se dire ! – J' ... mes affaires de sport au fond du sac. – Avec tous ces trophées, tu ... les nouveaux judokas. – Le vent ... les derniers nuages. – Comme la question ne vous intéresse pas, vous ... les épaules et vous ... les talons.

© copie et retiens

la tâche (le travail) - *la tache* (une trace sale)
la pâte (à crêpes) - *la patte* (du chat)
correspondre - *la correspondance* - *corriger* - *la correction*

Le présent de l'indicatif

Les verbes en **-ier, -ouer, -uer**

....

Dans les usines automobiles, les robots **simplifient** la tâche des ouvriers. Alors qu'il fallait des journées pour construire une voiture, désormais un robot, **effectue** les opérations les plus pénibles : il **troue**, il **plie**, il soude, il ajuste, et tout cela sans efforts apparents. Les ingénieurs **étudient** toujours des outils de plus en plus performants.

retiens

Au présent de l'indicatif, les terminaisons du singulier et de la 3e personne du pluriel des verbes en **-ier, -ouer, -uer** ne s'entendent pas, mais il ne faut pas oublier de placer **-e, -es, -e, -ent**, parce que ce sont des verbes en **-er**.
je simplifie ; tu simplifies ; il simplifie ; elles simplifient
j'avoue ; tu avoues ; il avoue ; elles avouent
j'effectue ; tu effectues ; elle effectue ; ils effectuent

exercices ❭ Corrigé p. 269

302 Conjugue les verbes au présent de l'indicatif ; pour les troisièmes personnes, choisis des groupes nominaux comme sujets.

vérifier les résultats – varier les menus – apprécier la marche à pied – louer une cassette vidéo – secouer les tapis – effectuer des commissions – scier la branche morte – se réconcilier rapidement

303 Écris les verbes entre parenthèses au présent de l'indicatif.

Je (dénouer) mes lacets de chaussures avec peine. – Vous (répertorier) tous les livres de *Fantômette* que vous n'avez pas encore lus. – Tu (distribuer) tes vieux jouets. – Le chien (s'ébrouer) au sortir de l'eau. – Les turfistes (parier) sur leurs chevaux préférés. – La pluie est si violente que nous (se réfugier) sous l'abribus. – Tu (replier) le plan de la ville.

copie et retiens

continuer - s'habituer - distribuer - éternuer - tuer - échouer - avouer
vérifier - se méfier - parier - étudier - scier - apprécier - se réfugier - varier

Le présent de l'indicatif

Les verbes en -eler et -eter

observe

Monsieur Damiani est catastrophé : il **gèle** à pierre fendre et sa récolte de pêches est compromise. Il **appelle** la station météorologique mais les prévisions ne sont pas optimistes : cela devrait durer. Il **jette** bien du bois dans les braseros qu'il a installés au pied des arbres, mais leur efficacité est limitée. Les pertes seront importantes, car les clients n'**achètent** jamais les fruits dont l'aspect n'est guère engageant.

retiens

Les verbes terminés par **-eler** ou **-eter** s'écrivent généralement avec **ll** ou **tt** devant un **e** muet.
j'appelle ; il appelle ; elles appellent ; nous appelons
je jette ; tu jettes ; ils jettent ; vous jetez
Quelques verbes comme acheter, geler, peler ne doublent pas le **l** ou le **t** devant un **e** muet, mais s'écrivent avec une consonne simple précédée d'un **e** avec un accent grave.
il gèle ; tu gèles ; elles gèlent ; vous gelez
tu achètes ; ils achètent ; nous achetons
Il est prudent de consulter un livre de conjugaison.

exercices ▶ Corrigé p. 269

304 **Conjugue les verbes au présent de l'indicatif ; pour les troisièmes personnes, choisis des groupes nominaux comme sujets.**

appeler à l'aide – se geler le bout des doigts – ne pas jeter ses déchets n'importe où – renouveler son abonnement – feuilleter un magazine sportif – décacheter son courrier – acheter un plein chariot de provisions – grommeler dans sa barbe – peler des poires mûres – décongeler la pizza – chanceler de fatigue – ensorceler le public– modeler la terre glaise

⊘ copie et retiens

jeter - rejeter - projeter - le projet - le rejet - la jetée - le jeton
geler - la gelée - le gel - le congélateur - décongeler - une engelure

149

Le présent de l'indicatif

Les verbes en -yer

Monsieur Galien ne supporte pas le désordre dans son appartement. Après chaque repas, il **balaie** avec soin la cuisine, lave et **essuie** la vaisselle. À la fin de la semaine, il **déploie** une énergie peu commune : il passe l'aspirateur dans toutes les pièces et **s'emploie** à chasser le moindre grain de poussière ; il **nettoie** et range les placards. Il **essaie** sans cesse de nouveaux produits d'entretien, mais il n'accepte aucune aide extérieure : le ménage, c'est son affaire.

retiens

Les verbes en **-yer** changent le **y** en **i** devant un **e** muet.
il essuie ; ils essuient ; nous essuyons
je déploie ; tu déploies ; vous déployez
Les verbes en **-ayer** peuvent conserver le **y** devant un **e** muet ou le changer en **i** (je balaie ou je balaye), mais il préférable, dans un souci de simplification, d'appliquer la même règle à tous les verbes en **-yer**.
je balaie, tu balaies, elles balaient ; nous balayons

exercices ▶ Corrigé p. 269

305 Conjugue les verbes au présent de l'indicatif ; pour les troisièmes personnes, choisis des groupes nominaux comme sujets.

se fourvoyer dans les ruelles sombres – s'ennuyer à mourir – employer des expressions recherchées – essayer plusieurs modèles – nettoyer les parois du four – se noyer dans un verre d'eau – balayer les objections d'un revers de main – rayer les mots inutiles – bégayer une vague réponse – déployer une banderole – payer avec un chèque – tutoyer ses amis – renvoyer un coupon-réponse – déblayer l'entrée de l'immeuble – essuyer une violente tempête

copie et retiens

le chèque - la pastèque - la bibliothèque - la discothèque
la pièce - l'espèce - la nièce - la Grèce

Le présent de l'indicatif

Les verbes en -cer

observe ....

Avec mes cousins, nous allons au parc d'attractions de Palisson. Nous **commençons** par le train fantôme qui circule à travers des tunnels peuplés de monstres et d'animaux fantastiques. Ensuite, embarqués dans de frêles canots, nous **fonçons** à l'assaut du bateau des pirates, puis nous attendons une place dans la fusée lunaire qui vous met le corps et le cœur à l'envers ! La journée s'**annonce** bien.

retiens

À la 1re personne du pluriel du présent de l'indicatif, les verbes en -cer prennent une cédille sous le **c** pour conserver le son [s] devant la terminaison **-ons**.
nous commençons ; nous fonçons – la journée s'annonce

exercices Corrigé p. 269

306 Conjugue les verbes au présent de l'indicatif ; pour les troisièmes personnes, choisis des groupes nominaux comme sujets.

renoncer à faire la queue – lacer ses baskets avec soin – nuancer ses paroles – percer le mur de part en part – renforcer les fixations – prononcer un discours – foncer tête baissée

307 Écris les verbes entre parenthèses au présent de l'indicatif.

Le carreleur (poncer) les dalles qu'il vient de poser. – Nous (se placer) au premier rang pour mieux apercevoir les coureurs de tête. – Les calculatrices (effacer) les réponses au bout de quelques secondes seulement. – En découvrant l'étendue du désastre, nous (froncer) les sourcils et nous (commencer) à éponger les flaques d'eau. – Tu (s'avancer) au bord du plongeoir et tu (trouver) que l'eau (être) bien loin !

copie et retiens

la flaque - la claque - la laque - la plaque - la traque - la baraque - la casaque
transpercer - transporter - transférer - transformer - transvaser - transmettre

Le présent de l'indicatif

Les verbes en -ger

observe

À marée basse, nous partons ramasser des coquillages. La mer s'est retirée et a découvert de larges étendues dans lesquelles nous **pataugeons**. Rodolphe n'a pas son pareil pour repérer les bigorneaux ou les couteaux. Nous **dérangeons** parfois de petits crabes qui s'enfuient de toute la vitesse de leurs pattes. Mais il ne faut pas trop s'attarder, car la mer remonte vite. Au retour, nous **partageons** équitablement nos prises.

retiens

À la 1re personne du pluriel du présent de l'indicatif, les verbes en **-ger** prennent un **e** après le **g** pour conserver le son [ʒ] devant la terminaison **-ons**.
nous pataugeons ; nous dérangeons ; nous partageons

exercices Corrigé p. 269

308 Conjugue les verbes au présent de l'indicatif ; pour les troisièmes personnes, choisis des groupes nominaux comme sujets.
héberger un chat égaré – éponger le trop-plein – engranger les bons résultats – emménager au sixième étage – diriger une chorale – dévisager les passants – prolonger ses vacances – protéger les murs

309 Complète avec un verbe de ton choix, terminé par -ger à l'infinitif, que tu écriras au présent de l'indicatif.
Comme nous sommes seuls, nous nous ... dans les aventures d'*Alice* pour découvrir une nouvelle enquête de cette jeune détective. – Les policiers ... le témoin pour essayer de connaître les détails du vol des bijoux de la princesse. – Vous ne ... jamais d'épinards et vous avez tort, car c'est délicieux ! – Nous ... sérieusement à changer de région. – Les routiers ... leur camion et vont se reposer avant de repartir pour l'Italie.

copie et retiens

l'enquête - la quête - la tempête - la conquête - la requête - la tête
l'honneur - le déshonneur - honorable - honorer - les honoraires

115 *Classe les mots ci-dessous, nom ou verbe à l'infinitif, en deux groupes. Pour les noms, tu placeras un article. (Attention ! un même mot peut entrer dans deux catégories.)*

ouvrier – pilier – sentier – devoir – plier – enfer – scier – émouvoir – cendre – descendre – nager – désir – rôtir – acier – fakir – tenir – osier – berger – usager

noms	verbes à l'infinitif
...	...

116 *Complète les phrases avec un mot, ou une expression, qui indiquera le temps.*

..., monsieur Clavier collectionnait les étiquettes de bouteilles de vin. – ..., tu écriras à ta grand-mère. – ..., les bibliothèques des monastères renfermaient des trésors. – ..., Madame Ganty a vendu des centaines de pull-overs. – ..., tu ne prends pas de petit déjeuner. – ..., nous marchons le long de la plage. – ..., vous fermerez les portes à clé. – ..., les journalistes ignorent où se trouve le ministre.

117 *Souligne les verbes conjugués à un temps simple et encadre ceux conjugués à un temps composé.*

Lorsque je lis un livre, j'oublie vite tous mes petits soucis. – Les partisans de Michel Charand ont manifesté hier après-midi. – Lorsqu'il eut chaussé les bottes de l'Ogre, le Petit Poucet se précipita chez les gendarmes. – Vous avez renouvelé votre abonnement au *Journal des enfants*. – La buse plane au-dessus des petits mulots ; elle attend le moment propice. – Lorsqu'il s'était engagé dans la marine, Hubert ne pensait pas qu'il voyagerait autant. – Le magasin de disques se trouve au troisième étage du centre commercial.

118 *Conjugue les verbes au présent de l'indicatif, en changeant de sujets, de lieux ou d'objets.*

Je balaie le couloir et j'essuie les meubles.

Tu ...
Elle ...
On ...
Nous ...
Vous ...
Ils ...

119 *Complète les phrases avec des groupes sujets de ton choix.*

... est au téléphone. – ... sont fraîches, il faut les déguster avec un filet de citron ou de vinaigre à l'échalote. – ... suis en pleine forme. – ... es bien le seul à ne pas avoir répondu à mon invitation. – ... sont tous au Carnaval de Rio. – Si ... est fermée le lundi, il doit y en avoir une de garde avenue Kléber. – ... sommes sur le boulevard périphérique. – ... ne sont pas assez puissantes pour éclairer l'ensemble de la place. – ... êtes dans une situation fâcheuse.

Le présent de l'indicatif

Les verbes en -ir (2ᵉ groupe)

C'est le premier jour d'émission de la nouvelle radio du groupe scolaire. Nous nous **réjouissons** à l'idée que tout le quartier puisse nous entendre. Les enseignants **répartissent** les rôles : Julien, tu **choisis** les disques, Vanessa **réfléchit** aux commentaires qui les accompagneront, et moi j'**établis** la liste des nouvelles à diffuser. Quant au directeur, il n'arrête pas de répéter : « À mon signal, vous **applaudissez** tous en même temps ! »

retiens

Au présent de l'indicatif, tous les verbes du 2ᵉ groupe ont les mêmes terminaisons : **-s, -s, -t, -ons, -ez, -ent**.
j'établi**s** ; tu choisi**s** ; elle réfléchi**t** ; nous nous réjou**issons** ; vous applaud**issez** ; ils répart**issent**.
Ce qui distingue les verbes du 2ᵉ groupe des autres verbes en **-ir**, c'est l'élément **-iss-** placé avant la terminaison aux trois personnes du pluriel. Le participe présent des verbes du 2ᵉ groupe se termine en **-issant**.

exercices ▶ Corrigé p. 269

310 Conjugue les verbes au présent de l'indicatif ; pour les troisièmes personnes, choisis des groupes nominaux comme sujets.

raccourcir ses manches
polir le meuble avec du papier de verre
se refroidir en attendant l'autobus
se divertir devant un feuilleton

pâlir à la vue du sang
nourrir ses canaris
remplir les verres
noircir le tableau

311 Écris les verbes entre parenthèses au présent de l'indicatif.

Beaucoup trop de marins (périr) encore en mer. – Vous (se radoucir) en entendant nos explications ; vous n'auriez pas dû vous mettre en colère. – Depuis qu'il travaille au centre nautique, M. Prudent (rajeunir) ; (être)-ce la proximité de la mer qui (opérer) ce miracle ? – Cette chanteuse (ravir) la vedette aux autres postulantes pour le rôle d'Esméralda. – En voyant les images du massacre des éléphants, tu (réagir) et tu (jurer) de ne plus jamais acheter d'objets en ivoire. – Ces balles de tennis (ne plus rebondir) ; on peut les jeter. – L'été, les touristes (envahir) les ruelles du Mont-Saint-Michel.

312 **Écris les verbes en *italique* à la personne correspondante du pluriel.**

Je *réfléchis* longuement avant de prendre une décision. – Tu te *munis* d'un tournevis pour démonter les étagères. – Attention ! cette colle *durcit* en séchant. – Tu *éblouis* tes amis par ta virtuosité au violoncelle. – J'*engloutis* les papillotes, surtout celles qui sont fourrées au chocolat. – Le cuisinier *farcit* la dinde avec des petits-suisses ; il paraît qu'ainsi, elle est moins sèche. – Je *répartis* les cartes entre les différents joueurs. – Tu *rebondis* au centre du trampoline. – Le retraité *investit* sa fortune à la Bourse.

313 **Complète par des verbes du 2ᵉ groupe que tu écriras au présent de l'indicatif.**

Quelques abricots secs ... le goût de ce couscous épicé. – Comme vous ne mangez pas assez, vous ... à vue d'œil. – L'eau fraîche de cette source ... les randonneurs épuisés. – Nous ... et nos pantalons ne sont plus assez longs. – Les boulangers ne ... plus la pâte à la main ; ils ont des appareils pour effectuer ce pénible travail. – Abandonnés au pied des arbres, ces fruits ... et il sera bientôt impossible de les ramasser. – Tu ... des deux mains à notre proposition et tu te ... à l'idée de partir en vacances avec nous. – Je ... mon travail, puis je pourrai jouer avec toi.

314 **Écris les verbes entre parenthèses au présent de l'indicatif.**

Méfie-toi, car ces tee-shirts de mauvaise qualité (rétrécir) au lavage. – Les moniteurs (punir) les jeunes gens qui (désobéir) aux consignes données avant la sortie en mer. – L'entreprise de travaux publics (bâtir) un nouveau gymnase pour les élèves du collège. – À l'aide d'une calculatrice, je (convertir) facilement les francs en euros. – Nous (aplatir) la pâte feuilletée avec un rouleau à pâtisserie. – En visite à Paris, vous (gravir) les tours de Notre-Dame, à pied, bien sûr ! – Ces bâtiments (enlaidir) le paysage ; comment a-t-on pu autoriser de telles constructions qui (vieillir) aussi mal ? – Tu nous (étourdir) avec tes histoires. – Piaffant d'impatience sur la ligne de départ, les chevaux (hennir) ; les jockeys (essayer) de les calmer.

315 **Écris les verbes au présent de l'indicatif en changeant les sujets.**

Je ralentis et je ne franchis le stop qu'en toute sécurité.

L'automobiliste ...	Tu ...
Nous ...	Les motards ...
Vous ...	On ...

Le présent de l'indicatif

Les verbes en -dre

Je **comprends** pourquoi tous les automobilistes se dirigent vers ce parking souterrain : il y a toujours des places et vous n'**attendez** que quelques instants. Les véhicules **descendent** lentement les étages ; la signalisation lumineuse **surprend** un peu, mais elle facilite la recherche des emplacements. Avec mes parents, nous ne **perdons** que peu de temps lorsque nous allons en ville.

retiens

Au présent de l'indicatif, les verbes du 3ᵉ groupe terminés par **-dre** conservent généralement le **d** de leur radical aux trois personnes du singulier.

je comprends ; tu comprends ; elle surprend ; nous perdons ; vous attendez ; ils descendent

Attention car il y a des exceptions, les verbes en **-indre** et en **-soudre** : peindre → je peins – il peint ; résoudre → je résous – il résout

exercices Corrigé p. 270

316 Conjugue les verbes au présent de l'indicatif ; pour les troisièmes personnes, choisis des groupes nominaux comme sujets.

se rendre chez le coiffeur – ne pas enfreindre le règlement – coudre un revers de pantalon – résoudre une énigme – pendre ses vêtements – se détendre devant la cheminée – perdre un peu de temps – descendre les escaliers

317 Écris les verbes entre parenthèses au présent de l'indicatif.

Votre remarque (sous-entendre) que vous n'avez pas compris la question. – Le berger (tondre) ses moutons et il (expédier) la laine vers des usines de traitement spécialisées. – Lorsque (poindre) le premier crocus, le printemps n'(être) pas loin. – Monsieur Sarre (vendre) sa planche à voile car il n'a plus l'intention d'affronter les vents déchaînés. – Tu (feindre) le désespoir pour te faire consoler ! – Pour changer, je (teindre) mes cheveux en bleu foncé : c'est original, n'est-ce pas ?

318 **Écris les verbes entre parenthèses au présent de l'indicatif.**

Avec ton portable, tu (répondre) immédiatement au téléphone où que tu sois, dans l'ascenseur ou au supermarché ! – La fédération de football (suspendre) trois joueurs de ce club. – Je (craindre) que tu aies laissé passer ta chance, il fallait accepter la première proposition. – Il n'y a rien de pire qu'une station de radio qui (répandre) de fausses nouvelles. – Comme le clown exécute des cabrioles, le public (se tordre) de rire. – Nous (attendre) quelques heures, puis nous (repeindre) les portes et les fenêtres. – Tu (descendre) la rue Lepic et tu (rejoindre) le boulevard de Clichy.

319 **Écris les verbes entre parenthèses au présent de l'indicatif.**

Le sucre (se dissoudre) instantanément dans le café. – Pour toutes les manifestations importantes, le maire (ceindre) son écharpe tricolore. – La position de ce blessé sur la corniche (contraindre) les gendarmes de haute montagne à le secourir en hélicoptère – Le reporter (dépeindre) une situation préoccupante ; la guerre (sembler) inévitable. – Tu devrais être engagée pour tourner ce film, car tu (correspondre) exactement à la personne que recherche le metteur en scène. – L'agriculteur (craindre) un orage de grêle. – Le chien (défendre) l'entrée du jardin.

320 **Écris les verbes en *italique* à la personne correspondante du singulier. (Attention aux accords !)**

Nous **surprenons** nos parents par nos bons résultats en mathématiques. – Vous **êtes** daltoniens, alors vous **confondez** les couleurs. – Nous n'en **démordons** pas ; le château de Chambord compte 440 pièces. – Les alpinistes **atteignent** le sommet du mont Blanc après une longue marche d'approche. – En voulant écrire l'histoire des bateliers, vous **entreprenez** une œuvre de très longue haleine. – Les lumières du soleil couchant **s'éteignent** en dorant les versants de la colline.

321 **Remplace les verbes en *italique* du 1ᵉʳ groupe par des verbes synonymes du 3ᵉ groupe en -dre ; écris-les au présent de l'indicatif.**

Si tu **empruntes** l'autoroute, tu gagneras du temps mais cela te coûtera quinze euros. – Marjolaine se **trompe** sur mes intentions ; je ne veux que lui rendre service et ne demande rien en échange. – M. Granger **partage** les bûches dans le sens de la longueur pour qu'elles puissent être entassées correctement. – Après mon accident de cyclomoteur, je **retrouve** lentement la marche avec des béquilles, mais je ne me **lamente** pas car il y a plus malheureux que moi.

☞ copie et retiens

*la bûche - le bûcheron - le bûcher - une embûche - une embuscade
ceindre - la ceinture - le ceinturon - ceinturer - enceinte*

Le présent de l'indicatif

Les verbes du 3e groupe

Michèle Voisan est en pleine campagne électorale ; ses partisans **accourent** des quatre coins du département et ils **lisent** chacune de ses publications. À la tribune, elle présente son programme et détaille tout ce qu'elle fera si elle est élue. Elle ne s'**interrompt** que pour entendre les applaudissements du public. Enfin, elle **conclut** en donnant rendez-vous aux électeurs dimanche soir, pour la proclamation des résultats.

retiens

accourir	interrompre	lire	conclure
j'accours	j'interromps	je lis	je conclus
tu accours	tu interromps	tu lis	tu conclus
il accourt	elle interrompt	elle lit	il conclut
nous accourons	nous interrompons	nous lisons	nous concluons
vous accourez	vous interrompez	vous lisez	vous concluez
ils accourent	ils interrompent	ils lisent	ils concluent
séduire	**partir**	**battre**	**mourir**
je séduis	je pars	je bats	je meurs
tu séduis	tu pars	tu bats	tu meurs
il séduit	elle part	il bat	elle meurt
nous séduisons	nous partons	nous battons	nous mourons
vous séduisez	vous partez	vous battez	vous mourez
ils séduisent	ils partent	ils battent	ils meurent

Il est toujours prudent de consulter un dictionnaire ou un livre de conjugaison.

exercices ▸ Corrigé p. 270

322 Écris les verbes entre parenthèses au présent de l'indicatif.

Les routiers (conduire) parfois des attelages d'une longueur démesurée ; on (se demander) comment ils (éviter) les accidents dans les agglomérations. – Laurent (ne pas exclure) de partir vivre en Chine avec sa fiancée, quand il aura appris le mandarin ! – Je (démentir) formellement les paroles que tu me (prêter), et je prouverai aisément ma bonne foi. – Tu (dormir) sur tes deux oreilles quand les volets sont fermés. – Vous (suivre) les conseils de votre médecin : vous (avoir) bien raison d'arrêter de fumer.

323 **Écris ces phrases à la forme interrogative.**

Tu te bats pour imposer tes idées. → *Te bats-tu pour imposer tes idées ?*

Vous déduisez la réduction de 10 %. – Les techniciens interrompent le fonctionnement de la turbine. – Nous nous instruisons en consultant cette encyclopédie. – La cartomancienne lit vraiment l'avenir dans les cartes. – Vous partez tous les ans en vacances. – Tu admets enfin ton erreur. – Nous vivons une époque formidable. – Monsieur Clémentin soumet son invention au jury du concours Lépine. – Tu te sers d'un pinceau pour étaler la colle. – Les musiciens se produisent en plein air.

324 **Écris les verbes entre parenthèses au présent de l'indicatif.**

Certaines organisations (combattre) la misère et la pauvreté partout dans le monde. – Nous (apercevoir) enfin les premiers champs de lavande. – L'informatique (permettre) d'effectuer rapidement de multiples tâches répétitives. – Après une brève halte devant la vitrine du pâtissier, je (repartir) sans céder à mon envie gourmande. – Beaucoup de familles (restreindre) leurs dépenses pour économiser un peu d'argent. – À notre grande surprise, tu (sortir) un téléphone portable de ton sac : pour appeler qui ? – Sans avis sur la question, je (se taire). – Aujourd'hui, on (ne pas concevoir) une vie sans électricité.

325 **Écris les verbes entre parenthèses au présent de l'indicatif et ajoute un complément de ton choix.**

Tu (conclure) → *Tu conclus une bonne affaire.*

Nous (réduire) ...
Le marin (maudire) ...
Je (remettre) ...
Tu (vivre) ...
Vous (se débattre) ...

Tu nous (séduire) ...
Vous (parcourir) ...
Les poulets (accourir) ...
Nous (ne pas commettre) ...
Je (sourire) ...

326 **Écris les verbes entre parenthèses au présent de l'indicatif.**

Cette année, nous (concourir) dans la catégorie benjamins et nous (affronter) l'école Louise-Michel. – Des barrières métalliques (interdire) le passage du cortège des manifestants. – Ton visage (luire) comme un meuble bien ciré ; le soleil est passé par là ! – Pour étudier la peinture, tu (reproduire) pendant des heures les tableaux du musée du Louvre. – Les satellites (transmettre) des millions de communications téléphoniques à travers le monde. – Je (ne pas s'endormir) sans avoir lu un peu. – Nous (exclure) la possibilité de nous baigner dans ce lac bien trop froid.

⇔ copie et retiens

la confidence ; confidentiel - l'essence ; essentiel - la résidence ; résidentiel - la présidence ; présidentiel - la providence ; providentiel

Le présent de l'indicatif

Quelques verbes particuliers

Avec l'ensemble de tes camarades, tu **dois** partir en classe de montagne, dans un chalet situé au milieu d'une forêt. Les élèves qui y ont séjourné l'an dernier **disent** que l'endroit est agréable et que vous **allez** vous y plaire. Il **paraît** même que les chamois **viennent** vous rendre visite. Comme vous **prévoyez** une visite de la scierie, vous **écrivez** au directeur pour qu'il vous accueille le mercredi. Vous **faites** également des projets de randonnées mais, pour cela, le temps décidera.

retiens

Un certain nombre de verbes du 3e groupe – très courants – ont une conjugaison particulière ; il faut bien la connaître.

devoir	dire	aller	paraître
tu dois	je dis	elle va	il paraît
nous devons	vous dites	vous allez	ils paraissent
venir	**prévoir**	**écrire**	**faire**
tu viens	tu prévois	j'écris	tu fais
ils viennent	vous prévoyez	nous écrivons	vous faites
vouloir	**voir**	**s'asseoir**	**boire**
je veux	tu vois	il s'assied	je bois
nous voulons	vous voyez	ils s'asseyent	nous buvons

Mais il est toujours prudent de consulter un dictionnaire ou un livre de conjugaison.

exercices ▶ Corrigé p. 270

327 **Conjugue les verbes au présent de l'indicatif ; pour les troisièmes personnes, choisis des groupes nominaux comme sujets.**

aller chez le coiffeur tous les mois
vouloir un peu de silence
écrire avec un stylo à bille
devoir une fière chandelle au hasard
se souvenir de l'heure du départ

revoir un film avec plaisir
faire un petit détour
s'en aller sans un mot
dire toute la vérité
connaître les réponses

328 Écris les verbes entre parenthèses au présent de l'indicatif.

Sous le choc, ta dent s'est brisée mais tu (ne pas souffrir). – Le commissaire (recueillir) le témoignage des victimes et (entreprendre) des recherches pour retrouver le coupable. – Nous (souscrire) une assurance avant de partir en classe de neige. – Les gazelles sont craintives ; elles (s'enfuir) dès qu'elles (sentir) l'odeur du lion. – Il ne (suffire) pas de courir, il (falloir) partir à point. – Dans le noir, je (tressaillir) dès qu'un volet claque. – Comme tu (adorer) le couscous, tu (se resservir) abondamment.

329 Écris les verbes entre parenthèses au présent de l'indicatif.

Je (reconnaître) que je me suis lourdement trompé ; le trajet était plus long que prévu. – Avant d'entrer en scène, l'actrice (parfaire) son maquillage. – Nous (s'inscrire) au concours de gymnastique. – Les carburants (valoir) dix centimes de plus le litre depuis deux jours. – Tu (couvrir) tes livres avec du papier transparent. – Si vous (dire) que les agneaux (dévorer) les loups, c'est que vous n'avez pas bien lu la fable de Jean de La Fontaine. – Les joueurs (décevoir) leurs plus fidèles supporters ; ils (ne plus gagner) le moindre match. – Devant le micro, Astrid (vaincre) son trac.

330 Écris les verbes entre parenthèses au présent de l'indicatif.

Avec ce chapeau, tu me (plaire) beaucoup. – Après avoir longtemps attendu, j'(obtenir) enfin ma carte d'identité. – Les ingénieurs (ne pas méconnaître) les risques qu'il y aurait à construire un barrage dans cette vallée. – Pour Noël, nous (offrir) des chocolats à nos amis. – On (ne plus croire) les menteurs, même quand ils (dire) la vérité. – L'accusé (comparaître) devant le tribunal et (proclamer) son innocence. – Un filet de citron sur ma sole, cela ne me (déplaire) pas. – Je (ne pas retenir) les numéros de téléphone de mes amis. – Vous (ne pas se satisfaire) d'un travail bâclé.

331 Complète les phrases avec des verbes du 3ᵉ groupe écrits au présent de l'indicatif ; respecte le sens des phrases.

Nous ne ... pas l'eau de cette source, car nous ignorons si elle est potable. – Monsieur Majault est un prestidigitateur exceptionnel ; entre ses mains, le moindre objet ... en une seconde. – Comme il n'y a plus de chaises libres, tu t'... par terre, juste devant la scène. – Comme la météo annonce du mauvais temps, vous ... des vêtements de pluie. – Avec l'usage des calculatrices, les élèves ne ... plus effectuer les divisions de nombres décimaux. – Les pantalons larges ... à la mode ; les couturiers changent régulièrement nos habitudes vestimentaires.

 **copie et retiens**

souffrir - la souffrance - souffrant - un souffre-douleur - souffreteux
souffler - la soufflerie - le souffle - essouffler - le soufflet - un soufflé

Révision

120 *Que font-ils ?*
Réponds en employant des verbes du 2e groupe au présent de l'indicatif.

les chercheurs → **Ils réfléchissent aux découvertes du xxie siècle.**

les lions	→ ru...	les spectateurs	→ app...	
le maçon	→ bâ...	les mauvaises herbes	→ enva...	
l'avion	→ att...	le conducteur prudent	→ ral...	
le pape	→ bén...	les renards	→ glap...	

121 *Jeux de verbes.*
Écris les verbes au présent de l'indicatif, puis place-les dans la grille.

1 arrêter : 3e personne du singulier
2 apprendre : 1re personne du pluriel
3 servir : 2e personne du singulier
4 luire : 1re personne du pluriel
5 séparer : 2e personne du pluriel
6 abattre : 1ère personne du singulier
7 élire : 2e personne du singulier
8 repartir : 1re personne du singulier
9 conduire : 2e personne du pluriel
10 instruire : 3e personne du pluriel

122 *Après chaque forme conjuguée, écris l'infinitif et le groupe.*

il revient → **revenir** → **3e groupe**

je réfléchis	il exagère	nous applaudissons	vous apprenez
elle traduit	je lave	ils écrivent	tu commandes
tu hésites	on ferme	vous obéissez	nous frémissons

123 *Complète les phrases par le verbe* **être** *que tu écriras au présent de l'indicatif.*

Damien ... en attente d'un emploi d'informaticien. – Les enfants ... sur les manèges de la fête foraine. – Je ... bien le seul à connaître ce chanteur. – Tu ... toujours d'une politesse extrême avec tes interlocuteurs. – Comme ils ... appétissants ces croissants chauds ! – Ces jouets ...-ils en bois ou en plastique ? – Tu ... coiffée d'un superbe bonnet de rasta. – Je ... dans la confidence, mais le secret ... bien gardé. – Nous ... allongées sur le sable chaud de la plage. – Vous ... devant un problème apparemment insoluble.

124 *Mots croisés. Tous les verbes de cette grille seront conjugués au présent de l'indicatif.*

Horizontal

1. Verbe *être*, 3e personne du singulier.
   La mirabelle est l'une des plus connues.
2. Pronom personnel de la 2e personne du singulier.
   Il en faut douze par an.
3. Verbe *observer*, 2e personne du singulier.
4. Toucher longuement, 2e personne du pluriel.
5. Premier élément de la négation.
   On fait son pied pour se moquer.
   Les deux premières lettres d'un oiseau bavard et voleur.
6. La date à l'envers.
   Le début de la biologie.
7. Alimentation.
8. Verbe *tirer*, 3e personne du pluriel.
   Les deux bouts d'un pronom personnel sujet.

Vertical

1. Verbe *étonner*, 3e personne du pluriel.
2. Un véhicule de transport à l'envers.
   Pour ranger ses lunettes, par exemple.
3. Deux lettres qui se suivent dans l'ordre alphabétique.
   Un rat tout bouleversé.
4. Courbe d'une rivière.
5. Supporter un poids, 1re personne du singulier.
   Le début d'un incendie.
6. Verbe *river*, 2e personne du pluriel.
   Phonétiquement : repas de bébé.
7. *Abîmer*, 2e personne du pluriel.
   Préfixe qui signifie deux.
8. On le déplace quand on joue aux dames.
9. Verbe *être*, 2e personne du singulier.
   Ne pas reconnaître la vérité, 1re personne du pluriel.

125 *Classe ces verbes en trois groupes.*

refuser – rire – nourrir – casser – dormir – expliquer – finir – comprendre – balayer – battre – élargir – découper – faire – avancer – choisir – pleuvoir – fleurir – attirer – connaître – atterrir – vivre – tourner – interrompre

Révision

126 *Pour compléter ces phrases, écris les verbes* **avoir** *ou* **être** *au présent de l'indicatif.*

Le supermarché … fermé ses portes à dix-huit heures ; c'… exceptionnel. – L'aspirateur … en panne ; nous n'… plus qu'à espérer qu'il soit réparable. – Cette année, les vendanges … en avance ; les raisins … mûri très tôt. – Tu … encore tout endormie et tu … les cheveux en bataille ! – Je … montée la première dans l'avion et je … près du hublot. – …-vous pris votre liste avant d'aller au marché ? – Pour payer, nous … une carte bancaire. – Jimmy … chanceux : il … quatre as dans les mains.

127 *Écris les verbes entre parenthèses au présent de l'indicatif.*

Tu (réchauffer) tes mains auprès d'un feu de bois. – Affamée, je (dévorer) une énorme pizza. – Les policiers (démanteler) un réseau de trafiquants de drogue. – Nous (visiter) une nouvelle salle du musée de l'automobile où nous (admirer) de vieux modèles. – Mécontent de mon travail, je (froisser) toutes mes feuilles de brouillon. – La tâche (être) immense, mais vous (retrousser) vos manches avec courage. – Vous (projeter) un séjour en Corse.

128 *Complète les phrases avec un sujet de ton choix ; respecte l'accord du verbe.*

… échoues près du but ; il faudra recommencer. – …'ai pris froid et …'éternue sans arrêt. – … évalue les dégâts à mille euros. – … bénéficient d'une réduction de 30 % sur les voyages en train. – … vérifie le niveau de l'huile dans le moteur. – … me méfie des remèdes miracles. — … polluent les rivières. – … tues le temps comme … peux. – … déjoue les pièges de son adversaire. – … avouent leur impuissance à arrêter la montée des eaux.

129 *Écris les verbes entre parenthèses au présent de l'indicatif.*

Attention ! lorsqu'il (saluer) quelqu'un, monsieur Forton lui (broyer) généralement la main. – Certains athlètes (monnayer) désormais leur participation aux compétitions internationales : ce (ne plus être) des sportifs, mais des hommes d'affaires. – Le chien de Gersende (aboyer) pour un rien ; on (ne pas se fier) à lui pour faire fuir les voleurs ! – Je (s'apitoyer) sur le sort des ours des Pyrénées que (traquer) parfois les chasseurs. – Tu (appuyer) tes paroles par de grands gestes.

130 *Écris les verbes entre parenthèses au présent de l'indicatif.*

Nous (harceler) nos parents pour qu'ils nous (autoriser) à veiller ce soir. – Les marins (congeler) le poisson à l'intérieur du chalutier. – À l'arrivée de la course, tu (ruisseler) de sueur. – Le bulldozer (niveler) le terrain. – Le chef de rayon (étiqueter) les produits de beauté. – Le four de l'usine (rejeter) une épaisse fumée dans l'atmosphère. – Vous (épeler) chacun des mots de cette phrase. – Les lads (atteler) le cheval au sulky, juste avant le départ. – Le brocanteur (fureter) dans tous les recoins de la maison, à la recherche de l'objet rare qu'il vendra un bon prix. – Les cristaux de neige (étinceler) au soleil.

131 *Complète chaque phrase avec un sujet de ton choix ; respecte l'accord du verbe.*

Pour les besoins de son livre, … romance l'histoire de Pierre Gagneux. – … retraçons les événements tels que nous les avons observés. – … suce le cornet de ma glace. – … transperces la cible en plein centre : quelle précision ! – … pincez les doigts en fermant le portail. – … lance sa boule en espérant reprendre le point. – … remplaçons les lampes usagées par des neuves.

132 *Écris les verbes entre parenthèses au présent de l'indicatif.*

Nous (échanger) notre baril de lessive contre deux barils d'une autre marque. – Comme il a peur dans cette rue déserte, Gabriel (allonger) le pas. – Nous (ne pas se décourager) et nous (recommencer) l'exercice pour la troisième fois. – Les arbitres (ne pas avantager) une équipe plutôt qu'une autre ; c'(être) tout à leur honneur. – Nous (exiger) le remplacement de cet article défectueux ; le vendeur (être) d'accord. – En hiver, les sans-abri (se loger) où ils (pouvoir).

133 *Écris les verbes entre parenthèses au présent de l'indicatif.*

Par temps de brouillard, les avions (atterrir) grâce à un système de guidage électronique. – La lave en fusion (engloutir) les petites maisonnettes bâties sur les flancs du volcan. – Comme vous (rester) sans bouger, vous (s'engourdir). – Pour entrer plus facilement dans le garage, nous (agrandir) la porte. – Vous (affranchir) votre courrier au tarif rapide. – Au soleil, tu (blondir). – Dans certains pays, des prisonniers (croupir) en prison, sans avoir été jugés. – Je (brandir) un panneau sur lequel j'ai écrit : « Allez les Bleus ! ».

134 *Conjugue les verbes suivants au présent de l'indicatif ; pour les troisièmes personnes, tu choisiras des groupes nominaux comme sujets.*

abattre un travail colossal
sentir le vent tourner
courir après des chimères
sortir son mouchoir

relire les consignes
mourir de faim
rompre le silence
partir à l'aube

135 *Complète les phrases avec des sujets de ton choix ; respecte les accords.*

… entretiens régulièrement ta bicyclette ; … graisses la chaîne et … gonfles les pneus. – … prescrit un traitement à monsieur Lamour qui souffre de l'estomac. – Bien que mécontents, … parvenez à conserver votre sang-froid. – … dois changer mon lecteur de disques qui ne fonctionne plus. – À la recherche de nos clés, … refaisons cinq fois le trajet de l'école à notre appartement. – … consentent à se laisser photographier sur la plage. – La discussion est interminable, mais … entrevoyons une issue possible. – Peux-… me prêter ton compas ?

L'imparfait de l'indicatif

Le verbe être

observe

Quelle idée que d'aller escalader la roche de Vergisson ? Nous n'**étions** pas assez expérimentés et l'épreuve menaçait de tourner au cauchemar. À mi-pente, j'**étais** en équilibre entre deux rochers, mais tu n'**étais** pas en meilleure posture. Heureusement que le moniteur **était** patient et que les cordes de sécurité **étaient** bien fixées. « Vous **étiez** bien partis, ne vous découragez pas ; encore un petit effort. »

retiens

Conjugaison du verbe **être** à l'imparfait.

J'étais en équilibre.	Nous étions en équilibre.
Tu étais en équilibre.	Vous étiez en équilibre.
Elle était en équilibre.	Ils étaient en équilibre.

Le verbe **être** peut servir d'**auxiliaire** pour former le **plus-que-parfait** ; il est alors conjugué à l'imparfait de l'indicatif.

vous étiez parties

exercices ⟩ Corrigé p. 270

◄ **332** **Complète avec le verbe** être **écrit à l'imparfait de l'indicatif.**

Tu ... dans l'ascenseur quand les lumières s'éteignirent ; tu n'... pas très rassuré. – Les assiettes ... sur la table. – L'hôtel Atlantica ... en plein centre ville. – J'... perdu dans le labyrinthe. – L'imitation ... si bien réussie que le public éclata de rire. – Tu ... partie te reposer à la campagne. – À cinq ans, nous ... persuadés que le Père Noël ... bien réel. – Vous n'... pas contents de votre sort. – J'... sur le passage protégé, quand une voiture klaxonna. – Nous ... d'accord sur l'itinéraire à suivre. – Le soir de la finale, tous les téléspectateurs ... devant leur écran. – Comme le temps ... brumeux, les bateaux n'... pas sortis du port.

copie et retiens

le labyrinthe - le cylindre - le système - le tympan - le symbole - le gymnase - le cyclone - le cycliste - le pyjama - la symétrie

L'imparfait de l'indicatif

Le verbe avoir

Depuis quelques jours, j'**avais** très mal au coude à la suite d'une chute à la patinoire. Aussi, avec mon père, **avions**-nous rendez-vous à la clinique pour passer une radio. Il y **avait** beaucoup de malades dans la salle d'attente et les infirmiers n'**avaient** pas une minute à eux. Le radiologue a tout de suite diagnostiqué une luxation. « Je suis sûr que vous **aviez** tous hâte de vous élancer sur la glace et que tu n'**avais** pas pris la peine de t'échauffer ; vous êtes tous pareils ! »

Conjugaison du verbe **avoir** à l'imparfait.

J'avais rendez-vous.	Nous avions rendez-vous.
Tu avais rendez-vous.	Vous aviez rendez-vous.
Il avait rendez-vous.	Elles avaient rendez-vous.

Le verbe **avoir** peut servir d'**auxiliaire** pour former le **plus-que-parfait** ; il est alors conjugué à l'imparfait de l'indicatif.

tu avais pris la peine

exercices Corrigé p. 270

333 **Complète avec** avoir **ou** être **écrits à l'imparfait de l'indicatif.**
M. Ferrand ... pressé, il n'... pas le temps de nous parler. – J'... bien à l'heure au rendez-vous, mais tu n'... pas là. – Comme vous ... bien répondu, vous ... été retenue pour participer à l'émission « Questions pour un champion ». – Nous ... joué le numéro 18, mais la chance n'... pas avec nous. – Au dernier moment, les élèves ... bougé et la photo de la classe n'... pas très réussie. – Tu ... bien renvoyé le coupon-réponse, mais tu n'... pas certaine de recevoir le cadeau promis. – Au cours préparatoire, j'... une gentille maîtresse. – Avec ce blouson, tu ... l'air d'une vedette de cinéma. – Vous n'... pas compris le fonctionnement de votre imprimante et vous ... à la recherche de la notice explicative.

la maîtresse - le maître - maîtriser - la maîtrise - un contremaître
paraître - disparaître - réapparaître - reconnaître

L'imparfait de l'indicatif

Les verbes en -er

....

Elle le **regardait**. Plus exactement, elle le **fixait**. Il **discutait** avec un autre homme, assis à la table numéro six du café des Arts. De quoi **parlaient**-ils ? Elle **pensait** que ces deux personnages, avec leurs papiers et leurs stylos, **préparaient** un scénario de film. La discussion était animée. L'enquête de la jeune journaliste **débutait** ; elle lui **réservait** certainement bien des surprises.

retiens

À l'imparfait de l'indicatif, tous les verbes du 1er groupe ont les mêmes terminaisons : **-ais, -ais, -ait, -ions, -iez, -aient.**

je fixais	tu discutais	elle regardait
nous pensions	vous débutiez	ils parlaient

exercices Corrigé p. 271

334 **Conjugue les verbes à l'imparfait de l'indicatif. Pour les troisièmes personnes, choisis des groupes nominaux comme sujets.**

expliquer les règles du jeu	écouter les conseils
ne pas traîner dans les couloirs	ne douter de rien
transpirer à grosses gouttes	quitter son peignoir de bain
trembler à la vue des fantômes	achever son travail
aider l'aveugle à traverser	économiser sou à sou
apporter des huîtres et des palourdes	se réchauffer les oreilles
éviter les encombrements	remonter la pente

335 **Transforme les phrases selon le modèle.**

Je viens de déchirer les enveloppes. → Je déchirais les enveloppes.

Le boucher vient de trancher de belles escalopes. – Nous venons de transporter la commode dans le salon. – Tu viens de trébucher sur une question facile. – Vous venez de broder une paire de gants. – Je viens de vous raconter les derniers potins du quartier. – Les rameurs russes viennent de remporter toutes les médailles olympiques. – Je viens d'ajouter un peu de crème sur le gratin. – Les éboueurs viennent de vider les conteneurs de bouteilles.

336 Écris les verbes entre parenthèses à l'imparfait de l'indicatif.

Les méchantes sorcières (transformer) les belles jeunes filles en crapauds, mais le Prince charmant n'(être) jamais loin ! – Le chat (traquer) la malheureuse souris mais il (ne pas arriver) à l'attraper. – Dans les mines de charbon, les enfants (pousser) les wagonnets dès l'âge de six ans. – Vous (n'accorder) que peu d'attention au résumé de l'histoire. – Ton grand-père (se raser) avec un gigantesque coupe-chou qui nous (impressionner) toujours, mais il ne (se couper) jamais. – Courageux, tu (mériter) mieux que la vingtième place. – Tout en écoutant la chanson, j'en (murmurer) les paroles.

337 Transforme les phrases selon le modèle.

Tu as invité tes amis. → Tu invitais tes amis.

Le client a réclamé le remboursement de l'appareil défectueux. – Nous avons écossé des petits pois. – Je n'ai rien à déclarer aux douaniers. – Vous avez dévalisé le rayon disques du supermarché. – Certains nobles ont comploté contre le roi Louis XIV. – J'ai allumé le barbecue. – Avant de prendre des cours, tu as pianoté sur le clavier de ta tante. – Les lilas ont parfumé toute la maison. – Nous avons goûté à tous les desserts.

338 Écris les verbes entre parenthèses à l'imparfait de l'indicatif.

Avant le départ du cross, nous (trottiner) autour du stade. – Seules les cloches lointaines (troubler) le silence. – Comme je (ne pas trouver) ton nom sur la liste des locataires, je (sonner) au hasard. – L'an dernier, tu (ne pas utiliser) encore ce logiciel de dessin. – De retour du cinéma, vous (vanter) les qualités du film qui (être) à l'affiche depuis trois mois. – Clarisse (se vexer) pour des broutilles. – Les serfs (donner) une grande partie de leurs récoltes au seigneur. – À neuf ans, je (mesurer) un mètre quarante. – Après ta chute, tu (masser) ta cuisse endolorie. – En n'accordant pas le but et en expulsant un joueur, l'arbitre (mécontenter) tout le monde.

339 Écris les verbes en *italique* à l'imparfait de l'indicatif.

Tu *verses* un peu de sirop dans les verres. – Lorsque je *suis* en Touraine, j'en *profite* pour visiter les châteaux. – Nous ne *luttons* pas à armes égales, car tu *pèses* dix kilos de plus que moi. – Au moment du décollage, vous *mâchez* toujours du chewing-gum pour calmer votre angoisse ? – Le potier *malaxe* la boule d'argile avant de la placer sur son tour. – Pour le défilé du 14 Juillet, les soldats *manœuvrent* dans un ordre parfait. – Énervé, monsieur Robin *maltraite* son levier de vitesse. – Je *marche* sur le bord du trottoir pour éviter l'échafaudage. – Pour estomper ses taches de rousseur, Sandy *se maquille* légèrement.

☞ copie et retiens

le quartier - le quart - quatre - quatrième - un quatrain - quatorze
la télévision - la télécommande - le téléphone - le télésiège

L'imparfait de l'indicatif

Les verbes en -ier, -yer

Depuis des mois, nous **employions** les grands moyens pour persuader mon père d'arrêter de fumer. Il pensait qu'il n'y arriverait jamais. Nous le **suppliions** de ne pas transformer la maison en cheminée d'usine. Un jour, il a cessé d'allumer des cigarettes et il nous a remerciés. « Vous étiez terribles lorsque vous **essayiez** de me faire peur, mais aujourd'hui, je me sens bien mieux. »

retiens

Aux deux premières personnes du pluriel de l'imparfait :

les verbes terminés par -ier s'écrivent avec deux i, un pour le radical et un pour la terminaison.

nous suppliions ; vous suppliiez

les verbes terminés par -yer s'écrivent avec un y suivi d'un i, le y pour le radical et le i pour la terminaison.

nous employions ; vous employiez ; nous essayions ; vous essayiez

exercices ▶ Corrigé p. 271

340 **Conjugue les verbes à l'imparfait de l'indicatif. Pour les troisièmes personnes, choisis des groupes nominaux comme sujets.**

vérifier l'installation électrique – payer la facture en euros – nettoyer le fond du placard – sacrifier un peu de temps – appuyer l'échelle contre le mur

341 **Écris les verbes entre parenthèses à l'imparfait de l'indicatif.**

Nous (étudier) la meilleure manière de déménager le buffet. – Vous (plier) les feuilles et vous les (glisser) dans les enveloppes. – Nous (essayer) de contacter Norbert mais il n' (être) pas chez lui de toute la semaine. – Les ailes volantes (tournoyer) au-dessus de la vallée. – Vous (déployer) une ardeur peu commune pour arriver à vos fins. – Dans le cortège, les belles voitures (côtoyer) les vieux tacots. – Je (balayer) le couloir du gymnase.

copie et retiens

le chien - le lien - le mien - le tien - un indien - un ancien - un gardien

L'imparfait de l'indicatif

Les verbes en -iller et -gner

observe

Quand nous allions au Carnaval, nous **soignions** notre coiffure pour l'assortir à notre costume qui, chaque année, était différent. Nous nous **maquillions** avec soin avant de courir les rues pour lancer des confettis aux passants étonnés. Vous **dédaigniez** ces fêtes, les trouvant stupides, et vous ne vous **habilliez** jamais de manière insolite. C'était dommage…

retiens

Aux deux premières personnes du pluriel de l'imparfait, les verbes terminés par **-iller** s'écrivent avec un **i** après les deux **ll**, et les verbes terminés par **-gner** avec un **i** après **gn**.
nous soignions ; nous maquillions ; vous dédaigniez ; vous habilliez
La prononciation des formes du présent et de l'imparfait de l'indicatif sont presque semblables pour ces deux personnes. Pour éviter la confusion, on peut penser à la personne correspondante du singulier.
nous soignons ; je soigne – nous soignions ; je soignais

exercices ▶ Corrigé p. 271

342 **Complète avec des verbes terminés par** -gner **ou** -iller **à l'infinitif que tu conjugueras à l'imparfait de l'indicatif.**
Le guide ren… les visiteurs de l'exposition Matisse. – Les rois de France ré… en maîtres absolus. – En ramassant des framboises, vous vous égrat… les jambes. – Nous si… les chèques après avoir inscrit la somme et la date. – Autrefois, je me bai… dans cette rivière ; maintenant, j'évite d'y tremper le pied, tant il y a de la vase. – Lorsque le poste de télévision était en panne, vous co… sur l'écran mais l'appareil, trop brutalisé, ne dai… pas fonctionner. – Nous témoi… en votre faveur parce vous étiez accusés à tort. – Sous la douche, Édith se mou… les cheveux. – Les cuisiniers surv… la cuisson des poulets. – Vous ta… les rosiers. – Autrefois, les soldats pi… les villes conquises.

copie et retiens

barbouiller - le barbouillage - débarbouiller - barboter - la barboteuse le rôti - la rôtissoire - la rôtisserie - rôtir - un rôtisseur

L'imparfait de l'indicatif

Les verbes en -eler et -eter

observe

Quand nous étions en vacances, c'était chaque fois la même chose : nous **harcelions** grand-père pour qu'il nous raconte une histoire. Celui-ci **grommelait** trois mots dans sa barbe et retournait à sa lecture : il aimait bien se faire prier. Nous **renouvelions** notre demande avec insistance ; grand-mère lui **jetait** des regards encourageants et il cédait. Ses paroles nous **ensorcelaient** et plus rien n'existait alors que l'histoire !

retiens

Comme il n'y a pas de **e** muet au début des terminaisons de l'imparfait de l'indicatif, les verbes en **-eler** et **-eter** ne modifient pas leur radical.
nous harcelions ; celui-ci grommelait ; nous renouvelions ; elle jetait ; elles nous ensorcelaient

exercices Corrigé p. 271

343 Conjugue les verbes à l'imparfait de l'indicatif ; pour les troisièmes personnes, choisis des groupes nominaux comme sujets.

acheter des fleurs
épeler son nom et son prénom
appeler au secours
se geler les pieds
épousseter une statue
feuilleter un magazine

344 Écris les verbes en *italique* à l'imparfait de l'indicatif.

Lorsqu'il *parle* en public, monsieur Blériot *martèle* ses mots. – Le géomètre *piquette* le terrain. – Cette maison est humide, l'eau *ruisselle* sur les murs. – Martin *décongèle* les pommes dauphines. – L'orfèvre *cisèle* de magnifiques bijoux. – Le promoteur *morcelle* la propriété en plusieurs lots, pour mieux les vendre. – Ce vieux vigneron *cachette* ses bouteilles à la cire. – Les fauves *déchiquettent* la viande à belles dents.

copie et retiens

onze - douze (la douzaine) - treize - quatorze - quinze - seize
le sel - saler - la salaison - la salière - le salage - le saloir - les marais salants

L'imparfait de l'indicatif

Les verbes en -cer

observe

La partie de rugby **commençait** toujours par une farouche bataille pour la possession du ballon, puis les arrières **fonçaient** à travers les défenseurs. Lorsque le ballon sortait en touche, le talonneur **relançait** la balle entre les avants, et les plus grands sautaient pour l'attraper. Comme les autres spectateurs, nous nous **placions** le plus près possible du terrain, pour mieux encourager notre équipe.

retiens

À l'imparfait de l'indicatif, les verbes en **-cer** prennent une cédille sous le **c** pour conserver le son [s] devant les terminaisons débutant par a.
elle commençait ; ils fonçaient ; il relançait, **mais :** nous nous placions

exercices Corrigé p. 271

345 **Conjugue les verbes à l'imparfait de l'indicatif ; pour les troisièmes personnes, choisis des groupes nominaux comme sujets.**
froncer les sourcils – forcer le passage – effacer le tableau – enfoncer des clous – grimacer de douleur – s'exercer au tir à l'arc

346 **Écris les verbes en *italique* à l'imparfait de l'indicatif.**
L'avion *amorce* son atterrissage. – Vous nous *agacez* avec vos plaisanteries de mauvais goût. – Nous *annonçons* à toute la classe que le bibliobus est arrivé. – Le couloir est plongé dans le noir, j'*avance* à tâtons. – Poussés par le vent, les parachutistes *se balancent* lentement. – Maman *berce* son enfant. – Le mécanisme du volet roulant *se coince* à la moindre occasion. – La partie *commence* toujours par le tirage au sort du terrain ; l'arbitre *lance* une pièce en l'air et il *regarde* sur quelle face elle *est* tombée. – Le champion d'échecs *déplace* ses pièces, après de longues minutes de réflexion.

copie et retiens

tirer - le tirage - se retirer - le tireur - le tiret - le tir - étirer - tirailler la réflexion - la connexion - une flexion - l'annexion

L'imparfait de l'indicatif

Les verbes en -ger

observe

À la cour de Louis XIV, chacun **partageait** les faits et gestes du roi. Par exemple, lorsque la famille royale **mangeait**, les courtisans s'**arrangeaient** pour se placer près de la table et ils ne perdaient pas une miette – si l'on peut dire ! – du spectacle. Parfois le roi **échangeait** quelques mots avec eux ; ils en étaient flattés et pensaient prendre de l'importance. Quelle vanité !

retiens

À l'imparfait de l'indicatif, les verbes terminés par **-ger** prennent un **e** après le **g**, pour conserver le son [ʒ] devant les terminaisons débutant par **a**.

chacun partageait ; elle mangeait ; ils s'arrangeaient ; le roi échangeait

exercices ▸ Corrigé p. 271

347 **Conjugue les verbes à l'imparfait de l'indicatif ; pour les troisièmes personnes, choisis des groupes nominaux comme sujets.**

déménager l'armoire – négliger les détails – engager la conversation – dégager l'entrée du garage – charger la batterie – se diriger vers la sortie

348 **Écris les verbes en *italique* à l'imparfait de l'indicatif.**

Les chevaliers *assiègent* le château fort. – Comme il y *a* une voie d'eau, le navigateur *allège* le bateau au maximum. – Toutes les voitures *convergent* vers le centre de la capitale. – Pas très convaincu, tu *abrèges* les explications. – Nous *voyageons* dans le wagon de queue. – Je *vidange* régulièrement le moteur de la tondeuse à gazon. – Quand vous *avez* mal à la tête, vous *soulagez* la douleur en prenant un médicament. – La baleine *émerge* pour respirer, puis *replonge*. – Ces deux amis *échangent* leur numéro de téléphone.

✂ copie et retiens

un point de vue - arriver en vue de - à vue d'œil - un échange de vues - à perte de vue - à première vue - un changement à vue - avoir des vues sur

136 *Complète les paroles de cette chanson populaire avec les verbes **être** ou **avoir** écrits à l'imparfait de l'indicatif.*

Quand j'... chez mon père
Apprenti pastouriau,
Il m'a mis dans la lande
Pour garder les troupiaux.

Troupiaux, troupiaux,
Je n'en ... guère,
Troupiaux, troupiaux,
Je n'en ... biaux.

Mais je n'en ... guère,
Je n'... qu'trois agneaux
Et le loup de la plaine
M'a mangé le plus biau.

Il ... si vorace
N'a laissé que la piau,
N'a laissé que la queue,
Pour mettre à mon chapeau.

137 *Dans chaque colonne, un verbe n'est pas conjugué à l'imparfait de l'indicatif ; encadre-le. (Cherche bien l'infinitif de chaque verbe.).*

nous plions	vous éclatiez	je pleurais
nous défilions	vous dictiez	je vivrais
nous détalions	vous achetiez	je colorais
nous rigolions	vous traitiez	je montrais
nous bricolions	vous balbutiez	je mesurais
nous parlions	vous écoutiez	je révisais
nous jonglions	vous débutiez	je séparais

138 *Change une lettre du verbe entre parenthèses pour obtenir un autre verbe qui complètera la phrase et que tu écriras alors à l'imparfait de l'indicatif.*

(soigner) Tu ... en abondance et il a fallu recoudre la plaie.

(baigner) Vous ne ... pas répondre aux sarcasmes de vos ennemis.

(désigner) Nous nous ... car nous savions que la partie était perdue.

(rogner) Les yeux bandés, je me ... dans tous les meubles.

(aligner) Vous ... des yeux pour échapper aux rayons du soleil.

139 *Trouve un nom de la même famille que ces verbes. En cas de doute sur l'orthographe, consulte un dictionnaire.*

étiqueter → l'étiquette

atteler	→ ...	renouveler	→ ...	denteler	→ ...
ficeler	→ ...	modeler	→ ...	harceler	→ ...
haleter	→ ...	étinceler	→ ...	morceler	→ ...
niveler	→ ...	ruisseler	→ ...	ensorceler	→ ...

L'imparfait de l'indicatif

Les verbes en -ir (2ᵉ groupe)

observe

Au printemps, toute la famille **envahissait** le jardin ; papa distribuait les tâches et nous **choisissions** selon nos préférences ! Tu **élargissais** les allées, j'**enrichissais** le sol en versant de l'engrais, maman taillait les rosiers et papa bêchait. Nous **finissions** la journée avec les mains pleines d'ampoules. Et, comme chaque année, mes parents **agrandissaient** le jardin, nous redoutions l'arrivée des beaux jours.

retiens

À l'imparfait de l'indicatif, tous les verbes du 2ᵉ groupe ont les mêmes terminaisons : **-ais, -ais, -ait, -ions, -iez, -aient,** toujours précédées de l'élément **-iss-**.
j'enrichissais ; tu élargissais ; elle envahissait ; nous choisissions ; vous finissiez ; ils agrandissaient

exercices ▸ Corrigé p. 271

349 **Écris les verbes aux premières personnes (singulier et pluriel) du présent de l'indicatif, puis aux mêmes personnes à l'imparfait de l'indicatif.**

aboutir au même résultat – établir un nouveau record – pâlir à la vue d'une seringue – se rafraîchir le gosier – rajeunir de jour en jour – ralentir à l'entrée du village – réagir devant les injustices – réfléchir à une autre solution

350 **Écris les verbes entre parenthèses à l'imparfait de l'indicatif.**

Au fur et à mesure du déroulement des épreuves, tu (t'enhardir) et tu (trouver) de plus en plus de bonnes réponses. – Les soldes (tirer) à leur fin et les rayons (se dégarnir) ; seules (rester) les tailles les plus grandes. – Certains « sorciers » africains (guérir) les malades avec des infusions d'herbes et des cataplasmes de plantes. – Pour le carnaval, je (se noircir) le visage avec du cirage. – Pendant que les grappes (mûrir), monsieur Benoît (préparer) ses tonneaux. – Le moniteur (répartir) équitablement les meilleurs joueurs dans les deux équipes ; ainsi les parties (être) intéressantes.

351 **Écris les verbes en *italique* à l'imparfait de l'indicatif.**

Au départ du rallye, les puissants moteurs ***vrombissent***. – Mon grand-père ne ***vieillit*** pas ; il ***joue*** au Scrabble comme un champion ; à croire qu'il ***a*** un dictionnaire dans la tête. – Chaque année, au printemps, la campagne ***reverdit*** et les arbres fruitiers ***fleurissent***. – Le jour de son mariage, ma sœur Rachel ***resplendit*** de bonheur. – À la pétanque, je ***réussis*** souvent des carreaux, lorsque la boule n'***est*** pas trop loin ! – Tu ***obéis*** aux gestes du chef d'orchestre et tu ***saisis*** ton archet.

352 **Complète par des verbes du 2ᵉ groupe que tu écriras à l'imparfait de l'indicatif.**

Pendant ma maladie, je mai... chaque jour un peu plus et on fi... par me comparer à un fil de fer ! Heureusement, j'ai repris du poids depuis. – Il était interdit de plonger dans le petit bassin et vous ne déso... jamais aux ordres du maître nageur. – Quand elles sentaient l'odeur de la gazelle, les lionnes ru... et s'élançaient à sa poursuite. – Quand le torrent était pratiquement à sec, nous le fr... en marchant sur les grosses pierres. – Le feu d'artifice était magnifique ; des fusées jai... de tous les côtés et éclataient en gerbes de fleurs dans un bruit assourdissant.

353 **Écris les verbes entre parenthèses à l'imparfait de l'indicatif.**

Les esclaves noirs (périr) en grand nombre dans les plantations de coton américaines. – À l'école maternelle, tu (pétrir) la pâte à modeler à longueur de journée. – Quand il (ne pas y avoir) de réfrigérateur, le beurre (rancir) rapidement et il (être) immangeable. – À piétiner dans la neige, nous (se refroidir) et nous (remuer) les bras pour faire circuler le sang, comme le (répéter) monsieur Viardot ! – Comme vous (avoir) bon cœur, vous (se réjouir) chaque fois que nous (décrocher) une bonne note.

354 **Écris les verbes entre parenthèses à l'imparfait de l'indicatif.**

Lors de chaque concert de ce chanteur, des admirateurs plus hardis que d'autres (envahir) la scène. – Grâce à mes professeurs, j'(élargir) chaque année l'étendue de mes connaissances. – Tu (jouir) d'une excellente réputation de batteur, pourquoi l'as-tu gâchée en ne travaillant plus ? – Pour éteindre les débuts d'incendie, les pompiers (se munir) d'extincteurs. – Tout le monde (être) d'accord : Jessy (embellir) de jour en jour. – À quatre ans, Mozart (éblouir) toutes les cours d'Europe par son talent exceptionnel. – Nous (applaudir) les marionnettistes du théâtre de Guignol. – Grâce à votre gentillesse, vous (aplanir) toutes les difficultés.

☞ **copie et retiens**

aplanir - apercevoir - aplatir - apaiser - s'apitoyer - l'apéritif
applaudir - apparaître - appliquer - apporter - approuver - l'appétit

L'imparfait de l'indicatif

Les verbes du 3ᵉ groupe

Le matin de Noël, vous n'**attendiez** pas le lever du jour pour vous approcher du sapin. Les enfants **voulaient** savoir par où le Père Noël était passé ; je leur **répondais** qu'il **venait** juste de quitter la cheminée. Après, nous **ouvrions** les cadeaux et chacun **tenait** à faire fonctionner ses jouets. Nous **vivions** des heures merveilleuses, en attendant le traditionnel repas avec la dinde aux marrons.

retiens

À l'imparfait de l'indicatif, tous les verbes du 3ᵉ groupe ont les mêmes terminaisons : **-ais, -ais, -ait, -ions, -iez, -aient.**
répondre → je répondais ; venir → tu venais ; tenir → elle tenait ;
vivre → nous vivions ; attendre → vous attendiez ; vouloir → ils voulaient

exercices Corrigé p. 272

355 Complète les phrases avec des sujets de ton choix ; respecte les accords.

... accouriez dès que ... sentiez la bonne odeur des crêpes sucrées. – ... combattaient les épidémies comme ... pouvaient, car ... n'avaient pas beaucoup de médicaments à leur disposition. – ... détenions un secret important. – ... pendais tes vêtements près de la cheminée pour qu'ils sèchent plus vite. – Après des heures passées à écrire à mon bureau, ... ressentais de la fatigue au bout des doigts. – En 1 200, ... ne comprenait pas toutes les provinces qui composent aujourd'hui notre pays.

356 Écris les verbes aux premières personnes (singulier et pluriel) du présent de l'indicatif, puis aux mêmes personnes à l'imparfait de l'indicatif.

attendre l'heure de la sortie
suivre les sentiers balisés
se rendre au restaurant
ne pas décevoir ses amis

sortir par la porte de secours
courir derrière l'autobus
abattre ses cartes
s'accroupir au bord de la mare

357 **Conjugue les verbes à l'imparfait de l'indicatif ; pour les troisièmes personnes, tu choisiras des groupes nominaux comme sujets.**

confondre les sons
se mettre au travail de bon cœur
parvenir au centre de la ville
s'endormir en début de soirée
obtenir des explications
se souvenir des dernières vacances

recevoir des compliments
admettre une erreur
fondre en larmes
défendre ses opinions
acquérir de l'assurance
se battre contre les moulins

358 **Écris les verbes entre parenthèses à l'imparfait de l'indicatif.**

Avant d'avoir un garage, monsieur Duivon (recouvrir) tous les soirs sa voiture d'une bâche. – Vous (entretenir) une relation avec vos amis de Frontignan. – Les espaces construits (s'étendre) chaque jour un peu plus. – Pour atteler un cheval à une carriole, il (falloir) avoir l'habitude et de la patience. – Après chaque bêtise, tu (promettre) toujours de ne plus recommencer. – Quand j'(être) petite, j'(ouvrir) les cadeaux du Père Noël sans trop me poser de questions sur son existence réelle. – À la campagne, la cuisine (servir) de pièce unique. – Tu (venir) changer tes livres à la bibliothèque tous les mercredis.

359 **Écris les verbes en *italique* à l'imparfait de l'indicatif.**

Nous *apercevons* les remparts de Saint-Malo. – Vous *compromettez* la réussite de l'opération. – Je *contiens* ma colère. – Tu *descends* pour vider la boîte aux lettres. – Blanche-Neige *devient* plus belle de jour en jour. – Mes parents n'*omettent* jamais de me souhaiter mon anniversaire. – Caroline *cueille* des roses pour embellir son appartement. – Au cours des repas de famille, les mêmes histoires *reviennent* toujours. – Christine *poursuit* une idée fixe : travailler en Amérique du Sud. – Avec un peu de patience, nous *obtenons* plus facilement ce que nous *voulons*.

360 **Écris les verbes entre parenthèses à l'imparfait de l'indicatif.**

Les douaniers (consentir) à nous laisser passer parce que nous (avoir) une petite voiture. – Tu (retenir) tes tables de multiplication avec facilité. – Quand je (répondre) sans réfléchir, je (se tromper) une fois sur deux. – Vous (intervenir) pour faire cesser les bavardages inutiles. – Quand il (pleuvoir), nous (convenir) de ne pas aller nous entraîner sur le terrain du stade des Brosses, toujours inondé. – Je ne sais pas comment les bergers (tondre) leurs moutons autrefois.

copie et retiens

mystérieux - sérieux - chaleureux - coléreux - dangereux - délicieux - douteux - ennuyeux - furieux - heureux - gracieux - généreux - peureux

L'imparfait de l'indicatif

Quelques verbes particuliers

Autrefois, je ne **connaissais** pas la manière d'utiliser un traitement de texte et j'**écrivais** avec un stylo. Ma sœur me **disait** que je perdais du temps alors qu'elle allumait et **éteignait** son ordinateur comme on tourne un bouton. Je la **voyais**, triomphante, présenter une page parfaitement nette, qu'elle **reproduisait** en autant d'exemplaires qu'elle souhaitait, alors que je **faisais** pâle figure avec mon travail manuscrit. J'ai donc décidé d'apprendre à me servir du traitement de texte !

retiens

À l'imparfait de l'indicatif, tous les verbes ont les mêmes terminaisons : **-ais, -ais, -ait, -ions, -iez, -aient.**
Pour certains verbes du 3e groupe, le radical est modifié.
(C'est la même modification qu'à la 1re personne du pluriel du présent de l'indicatif.)

connaître	→ je connaissais	écrire	→ j'écrivais
dire	→ elle disait	éteindre	→ elle éteignait
voir	→ je voyais	reproduire	→ elle reproduisait
faire	→ je faisais	boire	→ je buvais

exercices ▶ Corrigé p. 272

361 **Écris les verbes aux premières personnes (singulier et pluriel) du présent de l'indicatif, puis de l'imparfait de l'indicatif.**
éteindre toutes les lumières
s'asseoir devant sa console de jeux
déduire les frais de transport
s'instruire en s'amusant
relire la notice de montage
fuir la fumée du cigare

362 **Écris les verbes entre parenthèses à l'imparfait de l'indicatif.**
Les médecins de Molière (prescrire) toujours la même chose, quelle que soit la maladie : des saignées et des lavements. – S'il (suffire) que l'on souffle dessus pour que le travail se fasse, ce serait formidable ; mais ce n'est jamais le cas ! – Ne sachant quoi répondre, vous (se taire) et vous (attendre) une indication supplémentaire. – Les premières automobiles (apparaître) comme des monstres fonçant sur les populations affolées.

180

363 **Écris les verbes en *italique* à l'imparfait de l'indicatif.**
Comme par enchantement, les fantômes *disparaissent* dès que *sonnent* les douze coups de minuit. – Chaque automne, la rivière *atteint* sa cote d'alerte. – Malgré nos conseils, tu *refais* les mêmes erreurs. – Les mauvaises herbes *croissent* à foison dans ce jardin. – Je *peins* des soleils bleus et des arbres rouges ; pourquoi pas ?

364 **Remplace les verbes en *italique* du 1ᵉʳ groupe par des verbes synonymes du 3ᵉ groupe ; écris-les à l'imparfait de l'indicatif.**
Tu peux utiliser un dictionnaire.
(boire – croire – s'enfuir – conduire – résoudre)
Avant de partir au combat, les Gaulois *avalaient* une gorgée de potion magique du druide Panoramix ; sauf Obélix puisqu'il était tombé dans la marmite quand il était petit ! – Au Moyen Âge, on *pensait* que la Terre était plate. – Dès que tu avais un moment de libre, tu t'*échappais* dans le terrain vague où tu vivais, en imagination, des aventures merveilleuses. – Monsieur Perrot *pilotait* son gigantesque bulldozer avec une habileté sans pareille. – Même sans calculatrice, nous *solutionnions* tous les problèmes sans difficulté.

365 **Écris les verbes entre parenthèses à l'imparfait de l'indicatif.**
Les yeux du matou (luire) dans le noir et (effrayer) les petites souris grises. – Quand je (lire) mon livre d'histoire, je (haïr) les négriers qui (battre) les esclaves et qui (ne rien respecter). – Quand un serf (commettre) un délit, il (comparaître) devant la justice du seigneur qui, généralement, le (jeter) en prison où il (se morfondre) quelques mois. – Grâce à ta gentillesse, tu (plaire) à tous tes camarades qui t'(élire) régulièrement délégué de classe. – Au XIXᵉ siècle, les mineurs (extraire) le charbon à la pioche ; on a peine à imaginer cela aujourd'hui.

366 **Écris les verbes à l'imparfait de l'indicatif en changeant les sujets.**
Tu faisais un brouillon, puis tu écrivais le texte définitif de ton exposé.
Le professeur ...   Farid et Quentin ...
Nous ...   Vous ...
Je ..   Lilian ...
Je construisais des châteaux de sable que les vagues détruisaient.
Tu ... que je ...
Les enfants ... que la mer ...
Nous ... que vous ...
Adèle ... que la marée ...
Vous ... que des garnements ...

©✎ copie et retiens

l'exposé - exposer - l'exposition - l'exposant - imposer - déposer
détruire - la destruction - destructeur - indestructible - destructif

Révision

140 *Complète les phrases avec un contraire du verbe entre parenthèses (c'est un verbe du 2ᵉ groupe) que tu écriras à l'imparfait de l'indicatif.*

(commencer)   **Tu finissais toujours ton travail avant les autres.**

(se réchauffer)   Seuls dans l'immensité glacée, nous ... d'heure en heure.
(lâcher)   Je ... la corde à nœuds quand elle passait à ma portée.
(détruire)   Les maçons ... une maison pour monsieur Colin.
(diminuer)   Chaque année, monsieur Rays ... un peu plus son domaine.
(se faner)   La rose ... dès les premiers beaux jours.
(éparpiller)   Nous ... les pièces du puzzle au centre de la table.

141 *Charades. Les quatre mots à trouver sont tous des verbes conjugués à l'imparfait de l'indicatif.*

Mon premier indique le lieu.
Mon second est le contraire de faux.
Mon tout donnait le passage.   ...

Mon premier est entre la tête et le tronc.
Mon second partage les cheveux.
Mon tout était toujours pressé.   ...

La sorcière jette mon premier.
Mon second recouvre l'oreiller.
Mon tout ne restait pas à l'intérieur.   ...

Mon premier est un animal chassé par le chat.
Mon second sépare les champs.
Mon tout montrait sa satisfaction.   ...

Mon premier vient après 99.
Mon second dérobait.
Mon tout utilisait ses ailes pour quitter le sol.   ...

142 *Le verbe* faire *est souvent employé dans des expressions au sens figuré. Cherche le sens de ces expressions et emploie-les dans des phrases en écrivant le verbe* faire *à l'imparfait de l'indicatif.*

faire le pont
→ **Lors du week-end du 14 Juillet, comme les employés faisaient le pont, l'usine a été fermée pendant quatre jours.**

faire la tête
faire ni chaud, ni froid
ne rien faire de ses dix doigts
faire table rase
en faire ses choux gras

faire des pieds et des mains
faire le gros dos
faire des lacets
en faire tout un plat
se faire du mauvais sang

143 *Conjugue les verbes à l'imparfait de l'indicatif.*

être devant les caisses du supermarché
être dans les couloirs du métro
être sur le plongeoir
être au courant de l'histoire
être passionné par l'émission
être derrière la maison
être exigeant dans son travail
être à l'ombre

ne pas être en danger
être dans le doute
être assis à l'avant
être sous la pluie
être capable de skier
être à la patinoire
être content
être sûr de répondre

144 *Remplace le verbe en italique par un verbe du 1ᵉʳ groupe, pour que la phrase ait un sens complètement farfelu. Écris les verbes à l'imparfait de l'indicatif.*

Je cherchais des champignons. → Je promenais des champignons.

Charly *remontait* sa montre.
Tu *dépensais* de l'argent.
Le chat *léchait* ses pattes.
Nous *aimions* les vacances.
Les ouvriers *fabriquaient* des lunettes.
Vous *écoutiez* de la musique.
Les chevaux *sautaient* la haie.
J'*affrontais* la tempête.
Tu *modifiais* ton code secret.

145 *Complète avec un pronom personnel qui convient.*

Étais-… sûre de ta réponse ? – En colonie de vacances, … étiez au bord de l'océan. – … était bien la seule à ne pas aimer la musique techno. – … étais devant mon problème, incapable de trouver la solution. – … étions encore au lit, quand la sonnerie du téléphone retentit. – … étaient toujours chaudement habillées. – … étais considéré comme un futur champion de natation. – Pour le carnaval, … étais costumée en sorcière. – … n'était appliqué que lors de contrôles. – À la disparition de notre chat Grisou, … étions bien tristes. – … n'étiez pas en France pendant les vacances.

146 *Conjugue le verbe* avoir *à l'imparfait de l'indicatif.*

avoir le souffle coupé
avoir un talent d'artiste
avoir une taille de guêpe
avoir de la suite dans les idées
avoir du ketchup dans son assiette
avoir un maillot rayé
avoir des cheveux blonds

avoir le dos au mur
avoir la bosse des maths
avoir sa flèche de bronze
ne pas avoir le sens des affaires
ne pas avoir froid aux yeux
avoir des chaussures neuves
avoir de la chance

Révision

147 *Écris les verbes entre parenthèses à l'imparfait de l'indicatif.*

En prison, Edmond Dantès (chercher) à savoir qui l'avait dénoncé. – Dans leur jeunesse, mes parents (militer) pour la défense des droits de l'homme. – Vous (ne rien avoir) à dire, mais vous (monopoliser) quand même la parole. – La perspective d'un bon bain chaud nous (motiver) et nous (accélérer) la cadence ; le chalet (se deviner) dans le lointain. – Nos grands-parents (occuper) les longues veillées d'hiver à de menus travaux : les femmes (broder), les hommes (réparer) les outils et les enfants (jouer) sur le sol ; la télévision (ne pas exister), alors, les gens (parler) beaucoup. – Tu (adorer) les glaces au citron, mais tu (laisser) les biscuits secs que l'on (disposer) autour. – À l'école maternelle, je (tutoyer) mes camarades mais je (vouvoyer) la directrice comme mes parents me l'(avoir) recommandé.

148 *Écris les verbes entre parenthèses à l'imparfait de l'indicatif.*

Les gabelous (démanteler) les réseaux de faux sauniers qui (se livrer) à la contrebande du sel. – Bien souvent, les vieilles locomotives à vapeur (haleter) lorsqu'elles (tirer) un long convoi. – Nous (empaqueter) les cadeaux de Noël. – Vous (projeter) un déplacement à Albi. – Plein d'ardeur, tu (s'atteler) à la tâche : repeindre tout le plafond. – Je (harceler) le bureau de location afin d'obtenir deux places pour le concert des *Kings*. – Depuis douze ans, les électeurs (renouveler) leur confiance à monsieur Serre, parce que c'était un bon maire. – Savez-vous comment (s'appeler) la place de la Concorde, à Paris ? – Les rois (cacheter) leur courrier avec de la cire.

149 *Écris les verbes entre parenthèses à l'imparfait de l'indicatif.*

Le pivot de l'équipe de Prissé (percer) régulièrement la défense adverse et (foncer) vers le panier. – Quand j'(utiliser) des tenailles, je (se pincer) souvent les doigts. – Les anciennes fusées ne (placer) les satellites sur orbite qu'avec beaucoup de difficultés. – Autrefois, les juges (prononcer) les sentences devant une foule de badauds. – Les explosions de gaz (renforcer) la crainte de voir le volcan entrer en éruption. – Quand tes amis de la compagnie de théâtre (parler), tu (renoncer) à prendre la parole. – Les automates (remplacer) les ouvriers aux postes dangereux sur les chaînes de montage, et ceux-ci se (retrouver) moins exposés aux accidents. – Les menuisiers (renforcer) les charnières de la porte d'entrée. – Mal graissée, la poulie (grincer).

150 *Écris les verbes entre parenthèses à l'imparfait de l'indicatif.*

Autrefois, les nobles (se venger) d'un affront en se battant en duel. – La rouille (ronger) la grille du portail. – Les seigneurs (protéger) leurs vassaux en les accueillant dans leur château. – Vous (exiger) une modification du règlement. – Nous (partager) ton point de vue. – En 1996, tu (loger) dans une tour du quartier du Terraillon. – Avant de connaître Internet, j'(interroger) le Minitel. – Au Moyen Âge, la peste (ravager) les villes, surtout celles du sud de la France. – Perdus dans le désert du Nevada, les cow-boys (ménager) leurs réserves d'eau. – Les soldats (assiéger) les villes fortifiées parfois pendant des mois.

151 *Écris les verbes entre parenthèses à l'imparfait de l'indicatif.*

L'ébéniste (vernir) les meubles. – Nous (ne pas trahir) la confiance que vous aviez mise en nous. – Quand tu (être) sur les chevaux de bois, tu (saisir) au vol la queue que le forain (agiter), et tu (gagner) un tour supplémentaire. – Pendant la présentation des équipes, les supporters des deux camps (unir) leur voix pour encourager les footballeurs. – Quand on me (parler) un peu trop fort, je (rougir). – Jadis, les paysans (subir) le passage des armées et (nourrir) gratuitement les soldats. – Il (resplendir) de bonheur quand on (fêter) son anniversaire. – Tu (rafraîchir) ton jus d'orange avec des glaçons. – Monsieur Carlos (fournir) des blocs de marbre au sculpteur pour lui permettre de réaliser ses projets.

152 *Écris les verbes entre parenthèses à l'imparfait de l'indicatif.*

Il y a quelques années, les ormes (mourir) les uns après les autres, victimes d'un mystérieux champignon. – Nos ancêtres (ne pas vivre) très vieux. – Avec ce corset de plâtre, tu (souffrir) le martyre. – Lorsque je (s'entraîner) à la barre fixe, je (se tordre) souvent les poignets. – Vous (perdre) tous les paris que vous (engager). – Nous (secourir) les personnes sans ressources et sans abri. – Les Corses (prévenir) les marins égarés en allumant des feux pour signaler la présence de la côte. – Les policiers (émettre) des doutes sur les déclarations du suspect. – Dans ce virage, les véhicules (mordre) régulièrement la ligne blanche. – À l'arrivée du directeur de l'école, les jeux et les bavardages (s'interrompre). – Les naufragés (recueillir) l'eau de pluie pour se rafraîchir. – Une lieue (correspondre) à peu près à quatre kilomètres.

153 *Écris les verbes entre parenthèses à l'imparfait de l'indicatif.*

Autrefois, les élèves (apprendre) à écrire avec un porte-plume qu'ils (tremper) dans un encrier ; s'ils (pouvoir) voir fonctionner les ordinateurs, que diraient-ils ? – Un gros cadenas (interdire) l'entrée du parc. – Chaque fois que vous (devoir) faire la vaisselle à la main, vous (maudire) le réparateur qui (promettre) toujours de venir sur l'heure, et qui n'(arriver) qu'une semaine plus tard. – Quand je te (dire) que tu (aller) faire une bêtise, tu ne me (croire) pas, et bien maintenant, elle est faite : le seau de peinture est renversé ! – Lorsque nous (bâtir) des châteaux de sable sur la plage, nos amis (venir) nous aider à les décorer. – Dans le jardin, les moineaux (accourir) pour engloutir les miettes de pain que leur (jeter) Nicolas et Marie. – L'eau (bouillir) depuis dix minutes et tu (ne pas s'en apercevoir). – Nous (courir) derrière le camion de la caravane publicitaire pour attraper des casquettes en papier. – Les enfants (se distraire) en faisant des mots croisés. – Le peintre (enduire) d'abord les murs d'une couche de peinture blanche. – Lorsque vous (entendre) la sonnerie du téléphone, vous (sursauter) toujours.

Le passé simple

Le verbe être

observe

Comme je devais prendre le train pour aller chez toi, je **fus** prête en un instant. Mes parents **furent** d'accord pour me laisser partir seule. À huit heures, j'étais à la gare ; l'attente ne **fut** pas trop longue. Ma place se trouvait près de la fenêtre, j'avais tout loisir d'admirer le paysage. À Nancy, tu **fus** toute surprise de me voir seule, mais bien vite nous **fûmes** dans la voiture de tes parents : les vacances commençaient !

retiens

Je fus d'accord.	Elle fut d'accord.	Vous fûtes d'accord.
Tu fus d'accord.	Nous fûmes d'accord.	Ils furent d'accord.

Le passé simple est surtout le **temps du récit écrit** ; les deux premières personnes du pluriel ne sont plus très souvent employées.

exercices ▸ Corrigé p. 272

367 **Conjugue les verbes au passé simple.**

être surpris par la question – être rapidement sur pieds – être en difficulté – être distrait par la musique – être tout de suite d'accord – en être pour ses frais – être digne dans la défaite – être exigeant sur la qualité – être devant le guichet de la poste

368 **Complète avec le verbe** être **que tu écriras au passé simple.**

Comme tu me l'avais demandé, je ... à l'heure au rendez-vous. – Dès la première sonnerie, tu ... devant le téléphone, prêt à décrocher. – L'auteur de l'accident ... condamné à verser une forte amende. – Après vous avoir bien écouté, nous ... de votre avis : il fallait prendre une décision sans tarder. – Quand vous ... dans la grotte, vos torches s'éteignirent et ce ... la panique. – Partis dès l'aube labourer les champs, mes parents ne ... de retour qu'en fin d'après-midi. – Le combat ... héroïque, mais que pouvait faire Sylvain Desbois contre un adversaire aussi expérimenté ?

copie et retiens

sonner - la sonnette - la sonnerie - le sonneur - le son - supersonique la grotte - la botte - la hotte - la flotte - la culotte - la bougeotte - la cocotte

Le passé simple

Le verbe avoir

observe

En voyant la liste des musiciens, j'**eus** un coup au cœur : mon nom ne figurait pas sur la liste des membres de l'orchestre ! J'étais effondrée et mes camarades **eurent** beau me réconforter, je pleurais à chaudes larmes. Heureusement que tu **eus** la présence d'esprit d'aller demander des explications au directeur de l'école de musique. Il **eut** rapidement la raison de cet oubli : il avait sauté un nom en copiant la liste.

retiens

J'eus un coup au cœur.	Nous eûmes un coup au cœur.
Tu eus un coup au cœur.	Vous eûtes un coup au cœur.
Elle eut un coup au cœur.	Ils eurent un coup au cœur.

Le passé simple est surtout le temps du **récit écrit** ; les deux premières personnes du pluriel ne sont plus très souvent employées.

exercices Corrigé p. 272

369 Complète par le verbe avoir au passé simple.

En quelques heures, les camelots ... vendu tous leurs stocks d'appareils ménagers. – Ce feuilleton ... un succès exceptionnel ; des millions de téléspectateurs l'ont regardé. – Nous ... l'honneur d'entrer les premiers dans la salle de réception de la mairie. – J'... soudain l'impression que quelqu'un cherchait à me parler. – Dans ta jeunesse, tu ... la chance de beaucoup voyager avec tes parents. – À la vue du serpent, vous ... un mouvement de recul bien compréhensible.

370 Conjugue le verbe avoir au passé simple. Pour les troisièmes personnes, choisis des groupes nominaux comme sujets.

avoir les coudées franches
avoir beaucoup de chance
avoir des places gratuites

avoir une idée géniale
avoir une seconde d'inattention
avoir une excellente idée

copie et retiens

l'orchestre - orchestrer - l'orchestration - le chœur - la chorale - le choriste l'abbé - l'abbaye **mais :** *abattre - abandonner - abîmer - aboyer*

187

Le passé simple

Les verbes en **-er** (1er groupe)

Corrigé p. 272

observe

Les déménageurs **arrivèrent** à l'aube et, en quelques minutes, l'appartement **ressembla** à un entrepôt de meubles. Je **regardai** ces colosses jongler avec les chaises et les armoires. Soudain, tu **poussas** un cri : ton bureau venait de disparaître par la fenêtre, happé par un élévateur installé au milieu de la rue. Au soir de cette mémorable journée, nous **constatâmes** que tout était en ordre dans le nouveau logement : un vrai miracle !

retiens

Au passé simple, tous les verbes du 1er groupe prennent les mêmes terminaisons : **-ai, -as, -a, -âmes, -âtes, -èrent.**

je regardai   elle ressembla   vous cherchâtes
tu poussas   nous constatâmes   ils arrivèrent

Les deux premières personnes du pluriel sont peu souvent employées.

exercices

371 **Conjugue les verbes au passé simple. Pour les troisièmes personnes, choisis des groupes nominaux comme sujets.**

distribuer les cahiers
s'abriter sous le porche
surmonter sa déception
éviter les encombrements
participer au carnaval

savourer un poulet basquaise
dévorer le gâteau des yeux
consulter l'annuaire
profiter de la douceur du climat
corriger des copies

372 **Écris les verbes entre parenthèses au passé simple.**

Pour achever de te coiffer, tu (vaporiser) un peu de laque sur tes mèches. – Les techniciens du centre spatial (chronométrer) toutes les opérations de préparation de la fusée. – À six ans, je (réciter) déjà des *Fables* de La Fontaine. – Nadia (épingler) une photo de son animal favori au mur de sa chambre. – En quelques secondes, vous (dévorer) une pile de croque-monsieur ; quel appétit ! – Avant de nous élancer, nous (tester) la résistance de la corde. – Après le passage du train, les barrières du passage à niveau (se relever).

373 **Écris les verbes entre parenthèses au passé simple.**

À neuf, les joueurs de Sochaux (résister) plus d'une heure, mais ils (s'avouer) vaincus dans les dernières minutes de la partie. – Quand les peintres abstraits (oser) exposer leurs tableaux, le public (s'étonner) d'une telle audace, puis il (s'habituer). – Lors de la Révolution, les sans-culottes (arborer) la cocarde tricolore. – Connaissant la réponse, je (lever) la main. – Sans nous écouter, tu (tourner) à gauche au lieu d'aller à droite et tu (s'égarer).

374 **Écris les verbes entre parenthèses au passé simple.**

À la surprise générale, tu (lancer) ta boule à un centimètre du cochonnet. – Lorsqu'il (décider) d'apprendre le saxophone, Rémi (s'engager) à participer à tous les concerts. – Lorsque monsieur Duval (se retrouver) dans sa frêle embarcation, il (considérer) le ciel menaçant et (décider) de rentrer. – Les pêcheurs (s'enfoncer) dans la vase jusqu'aux genoux. – Quand il (déménager), Lucien (classer) les livres anciens de sa précieuse collection avec un soin particulier, pour ne pas en perdre un seul ! – Pour débloquer l'ouverture du coffre, j'(exercer) une forte pression sur le couvercle.

375 **Écris les verbes en *italique* au passé simple.**

Élisabeth *régale* toutes ses amies avec sa tarte Tatin. – Malgré le verglas, les routiers *contrôlent* parfaitement leur véhicule et aucun accident n'*est* à déplorer. – Nils et Victor *sautent* sur les coussins du canapé à la grande fureur de leurs parents. – Tu *démontes* le boîtier de ta lampe électrique pour changer les piles. – Pour ne pas effrayer les oiseaux, j'*effleure* les barreaux de leur cage afin d'y déposer leur nourriture. – Vous *désapprouvez* tous les changements intervenus dans la disposition des meubles.

376 **Écris les verbes entre parenthèses au passé simple.**

Les Révolutionnaires (proclamer) la République en 1792. – Je (féliciter) Grégory d'avoir pris soin des lapins. – Après ma chute, je (rassurer) mes parents : je n'avais rien de cassé. – Avant de prendre la route, nous (vérifier) la pression des pneus. – Vous (accepter) de faire un détour pour nous rendre service. – Où (dénicher)-tu un chapeau aussi original ? – Comme le parking n'était pas rempli, monsieur Thénoz (ne pas chercher) longtemps une place ; il (se garer) près de la gare. – Au premier soir de la classe de neige, les élèves (chahuter) toute la soirée ; les jours suivants, ils (se calmer), vaincus par la fatigue.

☞ copie et retiens

le référendum - l'album - l'aquarium - le minimum - le maximum - le calcium - le sternum - le géranium - l'aluminium - le critérium

Le passé simple

Les verbes en -ir (2ᵉ groupe)

observe ....

Je me souviendrai longtemps de mon premier saut en parachute.
L'avion volait à moyenne altitude et j'étais harnaché des pieds à la tête.
Au signal, je **franchis** la porte et basculai dans le vide. Mon parachute
ralentit immédiatement ma chute et je **saisis** les suspentes. Tout se
passa ensuite très vite. Les maisons **grandirent** en quelques
secondes et j'**atterris** – heureusement – au milieu du parc municipal.
Tu te précipitas et tu **réussis** à plier le parachute avant qu'il me traîne.

retiens

Au passé simple, tous les verbes du 2ᵉ groupe prennent les mêmes
terminaisons : **-is, -is, -it, -îmes, -îtes, -irent**.

| je franchis | il ralentit | vous réussîtes |
| tu réussis | nous franchîmes | elles grandirent |

Les deux premières personnes du pluriel ne sont plus guère employées.

exercices ▶ Corrigé p. 273

377 **Conjugue les verbes au passé simple. Pour les troisièmes
personnes, choisis des groupes nominaux comme sujets.**

se blottir dans un igloo
se rafraîchir à la source
anéantir un nid de guêpes
définir les règles du jeu

ensevelir des déchets
établir un nouveau record
infléchir sa position
pétrir la pâte

378 **Écris les verbes entre parenthèses au passé simple.**

Au feu rouge, le motard (ralentir) et (se glisser) si près d'un poteau qu'il
(rayer) la carrosserie de son engin ; intrigué par le bruit, un automobiliste
(jaillir) de son véhicule et (bondir) vers le motard. – Distrait, le vendeur
(intervertir) les étiquettes ; certains clients (remarquer) ces prix exception-
nellement bas, et le lui (signaler). – Les eaux glacées de l'Atlantique
(engloutir) le Titanic. – Lorsque le starter (donner) le signal du départ,
tu (réagir) instantanément et tu (se retrouver) en tête. – J'(adopter) un
raisonnement différent du vôtre, mais j'(aboutir) au même résultat. –
Lavée, essuyée, la vaisselle (resplendir) lorsque tu la (poser) sur la
table. – Les petites rivières (grossir) la Sarthe qui (déborder) bien vite.

379 Écris les verbes en *italique* au passé simple.

Les ballons *rebondissaient* sur le cercle et *pénétraient* dans le panier. – Tu *démolissais* le château de cartes que j'avais si patiemment construit. – Le coureur *gravissait* la dernière côte en zigzaguant : aucun doute, il était au bord de la défaillance. – Les mineurs de fond et les fondeurs *jouissaient* d'une retraite bien méritée. – Au soleil, le rideau *jaunissait* rapidement. – Tu *remplissais* les seaux à ras bord. – L'hydravion *amerrissait* tout en douceur. – Les habitants de Clessé *fleurissaient* leur village à l'occasion de la fête de l'été. – En 1981, les députés français *abolissaient* la peine de mort.

380 Écris les verbes entre parenthèses au passé simple.

Seuls dans l'immense chalet, vous (se divertir) en jouant aux cartes jusqu'au coucher du soleil. – Les étudiants (éblouir) les membres du jury par l'étendue de leurs connaissances. – À neuf heures précises, le public (investir) les stands du salon de l'Agriculture. – Sous l'effet de la chaleur du four, les couronnes de pain (durcir) trop vite, au grand désespoir du boulanger. – Monsieur Quaglio (agrandir) sa salle à manger en supprimant une cloison. – L'eau (assouplir) les brins d'osier. – Tu (trahir) ton inquiétude en te rongeant les ongles.

381 Écris les verbes entre parenthèses au passé simple.

L'avion avait perdu une roue, mais le pilote (accomplir) un véritable exploit en posant l'appareil sans encombre. – Le romancier manquait d'inspiration et il (noircir) des pages avant de trouver le début du premier chapitre. – Pendant ton séjour à Roanne, tu (maigrir) de deux kilos : avais-tu repris le sport ? – Comme nous étions partis de bonne heure, nous (franchir) le col avant le lever du jour.

382 Écris les verbes entre parenthèses au passé simple ou à l'imparfait de l'indicatif, selon le sens.

Alors que l'été (toucher) à sa fin, les pommes (mûrir) enfin. – Une violente explosion (retentir) et les flancs du volcan (vomir) des flots de lave en fusion. – Les travaux de finition étant achevés, tu (vernir) l'étagère. – Chaque fois que tu (se déplacer) à l'intérieur du bateau, je (rétablir) l'équilibre pour éviter de chavirer ! – La répétition (être) prévue à vingt heures mais les danseurs (se réunir) bien avant, pour les dernières mises au point. – En écoutant seulement quelques mesures, vous (réussir) à retrouver le titre de cette chanson. – Les photographes (attendre) l'acteur devant l'entrée principale de l'hôtel, mais il (surgir) d'une porte dérobée.

⊕ copie et retiens

le flot - la flotte - le flotteur - la flottille - flotter - le flottement
l'équilibre - l'équipe - l'équipage - l'équerre - l'équateur - l'équitation

Le passé simple

Les verbes du 3ᵉ groupe

observe

Depuis quelques jours le cratère fumait. C'est alors que les vulcanologues **descendirent** au plus près de la lave en fusion. À leur retour, ils annoncèrent une éruption prochaine. Peu après, j'**entendis** un sourd grondement, le sol trembla et une nuée de cendres **fondit** sur les flancs du volcan. Nous **sortîmes** de la maison, tu **pris** le volant du véhicule tout terrain et nous **partîmes** nous mettre à l'abri.

retiens

Au passé simple, beaucoup de verbes du 3ᵉ groupe ont, tout comme les verbes du 2ᵉ groupe, des terminaisons en **-is, -is, -it, -îmes, -îtes, -irent**.

j'entendis	elle fondit	vous partîtes
tu pris	nous sortîmes	ils descendirent

Les deux premières personnes du pluriel ne sont plus guère employées.

exercices ▶ Corrigé p. 273

383 Conjugue les verbes au passé simple. Pour les troisièmes personnes, choisis des groupes nominaux comme sujets.

se battre comme un chiffonnier – cueillir des cerises – descendre au bord de l'eau – perdre son mouchoir – sentir la morsure du froid – rire à gorge déployée – servir les asperges – prendre de bonnes résolutions

384 Écris les verbes entre parenthèses au passé simple.

Lorsque l'eau (se mettre) à bouillir, tu (couvrir) la casserole. – Après une petite halte, vous (reprendre) la route. – Les commerçants (vendre) la nouvelle collection de prêt-à-porter. – Tu (se tordre) le poignet en voulant arrêter le ballon. – Un soir du mois d'août, monsieur Peyrac (voir) des étoiles filantes ; il le (raconter) à tout le monde ! – Manon t'avait envoyé une charmante lettre et tu lui (répondre) sur-le-champ. – Lorsque le lampadaire (rendre) l'âme, je (ne pas perdre) mon sang-froid et j'(allumer) une bougie.

⟲ copie et retiens

le nom - le prénom - nommer - surnommer - la nomination - renommé la commande - commander - le commandant - recommander

Le passé simple

Quelques verbes particuliers

observe

Mes grands-parents **naquirent** en Italie et y **vécurent** toute leur enfance. En 1950, ils **obtinrent** l'autorisation d'émigrer en France. Ils **parcoururent** plus de mille kilomètres et ils **parvinrent** à Limoges, où ils **purent** s'installer. Ils **reçurent** un visa provisoire. Mon père **dut** aller à l'école communale, alors qu'il ne parlait pas un mot de français. Mais en un an, il **sut** lire, et **fit** des progrès étonnants. Plus tard, il **connut** maman et ils se marièrent : voilà pourquoi je suis Français !

retiens

Un certain nombre de verbes du 3e groupe comme courir, pouvoir, connaître, recevoir, font leur passé simple en **-us, -us, -ut, -ûmes, -ûtes, -urent**.
ils parcoururent ; ils purent ; il sut ; il connut ; ils reçurent
Au passé simple, les verbes des familles de tenir et venir ont des terminaisons particulières : **-ins, -ins, -int, -înmes, -întes, -inrent**.
ils obtinrent ; ils parvinrent
Quelques verbes du 3e groupe modifient leur radical au passé simple.
naître → ils naquirent ; vivre → ils vécurent ; devoir → il dut ; faire → il fit

exercices ▶ Corrigé p. 273

385 **Conjugue les verbes au passé simple.**
reconnaître les adjectifs – courir après des chimères – retenir un fou rire – parvenir à déchiffrer le texte – vivre des émotions intenses – s'asseoir au fond de la salle

386 **Écris les verbes entre parenthèses au passé simple.**
En sortant, tu **(éteindre)** toutes les lumières et tu **(fermer)** les portes. – Pour mon anniversaire, je **(boire)** un peu de champagne. – Vous **(survenir)** à l'improviste, mais il y avait quand même à manger pour vous ! – Les usines Duval **(produire)** des millions de tables de ce modèle. – Le réalisateur **(entretenir)** le suspense jusqu'au bout et ne **(dévoiler)** pas le nom du coupable.

✂ copie et retiens

éteindre - peindre - teindre - rejoindre mais : *plaindre - craindre*
un million - un millionnaire - un milliard - un milliardaire - le millionième

154 *Conjugue le verbe être au passé simple en employant pour chaque personne un qualificatif et un lieu différents.*

Je fus retenue dans les embouteillages.

Tu ...
Elle ...
Nous ...
Vous ...
Ils ...

155 *Continue selon le modèle, en conjuguant le verbe être au passé simple.*

Je fus le premier à sortir en récréation.

Tu fus le deuxième à ...
Elle ...
Il ...
Nous ...
Vous ...
Ils ...
Elles ...

156 *Complète ces grilles avec les formes conjuguées des verbes avoir et être au passé simple.*

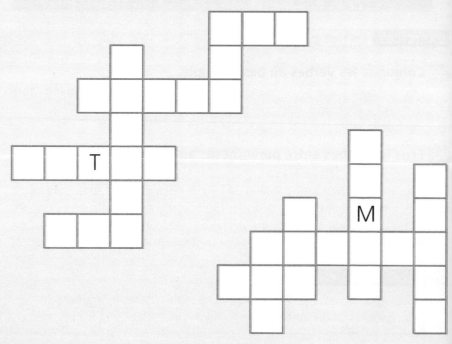

157 *Avec ces onze lettres, trouve dix verbes différents du 2ᵉ groupe conjugués au passé simple et complète les phrases.*

R O N G P U I M T E S

Dès qu'elle entendit son nom, Jenny rou... jusqu'aux oreilles.
Le chiot gé... faiblement ; le vétérinaire allait s'occuper de lui.
Vous pun... vos petites sœurs parce qu'elles avaient désobéi.
La sirène du bateau mug... dans le lointain.
Ce marin pé... en mer, victime d'un stupide accident.
Sous les compliments, nous rou... .
Je me mun... d'une pince coupante pour ôter l'emballage.
Tu réu... les couverts au milieu de la table.
Pasteur gué... un jeune enfant mordu par un chien enragé.
Le melon mû... au soleil de Provence ; nous l'avons dégusté avec plaisir.

158 *Termine les phrases en employant des verbes du 1ᵉʳ groupe au passé simple.*

Nous marchions tranquillement lorsqu'un coup de vent ...
La fête battait son plein quand la pluie ...
Comme j'étais malade, le médecin ...
Mal équilibré, le chargement ...
À l'arrivée de la course, je ...
Au marché de Privas, les forains ...
Pour en avoir le cœur net, le commissaire ...
Comme tu n'avais pas confiance, tu ...

159 *Complète ces légendes avec des verbes du 3ᵉ groupe que tu écriras au passé simple.*

L'échelle lui perm... de monter sur le toit.
Le nourisson sour... à ses parents tout émus.
Le meuble était en mauvais état, le brocanteur cons... une réduction.
Les économistes prom... une amélioration à la Bourse.
Un escabeau suf... pour atteindre le dessus de l'armoire.

160 *Écris une information sur ces personnages historiques. Tu emploieras des verbes au passé simple. (Si tu ne connais pas les détails de leur vie, consulte un dictionnaire.)*

Victor Hugo vécut au xixᵉ siècle. Il fut un grand poète, et il écrivit des romans. Il fut député en 1848 et prit le chemin de l'exil en 1851. Il ne revint en France qu'en 1870. Ses funérailles, en 1885, furent grandioses.

François Iᵉʳ ...   Picasso ...

Jules César ...   Mozart ...

Christophe Colomb ...   Louis XIV ...

Révision

161 *Complète avec un pronom personnel qui convient.*

Pendant tout le repas, ... fut très sage. – ... fûmes intrigués par des bruits en provenance de la cave. – ... furent bien inspirés de ne pas manger ces huîtres dont la provenance était douteuse. – Pendant toutes tes vacances, ... fus en pleine forme. – Quand votre petit chat est tombé de l'arbre, ... fûtes inquiets. – Le film terminé, ... fus dans mon lit en moins de temps qu'il ne faut pour le dire. – Après un vote unanime de tes camarades, ... fus désigné délégué de la classe.

162 *Complète avec les verbes* être *ou* avoir *que tu écriras au passé simple.*

Dès que tu ... ton compas, tu traças des cercles parfaits, mais ce ... bien long avant que tu te décides. – Monsieur Verne ... quelques difficultés à introduire ses pièces dans l'horodateur. – Les visiteurs de l'abbaye ... le privilège d'entendre les moines chanter. – Les fauves ... du mal à trouver une proie pour nourrir leurs petits. – Comme dessert, j'... le choix entre un sorbet au cassis et une île flottante. – Au jeu des chaises musicales, tu ... le plus rapide et tu ... le grand vainqueur ! – Une fois la route déneigée, les automobilistes ... en mesure d'avancer.

163 *Écris les verbes entre parenthèses au passé simple ou à l'imparfait de l'indicatif, selon le sens.*

Comme la voie (être) libre, tu (traverser) sur le passage protégé. – Quand le cardinal de Richelieu (gouverner) la France, il (renforcer) l'absolutisme royal. – Monsieur Mornand (vendanger) ses vignes à la main, jusqu'au jour où il (acheter) une machine. – Nous (s'amuser) dans la cour quand notre mère nous (appeler) pour dîner. – J'(enfoncer) les punaises une à une quand l'une d'elles me (transpercer) le doigt : je (pousser) un cri. – Comme M. Sannier (oublier) toujours quelque chose lorsqu'il (entrer) dans un magasin, il (adopter) le principe de faire une liste avant de partir. – Cendrillon (chausser) la pantoufle que lui (apporter) les envoyés du roi et, miracle, elle (convenir) à son pied.

164 *Complète par des verbes du 2ᵉ groupe que tu écriras au passé simple.*

Plongé dans l'eau bouillante, ce maillot de corps rétr... en quelques minutes de plusieurs centimètres. – Les pintades rôt... à feu doux. – Pris la main dans la boîte de chocolats, tu rou... d'embarras, mais tout le monde sait que la gourmandise est ton péché mignon ! – Le maître nageur aver... les secours et lança une bouée au nageur en difficulté. – Mamie répar... les cerises en tas égaux ; comme cela, il n'y eut pas de jaloux. – Ayant découvert un filon exceptionnel, les chercheurs d'or s'enri... en peu de temps. – Au coup de sifflet final, ivres de joie, les supporters enva... la pelouse pour féliciter leurs joueurs.

165 *Écris les verbes entre parenthèses au passé simple.*

En 1911, Roald Amundsen (entreprendre) de rallier le pôle Sud en plein hiver ; il (réussir) le 14 décembre. – Le professeur (confondre) les copies de ces deux élèves qui avaient le même prénom. – Comme tu sentais une odeur de gaz, tu (ouvrir) les fenêtres. – En labourant un champ au pied de la roche de Solutré, monsieur Bressand (découvrir) des fossiles, probablement des os de chevaux sauvages. – Le facteur (remettre) une lettre recommandée à madame Thénard. – Le clown (fondre) en larmes au-dessus d'un seau qu'il (remplir) ! Quel comédien !

166 *Écris les verbes entre parenthèses au passé simple.*

Napoléon (naître) un an après l'achat de la Corse par la France. – Je (faire) preuve de patience devant l'entrée du musée, car la file d'attente était importante. – Robinson Crusoé (survivre) grâce à son intelligence. – Nous (devoir) laver quatre fois la salade qui était pleine de sable. – Monsieur Lenormand (conduire) ses enfants chez le dentiste. – Lorsque j'(amorcer) ma descente sur le toboggan géant, je (croire) ma dernière heure venue. – Grâce à un effort surhumain, ces valeureux coureurs (réduire) leur retard.

Le futur simple

Le verbe être

Il paraît que demain les nouveaux ascenseurs de la tour Alliante **seront** en service. Je **serai** un des premiers à les utiliser et tu **seras**, j'en suis sûre, à mes côtés. Installés dans une cabine, nous **serons** coupés du monde pour un moment ; la sonnerie **sera** notre seul moyen de prévenir le gardien en cas de panne. Mais j'y pense, vous **serez** peut-être alors dans l'escalier à transpirer en comptant les étages !

retiens

Le futur simple du verbe **être** est formé sur le radical **se** avec les terminaisons **-rai, -ras, -ra, -rons, -rez, -ront**.
Je serai à l'heure.   Elle sera à l'heure.   Vous serez à l'heure.
Tu seras à l'heure.   Nous serons à l'heure.   Ils seront à l'heure.
Il faut être attentif(ve) aux formes homophones (même prononciation) :
tu seras – elle sera ; nous serons – ils seront

exercices 〉 Corrigé p. 273

387 **Complète avec un pronom personnel qui convient.**
... serai bien sûr à l'écoute de tous les conseils. – ... serons sur le parking. – ... serez au cinéma. – ... seras le gardien de but de notre équipe. – ... sera au lit dès la fin de l'émission. – ... seront en colère, bien à tort d'ailleurs. – Dans l'avion, ... seras près du hublot. – ... sera aux petits soins pour sa grand-mère. – ... seront au pied de la falaise. – ... serons candidats à l'organisation de la fête de l'école.

388 **Conjugue le verbe être au futur simple.**
être responsable de la bibliothèque – être sûr de sa réponse – être un musicien de talent – être près du rayon jouets – être assis confortablement – être devant la boucherie – être de retour à six heures – être en maillot de bain – être sur le balcon

copie et retiens

raccourcir - raccommoder - raccrocher - raccompagner - raccorder
la musique ; le musicien - l'optique ; l'opticien - la physique ; le physicien

Le futur simple

Le verbe avoir

Comme j'**aurai** un peu de retard, tu **auras** le temps de préparer tes affaires de sport et nous **aurons** l'occasion de retrouver tous nos amis au tatami. L'entraînement de judo **aura** peut-être débuté, mais les moniteurs **auront** la gentillesse de nous laisser nous échauffer. « Vous **aurez** une petite corvée pour votre retard ; vous rangerez le matériel en fin de séance ! », déclare Hervé en riant.

Le futur simple du verbe **avoir** est formé sur le radical **au** avec les terminaisons **-rai, -ras, -ra, -rons, -rez, -ront**.

J'aurai du retard.   Elle aura du retard.   Vous aurez du retard.
Tu auras du retard.   Nous aurons du retard.   Ils auront du retard.

Il faut être attentif(ve) aux formes homophones (même prononciation) :
tu auras – elle aura ; nous aurons – ils auront

Corrigé p. 273

389 **Conjugue le verbe** avoir **au futur simple.**

avoir dix ans le mois prochain – avoir des frissons – avoir tort de se faire du souci – ne pas avoir de devoirs – avoir un nouveau numéro de téléphone – ne pas avoir de prétentions – avoir une surprise en ouvrant la porte

390 **Complète ces phrases avec des compléments de ton choix.**

En t'appliquant, tu auras ... . – Quand vous aurez ..., vous pourrez passer votre permis de conduire. – La météorologie indique que nous aurons ... au début de la semaine. – Au collège, j'aurai probablement ... plus grand. – Ce médicament aura ... sur la santé du malade. – Les chanteurs auront ... et les spectateurs seront certainement étonnés. – Quand j'aurai ..., je boirai un grand verre d'eau. – En sortant de chez le coiffeur, vous aurez ... . – Les jeunes kangourous auront ... .

le regret ; regretter - le fouet ; fouetter - l'égout ; égoutter - le guet ; guetter la science - la scie - la sciure - la scarole - scintiller - la sciatique

Le futur simple

Les verbes en -er

Plus tard, je **travaillerai** dans un laboratoire avec d'autres chercheurs. Nous **observerons** le comportement des animaux. Les résultats de nos recherches **faciliteront** la mise au point de nouveaux médicaments que vous **utiliserez** pour vous soigner. Un jour, le prix Nobel **récompensera** peut-être nos travaux. Mais toi, quel métier **exerceras**-tu ? Avocat, cinéaste ou électricien ?

retiens

Au futur simple, les verbes du 1er groupe prennent tous les mêmes terminaisons : **-ai, -as, -a, -ons, -ez, -ont** qui s'ajoutent à leur infinitif.

travailler	→ je travaillerai	observer	→ nous observerons
exercer	→ tu exerceras	utiliser	→ vous utiliserez
récompenser	→ il récompensera	faciliter	→ ils faciliteront

Il faut être attentif(ve) aux formes qui ont la même prononciation :
tu exerceras – elle exercera   nous observerons – ils observeront

exercices ▶ Corrigé p. 273

391 **Transforme les phrases selon le modèle.**

Je vais mesurer la largeur. → Je mesurerai la largeur.

Avec ta lampe, tu vas attirer les moustiques. – Avant d'allumer la télévision, je vais regarder le programme. – À la sortie de l'autoroute, le camion va tourner à droite et il va se diriger vers la frontière italienne. – Madame Tournier va laver la carrosserie de sa voiture et elle va la lustrer. – Comme tu n'as pas assez d'argent de poche, tu ne vas pas te lancer dans des achats inconsidérés. – Avec ce couteau électrique, vous allez découper le gigot sans difficulté. – Pour nous rendre au stade, nous allons marcher pendant vingt minutes.

392 **Conjugue les verbes au futur simple. Pour les troisièmes personnes, choisis des groupes nominaux comme sujets.**

ne pas s'engager sans réfléchir – pratiquer la danse classique – respecter le code de la route – désigner le vainqueur – soulager la misère du monde – déchirer les feuilles de papier – vider les tiroirs – tirer trois cartes dans la pioche – opérer un demi-tour – hurler de peur – réaliser un exploit – se précipiter dans le couloir

393 **Écris les verbes entre parenthèses au futur simple.**

Après la course, les palefreniers **(panser)** les chevaux. – L'hélicoptère **(parachuter)** des vivres au-dessus des régions dévastées par le cyclone. – La panne d'électricité **(paralyser)** toute l'activité de ce pays. – Je **(parfumer)** la salade avec un peu de cerfeuil. – Au petit matin, nous **(démonter)** notre tente. – Dans quinze ans, tu **(piloter)** peut-être une voiture de course ou un vaisseau spatial ! – Aujourd'hui, chacun se retourne sur votre passage parce que vous avez les cheveux rouges, mais demain vous **(ne plus choquer)** personne. – Les employés du cirque **(placarder)** des affiches dans toute la ville.

394 **Complète par des verbes du 1ᵉʳ groupe que tu écriras au futur simple.**

Les astronomes obs... le passage de la comète au télescope. – Le plombier s'agen... sous l'évier pour réparer le siphon. – Tu cor... tes erreurs avec l'aide d'un dictionnaire. – Vous num... les places de 1 à 200. – Pendant les vacances, nous occ... nos moments de liberté à repeindre la salle de jeux de la maison de quartier. – Quand nous serons installés dans une grande maison, j'adop... un petit chat. – Le patineur exé... un quadruple saut ; la médaille d'or ne lui écha... pas !

395 **Écris les verbes entre parenthèses au futur simple.**

Pour le passage de la frontière, nous **(aviser)** en fonction des circonstances. – Quand je **(débarquer)** à Ajaccio, je **(retrouver)** mes cousins qui me **(réserver)**, j'en suis certaine, un accueil chaleureux. – Écoute ce disque et je suis sûre que tu l'**(adorer)**. – Vous **(enregistrer)** ce film qui est programmé à une heure tardive. – Cette victoire **(couronner)** la carrière de Fabrice Sadaoui. – Les téléphones mobiles **(concurrencer)** rapidement les appareils fixes. – La foule **(piétiner)** devant la porte du musée en attendant l'ouverture de l'exposition. – Nous **(planter)** des haricots dans le petit jardin de monsieur Lotrec.

396 **Écris les verbes en *italique* au futur simple.**

Je *monte* dans la nacelle de la montgolfière. – Tu *repasses* tes chemises. – Les touristes *acclament* les chars et les grosses têtes du carnaval. – La maîtresse nous *donne* l'autorisation de sortir. – Nous *allumons* un bon feu de cheminée. – Vous *avalez* votre salive pour chasser le hoquet. – L'employé de la mairie me *délivre* une carte d'identité. – Tu *conserves* les glaces au congélateur. – En octobre, les hirondelles *s'envolent* pour l'Afrique du Nord. – Pendant votre absence, j'*arrose* vos plantes vertes.

© copie et retiens

*l'autorisation - l'autocollant - l'autobus - l'automate - l'autonomie
le sommet - le sommaire - le sommeil - la sommation - le sommier*

Le futur simple

Les verbes en -ier, -ouer, -uer

observe

Targuier et ses équipiers pensent effectuer un tour du monde à la voile en moins de soixante jours. Nous **photographierons** leur voilier au passage de la première balise à Saint-Malo. En écoutant la radio, je **vérifierai** qu'ils ont pris la bonne option météo et tu **évalueras** leurs chances de réussite. Si les vents faiblissent, leur avance **diminuera** au fil des jours, et ils **échoueront** dans leur tentative. C'est un pari audacieux, mais vous n'en **apprécierez** que mieux leur performance.

retiens

Pour bien écrire, au futur simple, les verbes du 1er groupe terminés par **-ier, -ouer, -uer**, il faut penser à l'infinitif et ne pas oublier le e.

vérifier	→ je vérifierai	photographier	→ nous photographierons
évaluer	→ tu évalueras	apprécier	→ vous apprécierez
diminuer	→ elle diminuera	échouer	→ ils échoueront

exercices ▶ Corrigé p. 274

397 **Conjugue les verbes au futur simple.**

avouer son impuissance
dissocier les deux questions
accentuer son avance
ne pas skier hors des pistes balisées

ne pas bafouer les règles du jeu
ne pas se replier sur ses positions
s'habituer aux nouveaux horaires
recopier les consignes de l'exercice

398 **Écris les verbes entre parenthèses au futur simple.**

Les deux équipes (évoluer) devant au moins cinq mille spectateurs. – Vous (tuer) le temps en faisant des mots croisés. – Le Parlement (ne pas destituer) le Premier ministre. – Tu (distribuer) tes anciens jouets à tes cousins. – Nous (trouer) les feuilles de papier, puis nous les (placer) dans le classeur. – Tu (ne pas dévier) d'un pouce de ta position ; tu es têtu. – Au petit matin, vous (secouer) les couvertures et vous (plier) les draps.

↻ copie et retiens

dissocier - dissoudre - dissimuler - dissuader - se dissiper - le dissolvant long - la longévité - la longueur - longtemps - longer - la longitude

Le futur simple

Les verbes en -yer, -eler, -eter

observe ....

Comme à l'ordinaire, Jean Robert quittera le port pour la haute mer. Il **jettera** ses filets et s'**emploiera** à les traîner pendant des heures. Puis il **appellera** son second et ensemble ils s'**attelleront** à les remonter. Les autres marins **congèleront** une partie des poissons et placeront le reste dans des casiers. Jean Robert pense que les revendeurs **achèteront** toute sa pêche et qu'ils **paieront** comptant.

retiens

Au futur simple, les verbes terminés par **-eler** ou **-eter** s'écrivent généralement avec **ll** ou **tt**.
il appellera ; il jettera ; ils s'attelleront

Quelques verbes comme acheter, geler, peler ne doublent pas le **l** ou le **t**, mais s'écrivent avec une consonne simple précédée d'un **e** avec un accent grave.
ils congèleront ; ils achèteront

Les verbes en **-yer** changent le **y** en **i**.
Les verbes en **-ayer** peuvent conserver le **y** ou le changer en **i**, mais il est préférable, dans un souci de simplification, d'appliquer la même règle à tous les verbes en **-yer**.
il emploiera ; ils paieront

exercices ▶ Corrigé p. 274

399 **Conjugue les verbes au futur simple. Pour les troisièmes personnes, choisis des groupes nominaux comme sujets.**

appeler ses amis à la rescousse
congeler des haricots
épeler tous les mots
se fourvoyer dans cette direction
payer ses dettes
déployer la carte routière

niveler le sol du jardin
marteler le cuivre
harceler Louis de questions
appuyer sur l'interrupteur
noyer les couleurs
envoyer une lettre

copie et retiens

appeler - niveler - chanceler - atteler - renouveler - épeler - harceler inventer ; l'invention - adopter ; l'adoption - éditer ; l'édition

203

Le futur simple

Les verbes des 2e et 3e groupes

observe

Lorsque je me **rendrai** au collège, je **choisirai**, sur tes conseils, une section latin. D'après ce que tu me dis, j'**apprendrai** d'abord les déclinaisons, puis je **remplirai** des pages de vocabulaire. Sous la direction de madame Garinot, nous **traduirons** ensuite des textes anciens. Le soir, tu m'**écriras** quelques phrases qui me **permettront** de m'exercer.

retiens

Au futur simple, tous les verbes ont les mêmes terminaisons :
-ai, -as, -a, -ons, -ez, -ont.
Pour les verbes du 2e groupe, et quelques verbes du 3e groupe, cette terminaison s'ajoute à **l'infinitif en entier.**
choisir → je choisirai ; remplir → je remplirai
On supprime le **e** de l'infinitif de la plupart des verbes du 3e groupe.
je me rendrai ; j'apprendrai ; nous traduirons ; tu écriras ; elles permettront

exercices ▶ Corrigé p. 274

400 **Transforme les phrases selon le modèle.**

Tu vas ralentir dans les virages. → Tu ralentiras dans les virages.
On espère que les recherches vont aboutir à l'arrestation des malfaiteurs. – Avec ce verre de menthe à l'eau, je vais me rafraîchir. – Tu vas noircir des pages et des pages, avant d'achever ton roman. – Dès que vont apparaître les premières gelées, madame Creste va rentrer ses jardinières. – Nous allons répondre à tous ceux qui nous ont écrit à l'occasion du Nouvel an. – Allez-vous réussir à enfiler cette aiguille ? – Sans arrosages réguliers, cette plante va dépérir.

401 **Écris les verbes en *italique* au futur simple.**

Avant la partie, tu *assouplis* tes muscles. – Par son jeu plein de sensibilité, Gwénaëlle *éblouit* l'assistance qui *applaudit* la virtuose à tout rompre. – Nous *vivons* des instants merveilleux. – Loin de la fumée des usines et des gaz d'échappement, je *renais*. – Vous *mordez* à belles dents dans les pommes mûres. – Nous *joignons* l'utile à l'agréable en repeignant le portail du jardin. – Le plongeur *rebondit* sur le tremplin et *accomplit* un double saut carpé.

402 Conjugue les verbes au futur simple. Pour les troisièmes personnes, choisis des groupes nominaux comme sujets.

raccourcir le bas du pantalon
agrandir une photographie
se battre contre des moulins
décrire les circonstances de l'accident

rougir de plaisir
agir sur le champ
souffrir du froid
défendre ses idées

403 Écris les verbes entre parenthèses au futur simple.

Quand la rivière (atteindre) la cote d'alerte, les habitants (quitter) leur maison ; la municipalité les (accueillir) dans le gymnase, où ils (dormir) en toute sécurité. – Quand vous (partir) aux États-Unis, vous (convertir) vos euros en dollars. – Pendant toutes les nuits d'été, les murs du château (resplendir) sous les projecteurs. – Tu (établir) la liste des courses à effectuer.

404 Écris les verbes entre parenthèses au futur simple.

Vous (ne jamais admettre) vous être trompé et pourtant l'erreur est flagrante. – Si la porte est close, nous (redescendre) et nous (attendre) le retour de Sarah. – Cet accompagnement (introduire) un peu de fantaisie dans la mélodie que vous répétez depuis trois jours. – Vous (apprendre) peut-être l'italien lorsque vous (être) en voyage à Venise. – Un brouillard à couper au couteau (ensevelir) la ville.

405 Remplace les verbes du 1er groupe par des verbes du 2e ou du 3e groupe synonymes.

Lorsque tu *déchiffreras* (lire) ce texte écrit en anglais, tu *éprouveras* (connaître) une grande joie. – Les escalopes *mijoteront* (cuire) à feu doux. – Vous *raserez* (démolir) la cabane construite au milieu de la forêt. – Monsieur Cersot *protégera* (couvrir) sa moto avant la pluie. – Je *décorerai* (embellir) ma chambre. – En creusant un peu, nous *trouverons* (découvrir) les racines du cerisier. – Les anciens du village *aideront* (soutenir) financièrement les enfants de l'école, pour qu'ils puissent partir en classe de mer. – L'avion *se posera* (atterrir) sur la piste n° 4.

406 Écris les verbes entre parenthèses au futur simple.

Si je continue à ce rythme, je (finir) mes devoirs avant le dîner. – Il paraît que si nous mangeons des yaourts, nous (grandir) plus vite. – La serviette en papier (ne servir) qu'une seule fois. – Le directeur de l'école (consentir) certainement à organiser la visite du zoo. – Prudents, les architectes (réfléchir) avant de faire creuser les fondations de cette tour de quarante étages.

☞ copie et retiens

interroger - l'interrogation - interrogatif - l'interrogatoire - interrogateur
la racine - déraciner - le déracinement - enraciner - l'enracinement

Le futur simple

Quelques verbes particuliers

observe

Lorsque tu **iras** à la clinique pour ton opération, je **viendrai** te voir tous les jours. Auparavant, avec maman, nous **cueillerons** des fleurs dans le jardin et nous te les apporterons. Quand l'infirmière te **refera** ton pansement, nous nous **tiendrons** dans le couloir. Je pense que tes amies t'**enverront** de gentilles lettres d'encouragement et que tu **sauras** être patiente. Dans deux mois, tu **courras** comme un lapin et avec Malika, vous **pourrez** rechausser les rollers !

retiens

Pour un certain nombre de verbes du 3e groupe, le radical peut être modifié au futur simple, mais les terminaisons restent celles de tous les verbes : **-rai, -ras, -ra, -rons, -rez, -ront.**

aller → tu iras   venir → je viendrai   cueillir → nous cueillerons
refaire → elle refera   tenir → nous tiendrons   pouvoir → vous pourrez
savoir → tu sauras   courir → tu courras

Certains verbes du 1er groupe comme **envoyer** et **renvoyer** ont une forme particulière au futur simple.

envoyer → elles enverront

En cas de doute, il est prudent de consulter un dictionnaire ou un livre de conjugaison.

exercices Corrigé p. 274

407 Transforme les phrases selon le modèle.

Tu vas tenir tes promesses, j'en suis sûre.
→ Tu tiendras tes promesses, j'en suis sûre.

Les pompiers vont contenir la propagation des flammes. – Tu vas devenir un grand acteur de cinéma, tout le monde te prédit un avenir radieux. – Vous allez faire un civet de lapin quand vous allez recevoir vos invités. – Capturée pour la seconde fois, la lionne va reconquérir sa liberté et va rejoindre ses lionceaux dans les hautes herbes de la savane. – Nous allons entretenir les nouvelles salles de classe avec le plus grand soin. – La petite voiture téléguidée va se mouvoir dans un espace réduit où elle va tourner à toute allure. – Je vais parvenir à me faire comprendre, bien que je ne parle pas parfaitement l'anglais !

408 Conjugue les verbes au futur simple. Pour les troisièmes personnes, choisis des groupes nominaux comme sujets.

revenir dans son quartier
se satisfaire d'un croque-monsieur
s'abstenir de fumer
se défaire d'objets inutiles
entrevoir une issue honorable
ne pas retenir ses larmes
parcourir la page des spectacles

concevoir un plan astucieux
voir trente-six chandelles
cueillir des fleurs
devoir remplir un imprimé
maintenir sa candidature
savoir nager le crawl
prévoir une tenue de rechange

409 Écris les verbes entre parenthèses au futur simple.

Dans deux minutes, tu (convenir) que le trajet que nous avons choisi est bien plus court que le tien. – À Chamonix, j'(apercevoir) enfin les neiges éternelles dont parlent tous les livres de géographie. – Si nous n'allons pas nous baigner, nous (partir) en balade. – Lorsque les premières pluies (être) là, les habitants de Ouagadougou (recueillir) la moindre goutte d'eau. – Il (falloir) que l'assureur accepte de rembourser le coût des réparations. – Le préfet (promouvoir) peut-être monsieur Dubersten au grade de chevalier dans l'ordre des Palmes académiques. – Vous (vouloir) bien accepter toutes nos excuses pour ce retard imprévu.

410 Écris les verbes en *italique* au futur simple.

Les commerçants *refont* une grande campagne publicitaire pour attirer les clients. – En n'obéissant pas, vous *encourez* les reproches de vos parents. – Au printemps, les arbres *redeviennent* verts et le vent *agite* leurs jeunes feuilles. – Déplacer ce meuble *requiert* une force peu commune ; seul un hercule *peut* le soulever. – Avec ce timbre rare, tu *détiens* un véritable trésor ; il *faut* que tu en prennes le plus grand soin. – Je *peux* reconstituer ce puzzle les yeux fermés, ou presque ! – Inquiet, Loïc *recourt* au vétérinaire pour soigner son lapin nain.

411 Complète les phrases avec des sujets de ton choix ; respecte les accords.

... accueilleront les joueurs par une immense clameur. – ... t'enquerras de l'heure du départ du ferry pour aller en Corse. – ... concourrons au succès de cette fête en animant le stand « pêche à la ligne ». – En l'an 2040, ... ira peut-être sur la planète Mars. – ... interviendrez dans la discussion lorsque chacun aura donné son point de vue. – ... recevrai avec plaisir des nouvelles de votre installation à Dunkerque.

☺ copie et retiens

le marin - la marine - la marinade - le marinier - le sous-marin
le commerçant - le commerce - commercer - commercial - commercialiser

Révision

167 *Dans cette série, deux formes du verbe* avoir *ne sont pas au futur simple ; encadre-les.*

tu auras – nous aurons – j'aurais – on aura – vous aurez – ils auront – elle aurait

168 *On a changé les sujets de cette phrase ;*
accorde les verbes au futur simple.

Quand nous serons au coin de la rue, nous aurons encore cinq minutes de marche.

Quand tu ..
Quand les touristes ...
Quand vous ...
Quand je ...
Quand madame Loreau ...

169 *Complète ces phrases avec des sujets de ton choix.*

Pour réparer le moteur de la tondeuse à gazon, ... aura besoin d'une clé anglaise. – Après cette marche épuisante, ... aurez certainement envie d'une bonne douche chaude. – Au parc d'attractions, ... auront le choix entre plusieurs manèges. – Après des études brillantes, ... auras probablement un métier intéressant. – D'après le magazine de télévision, ... aurons à choisir entre un feuilleton et un documentaire. – aurai-... assez de patience pour coller toutes les vignettes sur l'album ?

170 *À la fin de la journée, le maître vous donne des consignes de travail pour le lendemain.*
Continue en écrivant 3 à 4 lignes de texte.
Conjugue les verbes du 1er groupe au futur simple.

Vous préparerez l'exposé sur les navigateurs célèbres. Vous ...

171 *Que feras-tu cette semaine ?*
N'emploie que des verbes du 1er groupe au futur simple.

Lundi, je regarderai la télévision.

Mardi, ...
Mercredi, ...
Jeudi, ...
Vendredi, ...
Samedi, ...
Dimanche, ...

Tu peux recommencer avec d'autres verbes et d'autres personnes.

Révision

172 *Réponds à chaque question en employant un verbe différent de celui de la question au futur simple.*

Quand utiliseras-tu ta nouvelle calculatrice ?
→ **Quand je diviserai des nombres décimaux.**

Comment soigneras-tu ton petit chat ? ...
Qui vous accompagnera au cinéma ? ...
Quand commencerons-nous les travaux ? ...
Où touverai-je du pain de campagne ? ...
À combien le commissaire priseur estimera-t-il le prix de ce tableau ? ...
Que dessineront les avions dans le ciel ? ...

173 *Complète les phrases par un verbe en -yer que tu écriras au futur simple.*

Tu net... l'aquarium des poissons rouges.
M. Chanel ess... de sortir sa voiture.
Nous pa... les pots cassés.
Les arbres plo... sous le poids des fruits.

174 *Retrouve les proverbes qui se cachent derrière ces taches.*

Rira bien qui ri... le dernier

Aide-toi, le ciel t'ai... .

Dis-moi qui tu fréquentes, je te di... qui tu es.

Il ne faut pas dire : « Fontaine, je ne boi... pas de ton eau ».

175 *Que se passera-t-il tout au long des douze mois de l'année ?*
Continue à ton gré, en écrivant les verbes au futur simple.

En janvier, le froid apparaîtra.
En février, ...
En mars, ...
En avril, ...
En mai, ...
En juin, ...
En juillet, ...
En août, ...
En septembre, ...
En octobre, ...
En novembre, ...
En décembre, ...

Révision

176 *Complète avec le verbe **être** que tu écriras au futur simple.*

Dans trois jours, nous … en vacances. – Avec ce raccourci, vous … chez vous avant le reste du groupe. – Dès l'aube, les agriculteurs … dans les champs. – Au camping, je … installé à côté de la tente de mes parents. – Malgré la neige, le car de ramassage … à l'heure. – Tu … une grande danseuse, si tu t'entraînes, bien sûr ! – Les mots difficiles … écrits au tableau. – Vous … au bord de la Seine pour admirer le feu d'artifice. – Nous … convoqués dans le bureau du directeur.

177 *Complète avec le verbe avoir que tu écriras au futur simple.*

…-je la force de soulever cette malle ? – En arrivant de bonne heure, vous … des places près de la scène. – Si tu veux repeindre ta chambre, tu … du travail ! – Avec ce nouvel ordinateur, nous … la possibilité de lire de nombreux cédéroms. – Monsieur Diamond … une nouvelle voiture dès le mois prochain. – Les cartes bancaires … toutes un nouveau code secret inviolable. – Si vous ne prenez pas de précautions, vous … les pieds mouillés en peu de temps. – Y …-t-il une place libre sur ce parking ? – Nous … des regrets si nous ne faisons pas un petit effort.

178 *Écris les verbes entre parenthèses au futur simple.*

Au sommet de l'aiguille du Goléon, nous (s'oxygéner) avant d'entamer la descente sur le glacier. – Avec tes nouvelles chaussures, tu (marcher) en évitant les flaques d'eau. – Monsieur Court (assembler) avec soin ces pièces de bois et il (avoir) la satisfaction d'obtenir un bureau rustique. – Vous (terminer) cette grille de mots croisés demain. – Les ouvriers de cette usine (respecter) les consignes de sécurité. – Je (ne pas se baigner) dans cette eau glacée, pour tout l'or du monde. – Dès que Mona (entrer) dans le magasin, la vendeuse (s'empresser) de la renseigner. – Si les fils électriques traînent au sol, tu (ne pas les toucher), surtout avec des mains mouillées !

179 *Conjugue les verbes au futur simple. Pour les troisièmes personnes, choisis des groupes nominaux comme sujets.*

atténuer la vivacité de l'éclairage
ne pas sacrifier ses dernières chances
échouer dans un village abandonné
photocopier des documents
apprécier ce disque

évacuer les lieux sans rien dire
renflouer son compte en banque
louer un motoculteur
diversifier ses lectures
se constituer des réserves

180 *Écris les verbes entre parenthèses au futur simple.*

Peu à peu, les ordinateurs portables (se substituer) aux ordinateurs fixes. – Personne ne sait où (se situer) les limites de l'exploration de l'univers. – L'expert (certifier) certainement l'authenticité de ce tableau. – Je (ne pas se fier) seulement à mon intuition, mais je (vérifier) tous les résultats. – Avant de choisir un nouveau baladeur, tu (étudier) toutes les performances des différents modèles. – Le magicien (mystifier) les deux personnes venues sur la scène en faisant disparaître leur montre.

181 *Écris les verbes entre parenthèses au futur simple.*

Lorsque les tours (être) réparées, la visite de ce château (valoir) le détour. – Au fil des mois, nous (acquérir) une expérience qui nous (permettre) de nous déplacer dans Paris sans plan. – Lorsque le vent du sud (se calmer), il (pleuvoir) à coup sûr. – Vous (prévenir) le directeur, lorsque vous (transmettre) un message à vos correspondants. – Un jour, le pétrole (provenir) en grande partie des gisements forés en pleine mer.

182 *Écris les verbes entre parenthèses au futur simple.*

Monsieur Augier (ne pas abuser) de la patience du concessionnaire et il (ne pas essayer) toutes les voitures exposées ! – Vous (ne pas jeter) le verre à la poubelle, mais dans des conteneurs spéciaux. – Les motards (convoyer) sur les routes de Vendée le camion qui (transporter) une cuve en aluminium gigantesque. – Tu (acheter) un flacon d'eau de toilette. – Nicolas (renvoyer) certainement la balle avec toute la puissance de son coup droit. – Nous (s'apitoyer) sur le sort des oiseaux mazoutés. – Le professeur Génius (breveter) sa dernière invention : une chaise sur coussin d'air ! – Le chasseur (renouveler) sa demande de permis. – Après la promenade en calèche, je (dételer) le cheval. – Soyez tranquilles, il (ne pas geler) cette nuit. – Je (ne pas chanceler) au dernier moment.

183 *Écris les verbes entre parenthèses au futur simple.*

Si je suis en retard, je (s'asseoir) sur un strapontin. – Le navigateur (secourir) son concurrent malheureux, car la solidarité n'est pas un vain mot pour un marin. – Tu (soutenir), en la justifiant, que cette opération est juste. – Au premier coup de sonnette, vous (accourir) pour ouvrir la porte. – Nous (tenir) l'échelle pendant que Brian (monter) chercher le ballon resté bloqué dans l'arbre. – Valentine (aller) chercher ses nouvelles lunettes.

Les temps composés

Le passé composé de l'indicatif

observe

Le conseil municipal **a décidé** de rénover les immeubles de notre cité. Les entreprises **sont arrivées** un matin d'octobre et les travaux **ont commencé** immédiatement. Les entrées de quelques bâtiments **sont demeurées** fermées pendant quelques jours. Lorsque les ouvriers **ont démonté** les échafaudages, j'**ai vu** le résultat et je **suis restée** sans voix. Les murs **ont retrouvé** leurs couleurs d'origine et le quartier **a pris** un sérieux coup de neuf !

retiens

Le passé composé est formé du **présent de l'indicatif de l'auxiliaire (avoir ou être)** et du **participe passé du verbe** à conjuguer.

il décide ; il a décidé   elles demeurent ; elles sont demeurées
ils commencent ; ils ont commencé   je reste ; je suis restée

Seul le participe passé employé avec l'**auxiliaire être** s'accorde avec le groupe sujet du verbe.

exercices ▸ Corrigé p. 274

412 **Conjugue les verbes au passé composé. Pour les troisièmes personnes, choisis des groupes nominaux comme sujets.**

devenir une vedette – entrer dans le vestiaire – entrouvrir la fenêtre – construire un château de sable – se maquiller légèrement – se ressaisir au dernier moment – réfléchir avant d'accepter – annuler sa réservation – s'asperger de parfum – affronter l'épreuve avec courage – interrompre sa lecture – inscrire la date – engloutir les petits fours – aller au marché

413 **Écris les verbes entre parenthèses au passé composé.**
(Attention à l'accord des participes passés !)

Pendant longtemps, monsieur Durand **(collectionner)** les fèves des galettes des Rois. – En voulant gommer, j'**(chiffonner)** ma feuille de papier. – Marie-Jeanne **(naître)** au mois d'avril, le 9 exactement. – Les enquêteurs **(identifier)** le coupable ; il ne reste plus qu'à le trouver ! – Vous **(maîtriser)** votre colère et vous **(revenir)** à de meilleurs sentiments. – Tu **(vexer)** Thomas en prétendant qu'il ne pourrait jamais trouver la solution du problème. – Au XVIIIe siècle, la bête du Gévaudan **(terroriser)** les paysans qui **(finir)** par l'abattre.

414 **Complète les phrases avec des sujets de ton choix en respectant les accords.**

... sont revenues se percher sur les cheminées alsaciennes. – ... avons insisté pour que la vendeuse nous fasse un paquet-cadeau. – ... avez interrogé l'annuaire électronique pour retrouver le numéro de téléphone de Quentin. – ... a enregistré les bagages qui voyageront dans la soute ; nous les retrouverons à Tunis. – ... ai voté pour élire les délégués de la classe. – ... es arrivée à l'école avec un sac de sport neuf ; ... l'avons tous admiré. – ... a écrit au maire pour réclamer un éclairage plus puissant pour la rue des Charmilles. – ... ont accompli un exploit : tourner pendant un an autour de la Terre. – ... a envahi les écrans de la télévision depuis bien longtemps.

415 **Écris les verbes entre parenthèses au passé composé.**
(Attention à l'accord des participes passés !)

Les moniteurs (assouplir) leur position ; ils acceptent de nous laisser sortir jusqu'à vingt heures. – En fouillant les rayons de la bibliothèque, tu (tomber) sur un livre que tu (ne jamais lire). – Louria (se souvenir) des détails du costume de Sganarelle, dans *le Médecin malgré lui*, de Molière. – Les pilotes du rallye (respecter) les limitations de vitesse, lorsqu'ils (traverser) les agglomérations. – Cette lettre ne nous était pas destinée, nous l'(retourner) à son expéditeur.

416 **Écris les verbes en *italique* au passé composé.**

Ces meubles *appartiennent* à un célèbre antiquaire. – Je *mets* quelques gouttes de fleur d'oranger dans la pâte à crêpes. – Tu *répartis* les cartes entre tous les joueurs. – L'animateur *divertit* le public en imitant le cri des animaux. – Justine *prévoit* l'achat d'un baladeur. – Comme il *neige*, il *faut* placer les chaînes sur les roues de la voiture. – Vous *renversez* le seau d'eau sur la moquette : un vrai désastre ! – Nous *répétons* une scène du *Malade imaginaire* pour la jouer devant nos parents.

417 **Écris les verbes entre parenthèses au passé composé.**
(Attention à l'accord des participes passés !)

Les routiers (déjeuner), puis ils (se reposer) avant de reprendre la direction du marché de Rungis. – Le jury (sélectionner) trois ouvrages pour l'attribution du prix George Sand. – Vous (bêcher) les plates-bandes, puis vous les (sarcler). – Tu (rouler) les tapis pour pouvoir les déplacer. – Les chevaux que les palefreniers (rudoyer) ne gagneront jamais de courses. – Nous (sillonner) les travées du centre commercial à la recherche d'une paire de baskets.

☞ copie et retiens

le pressing - le parking - le camping - le shopping - le dancing - le bowling
le baladeur - la balade (la promenade) ; *la ballade* (un poème)

Les temps composés

Le plus-que-parfait de l'indicatif

observe

Cette nuit-là, il y **avait eu** une tempête et la neige **était tombée** en abondance, comme la météo l'**avait prévu**. Au petit matin, toutes les voitures **avaient disparu** sous un épais tapis blanc et les propriétaires cherchaient leur véhicule en essayant de balayer cette neige durcie par le gel. Les chasse-neige **avaient tourné** toute la nuit et les rues étaient à peu près praticables, mais les trottoirs restaient verglacés.

retiens

Le plus-que-parfait est formé de l'**imparfait de l'indicatif de l'auxiliaire (avoir ou être)** et du **participe passé du verbe** à conjuguer.
elle était tombée
elle l'avait prévu
elles avaient disparu
ils tournaient ; ils ont tourné ; ils avaient tourné
Le participe passé du verbe **avoir** est **eu**, et celui du verbe **être**, **été**. Ces deux verbes se conjuguent avec **avoir** aux temps composés.
il a eu ; il avait eu ; il a été ; il avait été

exercices ▸ Corrigé p. 275

418 **Conjugue les verbes au plus-que-parfait de l'indicatif. Pour les troisièmes personnes, choisis des groupes nominaux comme sujets.**

revêtir une combinaison de ski
partir sans prévenir ses parents
renvoyer une commande incomplète

ouvrir des boîtes de pâté
lire les petites annonces
choisir la meilleure solution

419 **Écris les verbes entre parenthèses au plus-que-parfait de l'indicatif. (Attention** à l'accord des participes passés **!)**

Avant de sortir, tu **(éteindre)** toutes les lumières et tu **(fermer)** le chauffage. – Les promeneurs **(déranger)** la couvée de faisans. – Louis Pasteur **(mourir)** depuis dix-neuf ans lorsqu'éclata la Première Guerre mondiale. – Avant le règne de Louis XV, Philippe d'Orléans **(gouverner)** la France pendant huit ans. – Vous **(partir)** sans roue de secours, et par malchance, vous **(crever)** en rase campagne ; ce ne fut pas facile de vous dépanner.

420 Écris les verbes en *italique* au plus-que-parfait de l'indicatif.

Vous *avez confié* un secret à vos amis qui l'*ont dévoilé* à de nombreuses autres personnes ; vous *avez regretté* leur attitude. – À la mi-temps, les Stéphanois *ont préservé* toutes leurs chances de victoire. – Pour ajuster les portes de ce petit meuble, j'*ai utilisé* un petit tournevis. – Tu *as vérifié* le niveau d'huile dans le moteur. – Nous *avons dégusté* d'excellents chocolats. – Cathy *a adoré* ce morceau de musique classique. – Le trappeur *a délivré* un petit renard pris au piège. – À force de travail, Stéphanie *est parvenue* jusqu'à l'université, où elle *a étudié* l'archéologie.

421 Écris les verbes entre parenthèses au plus-que-parfait de l'indicatif. (Attention à l'accord des participes passés !)

Monsieur Charnelet (confondre) le nom de ces deux villages et il (se tromper) en écrivant le code postal. – Nous (attendre) le début de l'émission pour mettre le magnétoscope en marche. – Tu (promettre) de passer nous voir, mais tu n'as pas tenu parole. – Vous (réussir) à détecter les virus qui se trouvaient dans les programmes de votre ordinateur. – Les touristes (arriver) au musée d'Orsay en autobus. – Parce qu'elle craignait d'avoir froid, Marianne (prendre) un gros pull de laine et des gants fourrés. – Cette année-là, les maraîchers (ne récolter) que quelques dizaines de kilos de fraises.

422 Écris les verbes entre parenthèses au passé composé ou au plus-que-parfait de l'indicatif, selon le sens. (Attention à l'accord des participes passés !)

J'étais d'accord pour changer la couverture des livres car elles (beaucoup souffrir). – Le pharmacien ne put déchiffrer l'ordonnance que monsieur Vauthier lui (remettre) ; l'écriture était un peu hâtive ! – Parce que vous aviez peur de rencontrer des bouchons, vous (partir) dès l'aube. – Tu (commettre) une erreur que tu corrigeas immédiatement. – En refermant la porte, je me suis aperçue que j'(oublier) mes clés à l'intérieur.

423 Écris les verbes entre parenthèses au plus-que-parfait de l'indicatif. (Attention à l'accord des participes passés !)

Valérie (dissimuler) son visage derrière un masque noir. – J'(saupoudrer) un peu de sucre sur les beignets. – Comme tu (manquer) le troisième épisode, tu ne comprenais plus rien au déroulement de l'intrigue. – Grâce à sa vigilance, le maître nageur (sauver) plusieurs personnes de la noyade. – Nous (modeler) un petit bonhomme dans la terre glaise. – Vous (aller) chercher des fromages de chèvre dans les Causses.

☞ copie et retiens

> *l'accord - accorder - le désaccord - le raccord - raccorder - le raccordement*
> *la blessure - blesser - blessant - le blessé*

Les temps composés

Le passé antérieur de l'indicatif

Lorsque les serveurs **eurent apporté** les entrées, les convives s'émerveillèrent : la présentation des plats était très raffinée. Ils les laissèrent disposer les assiettes et dès qu'ils **furent sortis** de la salle, ils appelèrent le patron. Celui-ci, après qu'il **eut entendu** les convives, se dirigea vers la cuisine et ramena le chef pour qu'il reçoive les compliments qu'il méritait !

retiens

Le passé antérieur est formé du **passé simple de l'auxiliaire (avoir ou être)** et du **participe passé du verbe** à conjuguer.
ils eurent apporté
ils furent sortis
On ne confondra pas **eut** qui est la forme du verbe **avoir** à la 3ᵉ personne du singulier du passé simple avec **eu**, participe passé de ce même verbe **avoir**.
il eut entendu – il avait entendu ; il y avait eu une erreur – il y a eu une erreur

exercices Corrigé p. 275

424 Écris les verbes entre parenthèses au passé antérieur.
(**Attention** à l'accord des participes passés !)

Quand les chauffeurs des autobus (conduire) leur véhicule au garage municipal, ils rentrèrent à pied chez eux. – Lorsque Napoléon Iᵉʳ (conquérir) la moitié de l'Europe, son déclin commença. – Dès qu'elle (prendre) une belle couleur dorée, tu sortis la tarte du four. – Quand tu (parcourir) deux kilomètres, tu rencontras le début du cortège des manifestants. – Après que les soldes (disparaître), les prix retrouvèrent leur niveau du mois de novembre. – Lorsqu'ils (parvenir) au pied de l'immeuble, mes cousins cherchèrent mon nom sur les boîtes aux lettres. – Dès qu'il (dégager) la neige, monsieur Rey put sortir sa voiture.

copie et retiens

chauffer - le chauffage - la chaufferie - le chauffeur - réchauffer - chaud
le silence - silencieux - silencieusement

Les temps composés

Le futur antérieur de l'indicatif

observe

Quand les candidats **auront expliqué** leur programme, les électeurs feront leur choix et se rendront aux urnes pour élire les députés. Après le dépouillement, quand les résultats de toutes les communes **seront arrivés** à la préfecture, nous connaîtrons celui des candidats qui **aura obtenu** le plus de suffrages. Il représentera la circonscription à l'Assemblée nationale.

retiens

Le futur antérieur est formé du **futur simple de l'auxiliaire (avoir ou être)** et du **participe passé du verbe** à conjuguer.
expliquer → ils auront expliqué
arriver → ils seront arrivés
obtenir → il aura obtenu

exercices Corrigé p. 275

425 Écris les verbes entre parenthèses au futur antérieur.
(Attention à l'accord des participes passés !)
Quand monsieur François (partir) en Bretagne, il louera sa maison de Valence. – Lorsque les agriculteurs (moissonner) les champs, ils porteront le grain au silo. – Aussitôt que vous (essayer) de soulever ce carton, vous vous apercevrez qu'il est très lourd ! – Dès que le directeur nous (accorder) la permission de peindre les murs du préau, nous nous mettrons au travail. – Depuis plus de soixante-dix ans, Tintin (émerveiller) des millions de lecteurs. – Lorsque nous (étaler) les toiles de tente, nous planterons les piquets. – Dès que l'avion (décoller), les passagers pourront détacher leur ceinture. – Quand j'(goûter) aux joies du patinage, je deviendrai peut-être un spécialiste des triples sauts. – Dès que vous (arriver), vous quitterez vos chaussures de marche et vous prendrez un bon bain. – Aussitôt que tu (fermer) l'autocuiseur, tu allumeras le gaz.

copie et retiens

le poids - peser - pesant - la pesanteur - la pesée - un pèse-personne
le passage - le passager - le passeport - le passant - la passerelle

Révision

184 *Écris les verbes aux personnes et aux temps de l'indicatif demandés.*

	présent	imparfait	passé simple	futur simple	passé composé
manger	tu …	tu …	tu …	tu …	tu …
courir	je …	je …	je …	je …	j' …
finir	elle …	elle …	elle …	elle …	elle …
rester	nous …	nous …	nous …	nous …	nous …
arriver	vous …	vous …	vous …	vous …	vous …
parler	ils …	ils …	ils …	ils …	ils …
monter	il …	il …	il …	il …	il …
grandir	je …	je …	je …	je …	j' …
lire	on …	on …	on …	on …	on …
peindre	tu …	tu …	tu …	tu …	tu …
écrire	nous …	nous …	nous …	nous …	nous …
revenir	elles …	elles …	elles …	elles …	elles …
vivre	vous …	vous …	vous …	vous …	vous …

185 *Conjugue les verbes au plus-que-parfait de l'indicatif. Pour les troisièmes personnes, choisis des groupes nominaux comme sujets.*

s'asseoir au bord du bassin
obtenir un délai de réflexion
se résoudre à changer de direction
changer l'écran de l'ordinateur

maudire le mauvais sort
freiner au dernier moment
justifier sa conduite
confirmer son accord

186 *Écris les verbes entre parenthèses au passé antérieur.*
(Attention à l'accord des participes passés !)

Après que j'(verser) un peu de grenadine dans mon verre, je le remplis d'eau. – Quand les musiciens (accorder) leur instrument, le concert put débuter. – Lorsque nous (entrer), un grand silence se fit ; pourquoi ? – Dès que nous (sortir) de l'école, le car de ramassage, qui stationnait devant le portail, put démarrer. – Quand il (comprendre) comment s'assemblaient les éléments de la bibliothèque, monsieur Gissé ne mit pas longtemps pour achever le montage. – Lorsque j'(changer) de stylo, tout alla beaucoup mieux et j'écrivis sans peine. – Après qu'il (passer) une radiographie des poumons, monsieur Montélescaut décida d'arrêter de fumer. – Dès que Louis XIV (abolir) l'Édit de Nantes, la plupart des protestants quittèrent le royaume.

187 Continue ces phrases en écrivant les verbes supplémentaires au futur antérieur.

Tu chanteras en concert quand ...
Je slalomerai entre les piquets lorsque ...
Karine achèvera son travail aussitôt qu' ...
Nous viderons notre chariot de courses dès que ...
Vous vous assiérez quand ...
Les zones piétonnes seront désertes lorsque ...

188 Écris les verbes entre parenthèses au futur antérieur.
(Attention à l'accord des participes passés !)

Dans cinquante ans, les moteurs à eau (remplacer) les moteurs à essence, c'est probable. – Quand nous (aller) au musée du Louvre, à Paris, nous connaîtrons mieux la peinture italienne. – Lorsque j'(limiter) ma consommation de sucre, je perdrai peut-être un peu de poids. – Dès que les projecteurs (éclairer) la scène, les acteurs entreront. – Finalement, tu (rester) une heure dans l'eau ; par ce froid, c'est une performance ! – Aussitôt que vous (ferrer) le poisson, vous pourrez commencer à le sortir de l'eau.

189 Continue ces phrases en écrivant les verbes supplémentaires au plus-que-parfait de l'indicatif.

Le conducteur est allé dans le fossé parce ...
La lettre lui était parvenue depuis une semaine, mais Mourad ...
Comme la chaleur était intenable, les concurrents ...
Le mauvais état des tuyaux d'alimentation en eau ...
Le dixième tirage du loto ...
Lors de la distribution des places, tu ...
Comme l'émission ne l'intéressait pas, madame Baggioni ...
Le chasseur tua le cygne blanc, alors qu'il ...

190 Continue ces phrases en écrivant les verbes supplémentaires au passé antérieur.

Tu téléphonas à Brigitte dès que tu ...
L'avocat put défendre son client quand il ...
Madame Flandrin chercha du travail lorsqu'elle ...
Tristan apprit sa leçon d'histoire après qu'il ...
Je compris mieux votre désarroi dès que j' ...
Les marins reprirent espoir aussitôt qu'ils ...
Mélanie sut que quelqu'un avait essayé d'ouvrir la porte dès qu'elle ...
La poule gloussa lorsqu'elle ...
Tu pris une paire de ciseaux pour couper le tissu quand tu ...

Les modes

Le présent du conditionnel

observe

Si je devais reconstituer un puzzle de cinq mille morceaux pendant les vacances, j'**essaierais** d'agir avec méthode. D'abord, je **prendrais** une grande planche pour y disposer les morceaux. Ensuite, je **trierais** les pièces des bords, cela **faciliterait** le placement des éléments du centre. Le plus long **devrait** être la réalisation du ciel ; les nuances de couleurs sont vraiment infimes. Mais j'y pense, tu **pourrais** peut-être m'aider et ainsi nous **finirions** avant de retourner à l'école !

retiens

Au présent du conditionnel, tous les verbes prennent les mêmes terminaisons : **-ais, -ais, -ait, -ions, -iez, -aient**, toujours précédées de la lettre **r**. Pour les verbes des 1er et 2e groupes, l'infinitif se retrouve en entier pour toutes les personnes.
je trierais ; cela faciliterait ; nous finirions
Pour certains verbes, on retrouve les mêmes modifications du radical qu'au futur simple.
essayer → j'essaierais ; prendre → je prendrais ; devoir → cela devrait ; pouvoir → tu pourrais
Pour ne pas confondre la 1re personne du singulier du futur simple avec la 1re personne du conditionnel présent qui ont la même prononciation, il faut penser à la personne correspondante du pluriel.
futur : j'essaierai → nous essaierons   cond. : j'essaierais → nous essaierions

exercices Corrigé p. 275

426 Écris les verbes entre parenthèses au présent du conditionnel.
Sans boussole, nous (se perdre) à coup sûr, tant le brouillard est dense. – Quand j'aurai cent ans, je (aimer) marcher et lire aussi bien que madame Berthelin, la doyenne du quartier. – Avec un peu d'entraînement, tu (gagner) quelques secondes et tu (battre) ton record personnel. – Si les poules avaient des dents, elles (manger) de la viande ! – En cherchant bien, vous (devoir) trouver une lampe à pétrole sur cette étagère. – Cette cheminée est trop petite, elle ne (savoir) chauffer l'ensemble de l'appartement. – Si Raymond se déguisait, personne ne le (reconnaître). – Si les habitants triaient leurs déchets, il y (avoir) moins de pollution. – Si tu m'invitais, je (faire) une tarte pour le dessert.

427 **Transforme les phrases selon le modèle.**

Quand tu auras un ordinateur, tu pourras consulter des cédéroms.
→ *Si tu avais un ordinateur, tu pourrais consulter des cédéroms.*

Quand le vent cessera, la pluie tombera en abondance. – Lorsque nous lancerons mieux les boules, nous remporterons des tournois de pétanque. – Quand les magasins resteront ouverts en soirée, les clients seront satisfaits. – Lorsque Cyrille se calmera, il verra que la colère est mauvaise conseillère. – Quand je trouverai ce modèle de pull à ma taille, je l'achèterai immédiatement. – Lorsque tu répareras la prise électrique, tu couperas d'abord le courant.

428 **Écris les verbes entre parenthèses au présent du conditionnel.**

J'(aimer) que les voitures ne se garent plus sur les emplacements réservés aux handicapés. – Il (falloir) que Baptiste soit plus sûr de lui et n'hésite pas à prendre la parole. – Nous (devoir) observer un retour du soleil dans les prochains jours. – Il (convenir) que les appartements de la tour Sud soient chauffés correctement. – Si la piscine n'était pas située à l'autre bout de la ville, tu (aller) te baigner plus souvent. – Est-ce que vous (venir) au cinéma avec nous ? – Si les cerises étaient mûres, je les (cueillir). – Les élèves (retenir) mieux les tables de multiplication s'ils les apprenaient régulièrement.

429 **Écris les verbes entre parenthèses au présent du conditionnel.**

(Savoir)-tu défaire tous ces nœuds ? – Est-ce que vous (pouvoir) nous expliquer comment résoudre ce problème ? – Si les pluies se poursuivaient, les rivières (inonder) les bas quartiers de la ville. – Si la neige bloquait les entrées de l'autoroute, les chasse-neige (se mettre) aussitôt au travail. – Si on te présentait des photographies, (continuer)-tu à nier que tu ne te trouvais pas à Brest cet été ? – Si l'odeur des croissants chauds parvenait jusqu'à nos narines, nous (s'attabler) devant un copieux petit déjeuner.

430 **Écris les verbes entre parenthèses au futur simple ou au présent du conditionnel, selon le sens.**

Si les hommes détruisent les forêts du globe, les conditions de vie (se détériorer). – Si vous aviez le choix, vous (prendre) un chocolat chaud plutôt qu'un thé. – Si je monte sur un escabeau, j'(atteindre) le haut de l'armoire et je (sortir) les couvertures. – Si les vents sont favorables, le voilier (se diriger) vers l'île d'Yeu. – Si tu avalais ce cachet, tes maux de tête (disparaître). – Si nous avions un couteau, nous (partager) le gâteau. – Si tu ouvrais les fenêtres, tu (respirer) un peu mieux.

☺ copie et retiens

*un anorak - un kayak - un stock - un bifteck - un haddock - un derrick
la forêt ; un forestier - l'hôpital ; hospitalisé - la bête ; bestial*

Les modes

Le présent de l'impératif

Comme vous pensez changer le décor de votre chambre, voici quelques conseils. **Commencez** par déplacer les meubles ; **enlevez** les tableaux et **décollez** la tapisserie. Toi, Fabrice, **rebouche** les trous, ouvre le paquet de colle et **remplis** le seau d'eau. David, **choisis** une bonne paire de ciseaux et **coupe** les rouleaux ; **sois** attentif aux raccords et **sache** que le papier est fragile quand il est mouillé.

retiens

L'impératif ne se conjugue qu'à **trois personnes,** sans sujets exprimés.
À la 2e personne du singulier, les verbes du 1er groupe (et quelques verbes du 3e groupe) se terminent par **e.**
rebouche ; ouvre ; coupe ; sache
Les autres verbes se terminent par **s.**
remplis ; choisis ; sois
Au pluriel, tous les verbes ont pour terminaisons **-ons, -ez.**
commençons ; enlevons ; décollons ; posons ; laissons ; soignons
commencez ; enlevez ; décollez ; posez ; laissez ; soignez

exercices ▶ Corrigé p. 275

431 **Conjugue les verbes au présent de l'impératif.**

saisir cette bonne occasion – jouer ses dernières cartes – maîtriser son ardeur – réserver sa place – étudier un itinéraire – démarrer en douceur – s'abonner à un journal – s'enfuir à la vue d'une araignée – tenir bon – ne pas réagir trop vite

432 **Écris les verbes entre parenthèses au présent de l'impératif.**

(Montrer) l'exemple car nous sommes les plus âgés. – (Réchauffer) tes mains au-dessus du feu de bois. – (Se coiffer) avec de petites nattes, pour ressembler à vos camarades. – Si tu veux avoir un peu d'air, (entrouvrir) les fenêtres. – (Admettre) que tes réponses ne sont pas exactes. – (Ne pas désobéir) aux consignes de sécurité, sinon vous aurez des ennuis. – Pour mieux effectuer ton addition, (inverser) l'ordre des nombres. – (Ne pas s'énerver), (garder) ton calme et tu verras que cela ira mieux. – (Débrancher) l'ordinateur et l'imprimante dès que tu auras terminé ton travail.

433 Transforme les phrases selon le modèle.

Il faut que tu nous racontes ton aventure.
→ Raconte-nous ton aventure.

Il faut que tu apprennes tes leçons. – Il faut que tu acceptes la défaite. – Il faut que nous accomplissions des exploits. – Il faut que tu me promettes de poster ma lettre avant ce soir. – Il faut que vous choisissiez la meilleure solution : le métro. – Il faut que tu agites le flacon avant de l'ouvrir. – Il faut que vous vous intéressiez à la vie des grands singes des forêts d'Afrique. – Il faut que tu déboutonnes ton anorak si tu veux avoir moins chaud. – Il faut que vous lisiez cet article dans le journal.

434 Écris les verbes entre parenthèses au présent de l'impératif.

(Reconnaître) que tu t'es trompée. – (Ne pas grossir) trop, sinon tes vêtements ne t'iront plus. – (Établir) la liste des commissions que nous devons faire cet après-midi. – (Ne pas trahir) la confiance que nous avons mise en vous. – (Faciliter) le passage des piétons en ne garant pas votre voiture sur le trottoir. – (Ne pas s'impatienter), ton tour viendra bientôt. – (Se méfier) car ce champ est plein d'orties et vous y allez les jambes nues. – Pour fermer ton sac à dos, (tasser) bien tes affaires.

435 Écris les verbes en italique à la 2ᵉ personne du singulier du présent de l'impératif.

(Attention il peut y avoir d'autres modifications dans la phrase !)
Arrêtez-vous au feu rouge. – *Ne tutoyez pas* les personnes que vous ne connaissez pas. – *Prenez* un air détaché et *sifflotez* comme si de rien n'était ; vous passerez inaperçus. – Si vous voyez un début d'incendie, *prévenez* immédiatement les pompiers : *composez* le 18. – *Ne cueillez pas* ces fruits, ils ne sont pas mûrs. – *Souriez* quand le photographe vous le demandera. – *Prévoyez* une petite laine, car il ne fait pas chaud au sommet du Puy de Sancy. – *Soyez* attentifs aux moindres détails.

436 Complète selon le modèle en écrivant les verbes entre parenthèses au présent de l'impératif.

(recoudre)	Puisque tes boutons sont arrachés, recouds-les.
(acheter)	Tu n'as pas encore lu ce livre, alors ...
(réfléchir)	Nous ne trouvons pas de solution à ce problème, ...
(arracher)	Si tu veux des pommes de terre, ...
(manger)	Ces poires sont appétissantes et tu as faim ; ...
(rassurer)	Vos amis s'inquiètent pour votre santé, ...

⟲ copie et retiens

l'itinéraire - l'annuaire - le calvaire - l'estuaire - le calcaire - le sommaire - le repaire (où l'on se cache) ; le repère (pour retrouver quelque chose)

Les modes

Le présent du subjonctif

Tu as choisi d'avoir un poisson rouge, alors il faut que tu le **nourrisses** si tu ne veux pas qu'il **meure** rapidement. Mais je doute que cet animal **puisse** s'habituer à l'atmosphère surchauffée de ta chambre ; il vaut mieux que tu demandes l'aide de ton frère et que vous le **mettiez** dans l'entrée où la température est plus tempérée. Comme il n'y a pas de filtre, il faut que vous **changiez** l'eau régulièrement.

Au présent du subjonctif, tous les verbes précédés de la conjonction **que** prennent les mêmes terminaisons : **-e, -es, -e, -ions, -iez, -ent**.
demander → que tu demandes ; mettre → que vous le mettiez
Pour un certain nombre de verbes, le radical peut être modifié, mais les terminaisons restent les mêmes que celles des autres verbes.
nourrir → tu nourrisses ; mourir → il meure ; pouvoir → il puisse

exercices Corrigé p. 276

**437 Conjugue les verbes au présent du subjonctif.
(Toutes les phrases débuteront par : Il faut que...)**

retenir ce numéro de téléphone
appuyer sur la touche « Mémoire »
garnir le plateau de fruits
ne pas rire aux éclats
s'abriter sous l'auvent

traduire un texte en français
ne pas commettre d'erreurs
ralentir dans la descente
relire les instructions
écrire au stylo à bille noir

438 Écris les verbes entre parenthèses au présent du subjonctif.

Le moniteur refuse que Léopold (**partir**) sans faire son lit. – Il me paraît préférable que vous (**vérifier**) l'exactitude des résultats à l'aide, par exemple, d'une calculatrice. – J'ai été ravie que tu (**transmettre**) mes amitiés à Géraldine. – Mes parents tiennent à ce que je (**faire**) mes devoirs avant d'aller jouer. – Il serait bon que je (**parcourir**) l'annuaire pour que je (**pouvoir**) trouver cette adresse. – Les organisateurs de la course prennent des dispositions pour que le public (**apercevoir**) les concurrents dès la sortie du virage. – Nos correspondants nous écrivent pour que nous (**partager**) un peu de leur vie quotidienne.

439 **Transforme les phrases selon le modèle.**

Elle nous prévient. → Il faut qu'elle nous prévienne.

Je me rétablis rapidement. – Nous disposons la vaisselle dans le buffet. – Tu réfléchis avant de prendre une décision de cette importance. – Vous remplacez les ampoules défectueuses avant la nuit. – L'actrice apparaît en pleine lumière. – Je vous décris la situation avec le plus de précisions possibles. – Le candidat séduit le jury par la sincérité de ses réponses. – Nous brisons le silence. – Tu te blottis sous les couvertures pour te réchauffer. – Vous redoublez de vigilance. – Les participants à cette réunion s'abstiennent de fumer. – Aurélien retient ses rires. – Un seul essai suffit pour atteindre la cible.

440 **Écris les verbes entre parenthèses au présent du subjonctif.**

Tu veux que je (se joindre) à vous pour préparer le décor de votre prochain spectacle. – Il faut que tu (comprendre) ma déception, car j'espérais participer au cross de l'école. – Madame Roudil souhaite qu'Ophélie lui (dire) clairement ce dont elle a envie. – Certains automobilistes ne peuvent admettre que l'essence (valoir) plus cher dans les stations-service situées le long des autoroutes. – Si monsieur Keller est satisfait, qu'il (aller) féliciter le vendeur. – Nous vous accompagnerons à la condition que vous (marcher) sur la gauche de la chaussée. – Pour autant que les astronautes (pouvoir) en juger, les différents éléments de la station orbitale sont en bon état. – Je serai dans l'obligation de passer chez Arthur à moins qu'il ne (répondre) au message que je lui ai laissé sur son répondeur. – Il arrive que les architectes (concevoir) des immeubles ou des monuments un peu farfelus. – Il faut que Séverine (reconnaître) qu'elle s'est engagée dans une discussion qui ne mène à rien.

441 **Transforme les phrases selon le modèle.**

Je pense que vous cherchez dans la mauvaise direction.
→ Il est possible que vous cherchiez dans la mauvaise direction.

Tu nous dis que Pamela repart en Espagne.	→ Il est heureux ...
Vincent tient à cette visite.	→ Je me réjouis ...
Il croit que le moteur est à vidanger.	→ Il est nécessaire ...
Il est certain que le train réduit la durée du trajet.	→ Tu es content ...
Il est évident que tu dois faire le bon choix.	→ Il faut ...
Il est indiscutable que je fais le premier pas.	→ Il est exclu ...
J'admets que tu résous ce problème facilement.	→ Il se peut ...

⟲ copie et retiens

l'astre - *astral* - *astronomique* - *l'astronautique*
l'astronaute (qui navigue dans l'espace) - *l'astronome* (qui observe les astres) - *l'astrologue* (qui lit l'avenir dans les astres)

191 *Complète la grille avec toutes les formes conjuguées du verbe* donner *au présent du conditionnel.*

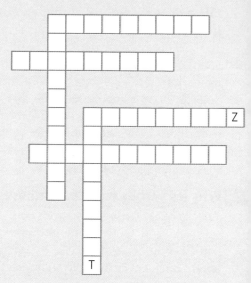

192 *Un nouvel élève est arrivé à l'école ce matin ; explique-lui en 3 ou 4 lignes les règles de vie de l'école et donne-lui quelques conseils pour qu'il ne se sente pas trop perdu.*

Le matin, n'arrive pas trop tôt car le portail sera fermé, mais ne sois pas en retard. ...

193 *Que dirais-tu à ces personnes ? Utilise le présent de l'impératif, à la personne de ton choix.*

Une personne qui a laissé la porte ouverte.
→ **Pardon madame, veuillez fermer la porte derrière vous.**

Une personne qui a soif.
Ton ami qui veut cuisiner.
Ta sœur qui ne dort toujours pas.
Un vendeur qui te présente un pantalon.
Un copain qui part à la pêche avec toi.
Un touriste qui demande la direction à prendre.
Un homme qui fume deux paquets de cigarettes par jour.

194 *Complète les phrases en utilisant des verbes que tu écriras au présent du subjonctif.*

Je suis heureuse que tu … m'aider à résumer ce texte bien long. – Vous m'appelez pour que je … la porte du garage en vert ou en jaune. – Le contrôleur a refusé que les personnes sans billet … dans le train. – Nous ne tenons pas à ce que tu … pendant huit kilomètres, sans que tu … pour reprendre ton souffle. – Pour ouvrir ces boîtes de conserve, il faut que je … beaucoup de précautions, sinon je vais me couper. – Avant de tourner à gauche, il faut que vous … le bras, pour que chacun … bien votre changement de direction.

195 *Change le premier verbe de chaque phrase ; écris le second verbe, en italique, au présent du subjonctif.*

Nous pensons que tu *lis* les textes en anglais.
Nous souhaitons que ...

Les mariniers voient que la rivière *est* en crue.
Les mariniers craignent que ...

Tu constates que Rachel ne *suit* pas le régime qui lui a été prescrit.
Tu exiges que ...

Nous affirmons que vous *cachez* bien votre émotion.
Nous désirons que ...

Il est certain que je *prévois* des vêtements de rechange avant de partir.
Il est possible que ...

Vous espérez que madame Yoteau vous *croit* sincère.
Vous voulez que ...

196 *Change les sujets de ces phrases en respectant les temps et les accords.*

Je crains que mon ami ne revienne plus tôt que prévu de son séjour en Asie.

Tu ... que je ...
Manda ... tu ...
Nous ... que vous ...
Vous ... que nous ...
Les autorités ... que les touristes ...

Vous êtes tristes à l'idée que nous puissions être absents le jour de votre anniversaire.

Je ... que tu ...
Vanessa ... que ses camarades ...
Nous ... que vous ...
Tu ... que je ...
Nadège et Gaëlle ... que Marie-Laure ...

197 *Que doivent faire ces personnes ?*

Elle a perdu son chemin. → Il faut qu'elle le retrouve.

Régis ne sait pas sa leçon. → ...
Nous avons oublié quelque chose. → ...
Vous ignorez l'adresse de Maxime. → ...
Tu as très peur. → ...
Je ne mange pas cette viande crue. → ...
Manon entend sonner le téléphone. → ...

La construction du verbe

La forme pronominale

Comme il pleuvait depuis huit jours, **je me doutais** bien que la Meuse allait déborder. **Les routes se sont** rapidement **retrouvées** sous un mètre d'eau. Désormais, **les habitants s'épuisent** en vain ; ils ne peuvent vider leur cave. **Les pompiers se déplacent** en barque et tout le **village se voit** privé d'électricité. **Tu te plains** parce que tu ne peux plus regarder la télévision ; mais songe à ceux qui sont cernés par les eaux !

Un verbe à la forme pronominale se conjugue avec un **pronom complément** qui désigne la même personne que le sujet.
je **me** doutais ; les habitants **s'**épuisent ; les pompiers **se** déplacent ; le village **se** voit ; tu **te** plains
Pour les temps composés d'un verbe à la forme pronominale, on emploie toujours l'auxiliaire **être**.
les routes se retrouvent : les routes se sont retrouvées

⟩Corrigé p. 276

442 **Conjugue les verbes au présent de l'indicatif. Pour les troisièmes personnes, choisis des groupes nominaux comme sujets.**
se pendre au trapèze
se remettre au travail
se détendre en vacances
s'instruire en lisant
se taire définitivement
se trouver en pleine forme

443 **Écris les verbes entre parenthèses au présent de l'indicatif.**
Les émissions satiriques (se moquer) de l'actualité. – Monsieur Claustre (se nourrir) uniquement de produits biologiques. – Je (se protéger) des rayons du soleil en portant une casquette. – Pour avoir une bonne place, tu (se rendre) au théâtre dès dix-huit heures. – Nous (se retirer) de cette partie parce que vous trichez honteusement. – Geneviève et toi, vous (se rencontrer) souvent à la bibliothèque. – À l'issue des élections, tous les candidats (se déclarer) satisfaits de leurs suffrages. – Je (s'accroupir) pour ramasser les épingles tombées sur la moquette.

444 **Écris les verbes entre parenthèses à l'imparfait de l'indicatif.**
Je (s'attendre) au pire mais les événements m'ont donné tort. – Les châteaux forts (se dresser) au sommet des collines. – Lorsque tu étais devant ton ordinateur, tu (se contenter) d'une petite récréation de cinq minutes. – Chaque fois qu'il (voir) des personnes sans-abri, monsieur Jacquand (s'indigner) de cette injustice. – Quand la cuve à mazout (être) vide, vous (s'empresser) de téléphoner pour qu'on vienne la remplir. – Nous (s'habituer) bien à notre nouvelle vie, mais il a fallu déménager parce que ma mère avait trouvé du travail à Perpignan. – Au Moyen Âge, les habitants des villes (se débarrasser) de leurs ordures en les jetant dans les rues. – Autrefois, le barbier (se révéler) souvent un bon dentiste ; enfin il (arracher) les dents !

445 **Écris les verbes entre parenthèses au futur simple de l'indicatif.**
Je suis certain que ces villas (se louer) un bon prix. – Grâce à ton expérience des grands tournois, tu (se jouer) de tes adversaires et tu (se retrouver) en finale. – Comme il y a école demain, nous (se coucher) tôt, sans regarder la télévision. – Pour mieux réfléchir, madame Salvat (s'enfermer) dans son bureau. – S'il y a de la neige, vous (se déplacer) en marchant lentement, comme sur des œufs ! – Les compagnons du Tour de France (se charger) de la restauration de la cathédrale de Sens. – En réussissant l'ascension du mont Blanc, ce jeune handicapé (se prouver) qu'il est capable de réaliser des exploits.

446 **Écris les verbes entre parenthèses au passé simple de l'indicatif.**
Ivan avait une bonne grippe ; il (se soigner) tout simplement en restant au lit. – Amélie (ne pas se plaire) au centre aéré parce qu'elle n'y avait pas d'amies. – Au sortir du palais de l'Élysée, les ministres (se refuser) à tout commentaire. – Croyant que l'on se moquait de toi, tu (s'emporter) et tu (crier) plus que de raison. – La clé ne voulait pas entrer et je (s'acharner) en vain : la serrure avait été changée. – Pour aller à Djibouti, monsieur Schwarz (s'informer) sur les différents tarifs et il (choisir) le moins cher.

447 **Écris les verbes entre parenthèses au passé composé de l'indicatif.**
La vendeuse (s'absenter) quelques minutes, le magasin est fermé. – Ce puzzle est bien difficile et tu (s'évertuer) à classer des morceaux qui se ressemblaient tous. – Deux panthères (s'échapper) de leur cage ; les visiteurs (se précipiter) vers la sortie. – La perdrix (s'envoler) au premier coup de fusil et elle (se réfugier) dans les fourrés. – Réveillées par la sonnerie de la porte d'entrée, vous (se lever) d'un bond.

©> copie et retiens

la grippe - la grappe - la steppe - la trappe - l'échoppe - la nappe
la panthère - l'athlète - le théâtre - le rythme - l'hypothèse

La construction du verbe

La forme négative

Marlène **n'**aurait **jamais** manqué une occasion de s'étendre au soleil. Elle pensait qu'elle **ne** risquait **rien** et elle **ne** croyait **guère** à tout ce que l'on disait des méfaits du soleil. Mais quand le médecin lui a annoncé qu'elle **ne** devrait **plus** s'exposer autant, elle **n'**a **pas** hésité : elle a renoncé au bronzage intensif. Comme elle dit : « Cela **ne** se discute **point** ! »

retiens

Pour employer la forme négative, on encadre le verbe avec une négation : **ne ... pas ; ne ... point ; ne ... plus ; ne ... jamais ; ne ... guère ; ne ... rien.**
elle ne risquait rien ; elle ne croyait guère ; elle ne devait plus
Pour les verbes conjugués à un temps composé, la **négation encadre l'auxiliaire.**
elle n'aurait jamais manqué ; elle n'a pas hésité

exercices ▶ Corrigé p. 276

448 **Conjugue les verbes au présent de l'indicatif. Pour les troisièmes personnes, choisis des groupes nominaux comme sujets.**

ne pas traverser derrière un autobus
ne pas jeter des papiers dans la rue
ne pas jouer avec les allumettes
ne pas s'accorder une minute de répit

ne pas s'épuiser pour rien
ne pas porter de bonnet
ne pas se tromper de date
ne pas perdre la face

449 **Écris les verbes entre parenthèses au présent de l'indicatif.**

Lire un bon livre cela **(ne pas se refuser)**. – En Normandie, les chasse-neige **(ne pas dégager)** les routes aussi rapidement que ceux du Jura : question d'habitude, sans doute ! – Tu **(ne pas se déguiser)** en cosmonaute, mais en chevalier du Moyen Âge ; il est vrai qu'avec ton armure tu **(ressembler)** aux héros de l'espace ! – Nous **(ne pas toujours contrôler)** nos réactions et ceux qui nous **(écouter)** peuvent être surpris. – Comme vous **(débuter)**, vous **(ne pas s'éloigner)** de la côte et vous **(ne pas hisser)** toutes les voiles. – En hiver, les véhicules à moteur diesel **(ne pas démarrer)** facilement.

450 **Écris les verbes entre parenthèses au futur simple de l'indicatif.**
Nous (ne jamais chevaucher) un pur-sang anglais. – Je (ne pas essayer) de sauter dans le vide, retenue seulement par un élastique. – Le routier (ne pas oublier) de prendre un peu de repos. – Si tu emportes de la lecture, tu (ne jamais s'ennuyer). – Le reporter (ne pas appeler) son journal mais il (envoyer) un fax. – Les savants (ne pas étudier) ces roches radioactives car ils s'exposeraient à de graves dangers. – Vous (ne pas expédier) ce colis par bateau car ce serait bien trop long. – Les éboueurs (ne pas effectuer) leur tournée habituelle car ils sont en grève. – Jérôme (ne pas se faire tatouer) un perroquet sur le bras ; il a peur de le regretter un jour.

451 **Écris les verbes entre parenthèses au passé composé de l'indicatif.**
Lucie (ne jamais avouer) qu'elle était rentrée très tard. – Monsieur Smith parlait trop vite, et en anglais, alors nous (ne rien comprendre) ! – Il restait du dessert ; nous (ne pas se plaindre). – Vous (ne cueillir que) les roses en boutons. – Je (ne guère écrire) car je n'avais aucune idée. – Alilou (ne pas boire) de la journée car nous sommes en pleine période de Ramadan. – Celui qui (ne jamais vivre) en Arabie ou au Sahara ne sait pas ce qu'est un vent de sable. – Tes explications étaient trop embrouillées, tu (ne convaincre personne).

452 **Réponds négativement à ces questions selon le modèle.**
Se gare-t-il correctement ? → Non, il ne se gare pas correctement.
Laisserons-nous notre numéro de téléphone ? – Patricia brutalise-t-elle les animaux ? – Les Dupont ont-ils affranchi leurs lettres ? – Ai-je réussi à placer ma boule près du cochonnet ? – Avons-nous tiré les Rois ? – Vous hasardez-vous dans ces ruelles étroites et sombres ? – Les Américains mangent-ils beaucoup de pain ? – Le congélateur fonctionne-t-il encore ? – Aurai-je terminé mon livre avant l'arrivée du train en gare de Mulhouse ? – À l'école maternelle, faisais-tu la sieste ? – L'avion survolera-t-il le Groenland ? – S'il pleut, le feu d'artifice sera-t-il tiré ?

453 **Écris les phrases à la forme négative.**
Cette histoire se termine bien ; les chercheurs d'or sont récompensés de leurs efforts. – Lucien pardonnera un jour à ses ennemis. – J'oublie de boucler ma ceinture de sécurité. – Les citoyens s'abstiennent de voter. – Nous comprenons tout ce discours. – Vous survivrez dans la lointaine Sibérie. – Le président de la République se rendra au Brésil. – Cette avarie compromet les chances de victoire du navigateur australien. – Mes parents se plaisent dans cette cité. – J'introduis assez de pièces dans le distributeur de boissons.

copie et retiens

résister - la résistance - un résistant - irrésistible
l'histoire - un historien - historique - la préhistoire - une historiette

La construction du verbe

La forme interrogative

Les éclipses de soleil **sont-elles** fréquentes dans ta région ? **As-tu** déjà **eu** l'occasion d'en observer une ? Je puis t'assurer que c'est assez remarquable. Mais l'astronome **regarde-t-il** les éclipses avec les mêmes yeux que toi et moi ? L'absence temporaire de lumière s'**explique-t-elle**, ou bien **est-ce** pure magie ? **Devons-nous** laisser faire le seul hasard ? **Peut-on** prévoir une éclipse totale ?

À la forme interrogative, on place le pronom sujet **après le verbe** (ou après l'auxiliaire dans les temps composés) et on le relie par un **trait d'union**.
as-tu déjà eu ? – est-ce pure magie ? – devrons-nous ? – peut-on ?
À la 3ᵉ personne du singulier, pour éviter la rencontre de deux voyelles, on place un **t** entre deux traits d'union, après un **e** ou un **a**.
regarde-t-il ? – s'expliqua-t-elle ?
Lorsque le sujet est un nom, on place un pronom personnel de la 3ᵉ personne après le verbe.
Les éclipses de soleil sont-elles fréquentes ? L'astronome regarde-t-il ? L'absence s'explique-t-elle ?
On peut aussi faire précéder le verbe employé à la forme affirmative de l'expression **Est-ce que ...**
Peut-on prévoir une éclipse ? Est-ce que l'on peut prévoir une éclipse ?
Dans tous les cas, la phrase se termine par un point d'interrogation.

▸ Corrigé p. 277

454 **Écris les phrases à la forme interrogative.**
Vous avez parcouru toutes les allées du centre commercial. – J'ai le temps d'aller chercher mon pain. – Tu te dégourdis les jambes. – Nous changerons l'eau du vase de fleurs. – Au début, vous nagiez dans le grand bassin. – Tu agrafais tous les documents. – J'ai bien répondu à toutes les questions. – Nous bénéficierons d'une récréation de trente minutes. – Vous vous adaptez à votre nouvelle vie en Normandie. – Tu encolles le papier peint, avant de le couper. – Nous rattraperons notre retard.

455 **Conjugue les verbes au futur simple à la forme interrogative. Pour les troisièmes personnes, choisis des groupes nominaux sujets.**

jouer aux dominos
disposer d'un après-midi de libre
consulter Internet
prolonger son séjour aux Arcs
résister à la tentation
attendrir ses grands-parents
apercevoir l'arrivée
encadrer cette photographie

oser un pronostic
surmonter sa déception
couper le gâteau en huit
vaincre sa peur
combler son retard
choisir un métier manuel
vivre cent ans
aller à la piscine

456 **Écris les phrases à la forme interrogative.**

Le commerçant vend sa marchandise à perte. – Les vêtements ont rétréci au lavage. – Le canal de Panama relie l'océan Pacifique à l'océan Atlantique. – Tu connais ta date de naissance. – Je copierai la fin de l'histoire sur mon cahier d'essai. – Vous aimez la musique techno. – Le pilote préfère atterrir sur cet aéroport. – Les campeurs s'installent dans une clairière. – Dans le train, nous mangerons un sandwich ou une pizza. – La candidate recueillera assez de voix pour être élue au premier tour.

457 **Écris les phrases à la forme interrogative.**

Au printemps, les cerisiers se couvrent de fleurs. – La caravane a réussi à traverser le désert en quelques jours. – Vous aviez éclairé le passage avant de vous engager. – Avec mes cheveux courts, j'ai rajeuni. – Tu as appris à lire dès l'école maternelle. – Les hélicoptères ont survolé le lieu de la catastrophe à la recherche de survivants. – À Versailles, Louis XIV était entouré de courtisans. – Le coureur espagnol a conforté son avance. – Nous nous sommes déjugés en changeant d'opinion à la dernière minute.

458 **Écris les phrases à la forme interrogative en employant l'expression Est-ce que ... .**

Tu prendras du sirop pour la toux. – Monsieur Gentaz se rase avec un rasoir mécanique. – Nous déplacerons les meubles de notre chambre. – Léo et Romain font partie d'une chorale. – Vous reconnaissez vos erreurs. – Je pourrais obtenir une réduction sur le prix de ce disque. – Tu te sers de cette rallonge électrique. – Vous reviendriez à l'époque des lampes à huile et des voitures à chevaux. – J'écrirai la totalité du résumé. – Nous croyons encore aux histoires de fées.

C♢ copie et retiens

les finances - *financer* - *le financier* - *le financement* - *l'autofinancement*
le prêt (la prestation) - *la forêt* (forestier) - *l'impôt* (l'imposition)

La construction du verbe

La voix passive

observe

Yu Ling **avait été remarquée** lors d'un concours de chant pour amateurs. Tous les membres du jury **avaient été subjugués** par son timbre de voix. Elle **a** immédiatement **été contactée** par un imprésario qui lui a promis un grand succès. Elle **est réclamée** par les plus grandes salles de concert du monde. Désormais, ses progrès **sont suivis** par de célèbres professeurs de chant. On parle d'elle comme d'une nouvelle Callas...

retiens

Pour conjuguer un verbe à la voix passive, on conjugue l'auxiliaire **être** au temps souhaité, puis on écrit le **participe passé** du verbe conjugué.
Exemples pour l'indicatif :

présent	imparfait	passé simple	futur simple
ils sont suivis	ils étaient suivis	ils furent suivis	ils seront suivis

passé composé	plus-que-parfait	passé antérieur	futur antérieur
ils ont été suivis	ils avaient été suivis	ils eurent été suivis	ils auront été suivis

Il ne faut pas confondre le verbe à la voix passive, avec le verbe **être** suivi d'un participe passé marquant l'état.

La voix est irritée.   La voix est irritée par la répétition des exercices.
La répétition des exercices irrite la voix.

exercices ▶ Corrigé p. 277

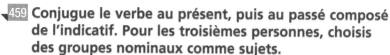

459 Conjugue le verbe au présent, puis au passé composé de l'indicatif. Pour les troisièmes personnes, choisis des groupes nominaux comme sujets.

être renversé par le vent
être récompensé par le professeur
être écouté par ses amis
être charmé par le conteur
être désigné par ses camarades
être consolé par un ami
être protégé par un mur

être lavé par la pluie
être soigné par le médecin
être fatigué par le travail
être respecté par l'adversaire
être abusé par un escroc
être oublié par le vendeur
être abordé par un inconnu

460 Écris les phrases à la voix active. (Les verbes resteront conjugués au présent de l'indicatif.)

Je suis enchantée par ce film. → Ce film m'enchante.

Les bandits sont arrêtés par la police. – La rue piétonne est envahie par les passants. – Une réduction est réclamée par la plupart des clients. – Un cours de musique est dispensé par le violoniste de l'orchestre de Lille. – Les meubles sont emportés par les déménageurs. – Le public est émerveillé par les prouesses des patineurs. – Au troisième tour, une confortable avance est conservée par le coureur italien. – À la fin du match, lorsque tous les spectateurs ont quitté le stade, les grilles sont refermées par le gardien.

461 Écris les phrases à la voix passive. (Les verbes principaux resteront conjugués au présent de l'indicatif.)

Des lampadaires éclairent les rues du quartier. – Des fresques décorent les murs de l'école. – Une avalanche coupe la route d'accès à Val-Thorens. – Le chef de gare nous indique le quai où s'arrêtera le train de Poitiers. – L'éléphant renverse les vases de porcelaine. – Le code de la route autorise les pompiers à passer alors que le feu est au rouge. – Le boucher découpe les biftecks avec dextérité.

462 Écris les phrases à la voix active en respectant le temps des verbes.

La clé du préau de l'école sera confiée à l'élève le plus raisonnable, par le directeur. – Monsieur Verrando a été opéré par un chirurgien canadien. – Les cerisiers du verger avaient été attaqués par les pucerons. – La circulation était réglée par une équipe de gardiens de la paix. – Le gros lot sera emporté par celui qui aura coché les six bons numéros. – La tranchée fut comblée par les terrassiers. – Cette lettre a été expédiée par monsieur Roger le 12 mars et je ne la reçois qu'aujourd'hui, 24 avril ! – Le film primé au festival de Cannes a été réalisé par un Japonais. – Le trésor de Rackham le Rouge fut découvert par Tintin, au château de Moulinsart.

463 Écris les phrases à la voix passive en respectant le temps des verbes.

Ce mathématicien de génie résout tous les problèmes, même les plus difficiles. – Les bulldozers de l'entreprise Ferrero élargirent l'avenue Charles-de-Gaulle. – Le surveillant conduisit celui qui avait brisé un carreau dans le bureau du directeur. – Trois correcteurs professionnels avaient relu le texte, et pourtant il restait des erreurs ! – À Austerlitz, les armées de Napoléon 1er ont vaincu les armées autrichiennes. – L'ordinateur inscrit souvent la date au bas des pages des documents.

⊙ copie et retiens

découvrir - la découverte - couvrir - la couverture - recouvrir - le couvert
louer - le loueur - la location - le locataire - locatif - le loyer

Révision

198 *Écris les verbes entre parenthèses au passé composé.*

J'(imaginer) une suite à cette histoire. – En débarquant sur cette île tropicale, je (s'imaginer) au paradis terrestre ! – L'agriculteur (enfoncer) avec peine des piquets dans le sol gelé. – L'agriculteur (s'enfoncer) dans le sous-bois à la recherche de champignons. – Tu (emballer) les disquettes dans une enveloppe épaisse. – Tu (s'emballer) pour rien et tu l'(regretter) aussitôt. – Le pêcheur (lasser) ses amis avec le récit de ses exploits imaginaires. – Comme rien ne voulait mordre, le pêcheur (se lasser). – Vous (déshabiller) vos poupées et vous (ranger) leurs vêtements. – Vous (se déshabiller) avant de plonger dans les vagues.

199 *Complète les phrases avec ces verbes pronominaux que tu écriras au présent de l'indicatif.*

se déplacer – se dérouler – se laver – se retrouver – se conduire – se rencontrer – se diriger – se réserver

Une voiture de course ne ... pas comme une automobile de tourisme. – Lorsqu'il campe, Harold ... comme les chats, sans trop se mouiller ! – Lorsque tu découpes un poulet, tu ... un morceau de blanc. – L'arbitre veille à ce que la partie ... sans incident. – Les deux cabines du téléphérique ... exactement au milieu du parcours. – Lorsqu'il y a du brouillard, nous ... à l'aide de la boussole. – Dans les derniers lacets du col de l'Aubisque, les deux coureurs allemands ... au coude à coude. – En l'absence de plan, vous ... comme vous pouvez dans cette ville inconnue pour retrouver votre hôtel.

200 *Les réponses sont données, mais il manque les questions ! En réfléchissant, tu les retrouveras facilement.*

C'est la Chine.
→ *Question* : **Quel est le pays le plus peuplé au monde ?**

J'ai mangé une excellente pizza.
Nous avons dormi dans un refuge près du col d'Agnel.
Monsieur Terzieff a pris l'avion à neuf heures.
Les Brésiliens parlent le portugais.
C'est Christophe Colomb qui l'a découverte.
Nous confierons ce secret à nos amis.
Les maçons utiliseront un échafaudage pour crépir la façade.

201 *Imagine des fins de phrases vraisemblables, puis des fins de phrases complètement absurdes.*

Clément est favorisé par ...
Clément est favorisé par le tirage au sort.
Clément est favorisé par la malchance.

Les robes sont vendues par ... . – Les travaux sont réalisés par ... . – Nous sommes rassurés par ... . – La salle est envahie par ... . – L'île de la Réunion a été dévastée par ... . – Tu es séduit par ... . – Je suis invitée à dîner par ... . – Le prix de cet article sera fixé par ... . – Le but a été marqué par ... . – Ces jeunes gens sont mariés par ... . – Vous êtes secouées par ... . – Les touristes sont découragés par ... . – Le réseau de trafiquants est démantelé par ... . – Nous sommes vaccinés par ... . – Les gâteaux sont dévorés par ... . – Les ordinateurs sont installés par ... .

202 *Conjugue les verbes au présent de l'indicatif. Pour les troisièmes personnes, choisis des groupes nominaux comme sujets.*

se remplir un verre d'eau
s'esclaffer bruyamment
se lamenter devant les dégâts
se réchauffer en tapant des pieds
se percher sur une branche
se peser tous les jours
se vexer inutilement

se trémousser en cadence
se maquiller les yeux
s'agglutiner autour du feu
s'appuyer contre la barrière
se plonger dans un roman
s'observer dans une glace
ne pas se vanter

203 *Écris les verbes entre parenthèses au temps composé de l'indicatif qui convient.*

Quand ils (se hisser) à bord du canot de sauvetage, les rescapés décidèrent de le laisser dériver au gré du vent. – Le boxeur (se mesurer) à plus fort que lui et il avait fait connaissance avec le tapis du ring. – Quand ta petite sœur (s'endormir), tu pourras éteindre la lumière. – Lorsque les portes (se refermer), la séance commença. – Tu (ne pas se plaindre), et pourtant la piqûre était douloureuse. – Lorsque je (s'emparer) du marteau, je tapai sur les clous pour les enfoncer. – Quand vous (s'accouder) au bar, le patron vous servira votre eau minérale.

204 *Écris les phrases à la forme interrogative.*

Les élèves ont appris leurs tables de multiplication. – Le tracteur a fait demi-tour au bout du sillon. – Les policiers ont tamponné les passeports de tous les passagers du vol en partance pour l'Argentine. – Monsieur Carabacca sursautera quand il entendra le bruit des chaînes du fantôme. – Les poids lourds bloquaient la circulation. – La citrouille se métamorphose en un splendide carrosse. – Les jus de fruits nous désaltèrent.

Tableau de conjugaison

ÊTRE

Présent

je	suis
tu	es
elle	est
nous	sommes
vous	êtes
ils	sont

Passé composé

j'	ai	été
tu	as	été
elle	a	été
nous	avons	été
vous	avez	été
ils	ont	été

Présent

que je	sois
que tu	sois
qu' elle	soit
que nous	soyons
que vous	soyez
qu' ils	soient

Imparfait

j'	étais
tu	étais
elle	était
nous	étions
vous	étiez
ils	étaient

Plus-que-parfait

j'	avais	été
tu	avais	été
elle	avait	été
nous	avions	été
vous	aviez	été
ils	avaient	été

Imparfait

que je	fusse
que tu	fusses
qu' elle	fût
que nous	fussions
que vous	fussiez
qu' ils	fussent

Passé simple

je	fus
tu	fus
elle	fut
nous	fûmes
vous	fûtes
ils	furent

Passé antérieur

j'	eus	été
tu	eus	été
elle	eut	été
nous	eûmes	été
vous	eûtes	été
ils	eurent	été

Passé

que j'	aie	été
que tu	aies	été
qu' elle	ait	été
que nous	ayons	été
que vous	ayez	été
qu' ils	aient	été

Futur simple

je	serai
tu	seras
elle	sera
nous	serons
vous	serez
ils	seront

Futur antérieur

j'	aurai	été
tu	auras	été
elle	aura	été
nous	aurons	été
vous	aurez	été
ils	auront	été

Plus-que-parfait

que j'	eusse	été
que tu	eusses	été
qu' elle	eût	été
que nous	eussions	été
que vous	eussiez	été
qu' ils	eussent	été

CONDITIONNEL

Présent

je	serais
tu	serais
elle	serait
nous	serions
vous	seriez
ils	seraient

Passé

j'	aurais	été
tu	aurais	été
elle	aurait	été
nous	aurions	été
vous	auriez	été
ils	auraient	été

IMPÉRATIF

Présent

sois   soyons   soyez

Passé

aie été   ayons été   ayez été

INFINITIF

Présent
être

Passé
avoir été

PARTICIPE

Présent
étant

Passé
été

Tableau de conjugaison

AVOIR

INDICATIF		SUBJONCTIF

Présent

j'	ai	j'	ai	eu	que j'	aie	
tu	as	tu	as	eu	que tu	aies	
elle	a	elle	a	eu	qu' elle	ait	
nous	avons	nous	avons	eu	que nous	ayons	
vous	avez	vous	avez	eu	que vous	ayez	
ils	ont	ils	ont	eu	qu' ils	aient	

Présent (Passé composé) / **Présent (Subjonctif)**

Imparfait / Plus-que-parfait / Imparfait

j'	avais	j'	avais	eu	que j'	eusse	
tu	avais	tu	avais	eu	que tu	eusses	
elle	avait	elle	avait	eu	qu' elle	eût	
nous	avions	nous	avions	eu	que nous	eussions	
vous	aviez	vous	aviez	eu	que vous	eussiez	
ils	avaient	ils	avaient	eu	qu' ils	eussent	

Passé simple / Passé antérieur / Passé

j'	eus	j'	eus	eu	que j'	aie	eu
tu	eus	tu	eus	eu	que tu	aies	eu
elle	eut	elle	eut	eu	qu' elle	ait	eu
nous	eûmes	nous	eûmes	eu	que nous	ayons	eu
vous	eûtes	vous	eûtes	eu	que vous	ayez	eu
ils	eurent	ils	eurent	eu	qu' ils	aient	eu

Futur simple / Futur antérieur / Plus-que-parfait

j'	aurai	j'	aurai	eu	que j'	eusse	eu
tu	auras	tu	auras	eu	que tu	eusses	eu
elle	aura	elle	aura	eu	qu' elle	eût	eu
nous	aurons	nous	aurons	eu	que nous	eussions	eu
vous	aurez	vous	aurez	eu	que vous	eussiez	eu
ils	auront	ils	auront	eu	qu' ils	eussent	eu

CONDITIONNEL

Présent / Passé

j'	aurais	j'	aurais	eu
tu	aurais	tu	aurais	eu
elle	aurait	elle	aurait	eu
nous	aurions	nous	aurions	eu
vous	auriez	vous	auriez	eu
ils	auraient	ils	auraient	eu

IMPÉRATIF

Présent

aie	ayons	ayez

Passé

aie eu	ayons eu	ayez eu

INFINITIF		PARTICIPE	

Présent	**Passé**	**Présent**	**Passé**
avoir	avoir eu	ayant	eu, eue

Tableau de conjugaison

M A R C H E R

INDICATIF

Présent

je	march	e
tu	march	es
elle	march	e
nous	march	ons
vous	march	ez
ils	march	ent

Imparfait

je	march	ais
tu	march	ais
elle	march	ait
nous	march	ions
vous	march	iez
ils	march	aient

Passé composé

| j' | ai | marché |

Plus-que-parfait

| j' | avais | marché |

Passé simple

je	march	ai
tu	march	as
elle	march	a
nous	march	âmes
vous	march	âtes
ils	march	èrent

Futur simple

je	marcher	ai
tu	marcher	as
elle	marcher	a
nous	marcher	ons
vous	marcher	ez
ils	marcher	ont

Passé antérieur

| j' | eus | marché |

Futur antérieur

| j' | aurai | marché |

SUBJONCTIF

Présent

que	je	march	e
que	tu	march	es
qu'	elle	march	e
que	nous	march	ions
que	vous	march	iez
qu'	ils	march	ent

CONDITIONNEL

Présent

je	marcher	ais
tu	marcher	ais
elle	marcher	ait
nous	marcher	ions
vous	marcher	iez
ils	marcher	aient

IMPÉRATIF

Présent

marche   marchons   marchez

INFINITIF

Présent
marcher

Passé
avoir marché

PARTICIPE

Présent
marchant

Passé
marché

E S S U Y E R

INDICATIF

Présent

j'	essui	e
tu	essui	es
elle	essui	e
nous	essuy	ons
vous	essuy	ez
ils	essui	ent

Imparfait

j'	essuy	ais
tu	essuy	ais
elle	essuy	ait
nous	essuy	ions
vous	essuy	iez
ils	essuy	aient

Passé composé

| j' | ai | essuyé |

Plus-que-parfait

| j' | avais | essuyé |

Passé simple

j'	essuy	ai
tu	essuy	as
elle	essuy	a
nous	essuy	âmes
vous	essuy	âtes
ils	essuy	èrent

Futur simple

j'	essuier	ai
tu	essuier	as
elle	essuier	a
nous	essuier	ons
vous	essuier	ez
ils	essuier	ont

Passé antérieur

| j' | eus | essuyé |

Futur antérieur

| j' | aurai | essuyé |

SUBJONCTIF

Présent

que	j'	essui	e
que	tu	essui	es
qu'	elle	essui	e
que	nous	essuy	ions
que	vous	essuy	iez
qu'	ils	essui	ent

CONDITIONNEL

Présent

j'	essuier	ais
tu	essuier	ais
elle	essuier	ait
nous	essuier	ions
vous	essuier	iez
ils	essuier	aient

IMPÉRATIF

Présent

essuie   essuyons   essuyez

INFINITIF

Présent
essuyer

Passé
avoir essuyé

PARTICIPE

Présent
essuyant

Passé
essuyé(e)

Tableau de conjugaison

1er groupe — JETER

INDICATIF

Présent
je	jett	e
tu	jett	es
elle	jett	e
nous	jet	ons
vous	jet	ez
ils	jett	ent

Passé simple
je	jet	ai
tu	jet	as
elle	jet	a
nous	jet	âmes
vous	jet	âtes
ils	jet	èrent

Imparfait
je	jet	ais
tu	jet	ais
elle	jet	ait
nous	jet	ions
vous	jet	iez
ils	jet	aient

Futur simple
je	jetter	ai
tu	jetter	as
elle	jetter	a
nous	jetter	ons
vous	jetter	ez
ils	jetter	ont

Passé composé
j'	ai	jeté

Passé antérieur
j'	eus	jeté

Plus-que-parfait
j'	avais	jeté

Futur antérieur
j'	aurai	jeté

SUBJONCTIF

Présent
que	je	jett	e
que	tu	jett	es
qu'	elle	jett	e
que	nous	jet	ions
que	vous	jet	iez
qu'	ils	jett	ent

CONDITIONNEL

Présent
je	jetter	ais
tu	jetter	ais
elle	jetter	ait
nous	jetter	ions
vous	jetter	iez
ils	jetter	aient

IMPÉRATIF

Présent
jette	jetons	jetez

INFINITIF

Présent
jeter

Passé
avoir jeté

PARTICIPE

Présent
jetant

Passé
jeté(e)

1er groupe — APPELER

INDICATIF

Présent
j'	appell	e
tu	appell	es
elle	appell	e
nous	appel	ons
vous	appel	ez
ils	appell	ent

Passé simple
j'	appel	ai
tu	appel	as
elle	appel	a
nous	appel	âmes
vous	appel	âtes
ils	appel	èrent

Imparfait
j'	appel	ais
tu	appel	ais
elle	appel	ait
nous	appel	ions
vous	appel	iez
ils	appel	aient

Futur simple
j'	appeller	ai
tu	appeller	as
elle	appeller	a
nous	appeller	ons
vous	appeller	ez
ils	appeller	ont

Passé composé
j'	ai	appelé

Passé antérieur
j'	eus	appelé

Plus-que-parfait
j'	avais	appelé

Futur antérieur
j'	aurai	appelé

SUBJONCTIF

Présent
que	j'	appell	e
que	tu	appell	es
qu'	elle	appell	e
que	nous	appel	ions
que	vous	appel	iez
qu'	ils	appell	ent

CONDITIONNEL

Présent
j'	appeller	ais
tu	appeller	ais
elle	appeller	ait
nous	appeller	ions
vous	appeller	iez
ils	appeller	aient

IMPÉRATIF

Présent
appelle	appelons	appelez

INFINITIF

Présent
appeler

Passé
avoir appelé

PARTICIPE

Présent
appelant

Passé
appelé(e)

Tableau de conjugaison

ESPÉRER

INDICATIF

Présent

j'	espèr	e
tu	espèr	es
elle	espèr	e
nous	espér	ons
vous	espér	ez
ils	espèr	ent

Imparfait

j'	espér	ais
tu	espér	ais
elle	espér	ait
nous	espér	ions
vous	espér	iez
ils	espér	aient

Passé composé

j'	ai	espéré

Plus-que-parfait

j'	avais	espéré

Passé simple

j'	espér	ai
tu	espér	as
elle	espér	a
nous	espér	âmes
vous	espér	âtes
ils	espér	èrent

Futur simple

j'	espèrer	ai
tu	espèrer	as
elle	espèrer	a
nous	espèrer	ons
vous	espèrer	ez
ils	espèrer	ont

Passé antérieur

j'	eus	espéré

Futur antérieur

j'	aurai	espéré

SUBJONCTIF

Présent

que	j'	espèr	e
que	tu	espèr	es
qu'	elle	espèr	e
que	nous	espér	ions
que	vous	espér	iez
qu'	ils	espèr	ent

CONDITIONNEL

Présent

j'	espèrer	ais
tu	espèrer	ais
elle	espèrer	ait
nous	espèrer	ions
vous	espèrer	iez
ils	espèrer	aient

IMPÉRATIF

Présent

espère	espérons	espérez

INFINITIF

Présent
espérer

Passé
avoir espéré

PARTICIPE

Présent
espérant

Passé
espéré(e)

LEVER

INDICATIF

Présent

je	lèv	e
tu	lèv	es
elle	lèv	e
nous	lev	ons
vous	lev	ez
ils	lèv	ent

Imparfait

je	lev	ais
tu	lev	ais
elle	lev	ait
nous	lev	ions
vous	lev	iez
ils	lev	aient

Passé composé

j'	ai	levé

Plus-que-parfait

j'	avais	levé

Passé simple

je	lev	ai
tu	lev	as
elle	lev	a
nous	lev	âmes
vous	lev	âtes
ils	lev	èrent

Futur simple

je	lèver	ai
tu	lèver	as
elle	lèver	a
nous	lèver	ons
vous	lèver	ez
ils	lèver	ont

Passé antérieur

j'	eus	levé

Futur antérieur

j'	aurai	levé

SUBJONCTIF

Présent

que	je	lèv	e
que	tu	lèv	es
qu'	elle	lèv	e
que	nous	lev	ions
que	vous	lev	iez
qu'	ils	lèv	ent

CONDITIONNEL

Présent

je	lèver	ais
tu	lèver	ais
elle	lèver	ait
nous	lèver	ions
vous	lèver	iez
ils	lèver	aient

IMPÉRATIF

Présent

lève	levons	levez

INFINITIF

Présent
lever

Passé
avoir levé

PARTICIPE

Présent
levant

Passé
levé(e)

Tableau de conjugaison

2ᵉ groupe — FINIR

INDICATIF

Présent
je	fini	s
tu	fini	s
elle	fini	t
nous	fini	ssons
vous	fini	ssez
ils	fini	ssent

Passé simple
je	fini	s
tu	fini	s
elle	fini	t
nous	finî	mes
vous	finî	tes
ils	fini	rent

Imparfait
je	finiss	ais
tu	finiss	ais
elle	finiss	ait
nous	finiss	ions
vous	finiss	iez
ils	finiss	aient

Futur simple
je	finir	ai
tu	finir	as
elle	finir	a
nous	finir	ons
vous	finir	ez
ils	finir	ont

Passé composé
| j' | ai | fini |

Passé antérieur
| j' | eus | fini |

Plus-que-parfait
| j' | avais | fini |

Futur antérieur
| j' | aurai | fini |

SUBJONCTIF

Présent
que	je	finiss	e
que	tu	finiss	es
qu'	elle	finiss	e
que	nous	finiss	ions
que	vous	finiss	iez
qu'	ils	finiss	ent

CONDITIONNEL

Présent
je	finir	ais
tu	finir	ais
elle	finir	ait
nous	finir	ions
vous	finir	iez
ils	finir	aient

IMPÉRATIF

Présent
finis   finissons   finissez

INFINITIF

Présent
finir

Passé
avoir fini

PARTICIPE

Présent
finissant

Passé
fini(e)

3ᵉ groupe — METTRE

INDICATIF

Présent
je	met	s
tu	met	s
elle	met	
nous	mett	ons
vous	mett	ez
ils	mett	ent

Passé simple
je	m	is
tu	m	is
elle	m	it
nous	m	îmes
vous	m	îtes
ils	m	irent

Imparfait
je	mett	ais
tu	mett	ais
elle	mett	ait
nous	mett	ions
vous	mett	iez
ils	mett	aient

Futur simple
je	mettr	ai
tu	mettr	as
elle	mettr	a
nous	mettr	ons
vous	mettr	ez
ils	mettr	ont

Passé composé
| j' | ai | mis |

Passé antérieur
| j' | eus | mis |

Plus-que-parfait
| j' | avais | mis |

Futur antérieur
| j' | aurai | mis |

SUBJONCTIF

Présent
que	je	mett	e
que	tu	mett	es
qu'	elle	mett	e
que	nous	mett	ions
que	vous	mett	iez
qu'	ils	mett	ent

CONDITIONNEL

Présent
je	mettr	ais
tu	mettr	ais
elle	mettr	ait
nous	mettr	ions
vous	mettr	iez
ils	mettr	aient

IMPÉRATIF

Présent
mets   mettons   mettez

INFINITIF

Présent
mettre

Passé
avoir mis

PARTICIPE

Présent
mettant

Passé
mis(e)

Tableau de conjugaison

3e groupe — DESCENDRE

INDICATIF

Présent
je	descend	s
tu	descend	s
elle	descend	
nous	descend	ons
vous	descend	ez
ils	descend	ent

Imparfait
je	descend	ais
tu	descend	ais
elle	descend	ait
nous	descend	ions
vous	descend	iez
ils	descend	aient

Passé composé
j'	ai	descendu

Plus-que-parfait
j'	avais	descendu

Passé simple
je	descend	is
tu	descend	is
elle	descend	it
nous	descend	îmes
vous	descend	îtes
ils	descend	irent

Futur simple
je	descendr	ai
tu	descendr	as
elle	descendr	a
nous	descendr	ons
vous	descendr	ez
ils	descendr	ont

Passé antérieur
j'	eus	descendu

Futur antérieur
j'	aurai	descendu

SUBJONCTIF

Présent
que	je	descend	e
que	tu	descend	es
qu'	elle	descend	e
que	nous	descend	ions
que	vous	descend	iez
qu'	ils	descend	ent

CONDITIONNEL

Présent
je	descendr	ais
tu	descendr	ais
elle	descendr	ait
nous	descendr	ions
vous	descendr	iez
ils	descendr	aient

IMPÉRATIF

Présent
descends descendons descendez

INFINITIF

Présent
descendre

Passé
avoir descendu

PARTICIPE

Présent
descendant

Passé
descendu(e)

3e groupe — COURIR

INDICATIF

Présent
je	cour	s
tu	cour	s
elle	cour	t
nous	cour	ons
vous	cour	ez
ils	cour	ent

Imparfait
je	cour	ais
tu	cour	ais
elle	cour	ait
nous	cour	ions
vous	cour	iez
ils	cour	aient

Passé composé
j'	ai	couru

Plus-que-parfait
j'	avais	couru

Passé simple
je	cour	us
tu	cour	us
elle	cour	ut
nous	cour	ûmes
vous	cour	ûtes
ils	cour	urent

Futur simple
je	courr	ai
tu	courr	as
elle	courr	a
nous	courr	ons
vous	courr	ez
ils	courr	ont

Passé antérieur
j'	eus	couru

Futur antérieur
j'	aurai	couru

SUBJONCTIF

Présent
que	je	cour	e
que	tu	cour	es
qu'	elle	cour	e
que	nous	cour	ions
que	vous	cour	iez
qu'	ils	cour	ent

CONDITIONNEL

Présent
je	courr	ais
tu	courr	ais
elle	courr	ait
nous	courr	ions
vous	courr	iez
ils	courr	aient

IMPÉRATIF

Présent
cours courons courez

INFINITIF

Présent
courir

Passé
avoir couru

PARTICIPE

Présent
courant

Passé
couru(e)

Tableau de conjugaison

3e groupe — S A V O I R

INDICATIF

Présent
je	sai	s
tu	sai	s
elle	sai	t
nous	sav	ons
vous	sav	ez
ils	sav	ent

Imparfait
je	sav	ais
tu	sav	ais
elle	sav	ait
nous	sav	ions
vous	sav	iez
ils	sav	aient

Passé composé
j' ai	su

Plus-que-parfait
j' avais	su

Passé simple
je	s	us
tu	s	us
elle	s	ut
nous	s	ûmes
vous	s	ûtes
ils	s	urent

Futur simple
je	saur	ai
tu	saur	as
elle	saur	a
nous	saur	ons
vous	saur	ez
ils	saur	ont

Passé antérieur
j' eus	su

Futur antérieur
j' aurai	su

SUBJONCTIF

Présent
que je	sach	e
que tu	sach	es
qu' elle	sach	e
que nous	sach	ions
que vous	sach	iez
qu' ils	sach	ent

CONDITIONNEL

Présent
je	saur	ais
tu	saur	ais
elle	saur	ait
nous	saur	ions
vous	saur	iez
ils	saur	aient

IMPÉRATIF

Présent
sache   sachons   sachez

INFINITIF

Présent
savoir

Passé
avoir su

PARTICIPE

Présent
sachant

Passé
su(e)

3e groupe — V E N I R

INDICATIF

Présent
je	vien	s
tu	vien	s
elle	vien	t
nous	ven	ons
vous	ven	ez
ils	vienn	ent

Imparfait
je	ven	ais
tu	ven	ais
elle	ven	ait
nous	ven	ions
vous	ven	iez
ils	ven	aient

Passé composé
je suis	venu(e)

Plus-que-parfait
j' étais	venu(e)

Passé simple
je	vin	s
tu	vin	s
elle	vin	t
nous	vîn	mes
vous	vîn	tes
ils	vin	rent

Futur simple
je	viendr	ai
tu	viendr	as
elle	viendr	a
nous	viendr	ons
vous	viendr	ez
ils	viendr	ont

Passé antérieur
je fus	venu(e)

Futur antérieur
je serai	venu(e)

SUBJONCTIF

Présent
que je	vienn	e
que tu	vienn	es
qu' elle	vienn	e
que nous	ven	ions
que vous	ven	iez
qu' ils	vienn	ent

CONDITIONNEL

Présent
je	viendr	ais
tu	viendr	ais
elle	viendr	ait
nous	viendr	ions
vous	viendr	iez
ils	viendr	aient

IMPÉRATIF

Présent
viens   venons   venez

INFINITIF

Présent
venir

Passé
être venu

PARTICIPE

Présent
venant

Passé
venu(e)

Tableau de conjugaison

A L L E R

INDICATIF

Présent
je	vai	s
tu	va	s
elle	va	
nous	all	ons
vous	all	ez
ils	v	ont

Imparfait
j'	all	ais
tu	all	ais
elle	all	ait
nous	all	ions
vous	all	iez
ils	all	aient

Passé composé
je suis	allé(e)

Plus-que-parfait
j' étais	allé(e)

Passé simple
j'	all	ai
tu	all	as
elle	all	a
nous	all	âmes
vous	all	âtes
ils	all	èrent

Futur simple
j'	ir	ai
tu	ir	as
elle	ir	a
nous	ir	ons
vous	ir	ez
ils	ir	ont

Passé antérieur
je fus	allé(e)

Futur antérieur
je serai	allé(e)

SUBJONCTIF

Présent
que j'	aill	e
que tu	aill	es
qu' elle	aill	e
que nous	all	ions
que vous	all	iez
qu' ils	aill	ent

CONDITIONNEL

Présent
j'	ir	ais
tu	ir	ais
elle	ir	ait
nous	ir	ions
vous	ir	iez
ils	ir	aient

IMPÉRATIF

Présent
va	allons	allez

INFINITIF

Présent	**Passé**
aller	être allé

PARTICIPE

Présent	**Passé**
allant	allé(e)

F A I R E

INDICATIF

Présent
je	fai	s
tu	fai	s
elle	fai	t
nous	fais	ons
vous	fait	es
ils	f	ont

Imparfait
je	fais	ais
tu	fais	ais
elle	fais	ait
nous	fais	ions
vous	fais	iez
ils	fais	aient

Passé composé
j' ai	fait

Plus-que-parfait
j' avais	fait

Passé simple
je	f	is
tu	f	is
elle	f	it
nous	f	îmes
vous	f	îtes
ils	f	irent

Futur simple
je	fer	ai
tu	fer	as
elle	fer	a
nous	fer	ons
vous	fer	ez
ils	fer	ont

Passé antérieur
j' eus	fait

Futur antérieur
j' aurai	fait

SUBJONCTIF

Présent
que je	fass	e
que tu	fass	es
qu' elle	fass	e
que nous	fass	ions
que vous	fass	iez
qu' ils	fass	ent

CONDITIONNEL

Présent
je	fer	ais
tu	fer	ais
elle	fer	ait
nous	fer	ions
vous	fer	iez
ils	fer	aient

IMPÉRATIF

Présent
fais	faisons	faites

INFINITIF

Présent	**Passé**
faire	avoir fait

PARTICIPE

Présent	**Passé**
faisant	fait(e)

Tableau de conjugaison

3e groupe — DIRE

INDICATIF

Présent
je	di	s
tu	di	s
elle	di	t
nous	dis	ons
vous	dit	es
ils	dis	ent

Passé simple
je	d	is
tu	d	is
elle	d	it
nous	d	îmes
vous	d	îtes
ils	d	irent

Imparfait
je	dis	ais
tu	dis	ais
elle	dis	ait
nous	dis	ions
vous	dis	iez
ils	dis	aient

Futur simple
je	dir	ai
tu	dir	as
elle	dir	a
nous	dir	ons
vous	dir	ez
ils	dir	ont

Passé composé
j'	ai	dit

Passé antérieur
j'	eus	dit

Plus-que-parfait
j'	avais	dit

Futur antérieur
j'	aurai	dit

SUBJONCTIF

Présent
que	je	dis	e
que	tu	dis	es
qu'	elle	dis	e
que	nous	dis	ions
que	vous	dis	iez
qu'	ils	dis	ent

CONDITIONNEL

Présent
je	dir	ais
tu	dir	ais
elle	dir	ait
nous	dir	ions
vous	dir	iez
ils	dir	aient

IMPÉRATIF

Présent
dis   disons   dites

INFINITIF

Présent
dire

Passé
avoir dit

PARTICIPE

Présent
disant

Passé
dit(e)

3e groupe — ASSEOIR

INDICATIF

Présent
j'	assied	s
tu	assied	s
elle	assied	
nous	assey	ons
vous	assey	ez
ils	assey	ent

Passé simple
j'	ass	is
tu	ass	is
elle	ass	it
nous	ass	îmes
vous	ass	îtes
ils	ass	irent

Imparfait
j'	assey	ais
tu	assey	ais
elle	assey	ait
nous	assey	ions
vous	assey	iez
ils	assey	aient

Futur simple
j'	assiér	ai
tu	assiér	as
elle	assiér	a
nous	assiér	ons
vous	assiér	ez
ils	assiér	ont

Passé composé
j'	ai	assis

Passé antérieur
j'	eus	assis

Plus-que-parfait
j'	avais	assis

Futur antérieur
j'	aurai	assis

SUBJONCTIF

Présent
que	j'	assey	e
que	tu	assey	es
qu'	elle	assey	e
que	nous	assey	ions
que	vous	assey	iez
qu'	ils	assey	ent

CONDITIONNEL

Présent
j'	assiér	ais
tu	assiér	ais
elle	assiér	ait
nous	assiér	ions
vous	assiér	iez
ils	assiér	aient

IMPÉRATIF

Présent
assieds   asseyons   asseyez

INFINITIF

Présent
asseoir

Passé
être assis

PARTICIPE

Présent
asseyant

Passé
assis(e)

Tableau de conjugaison

3ᵉ groupe — VOIR

INDICATIF

Présent
je	voi	s
tu	voi	s
elle	voi	t
nous	voy	ons
vous	voy	ez
ils	voi	ent

Imparfait
je	voy	ais
tu	voy	ais
elle	voy	ait
nous	voy	ions
vous	voy	iez
ils	voy	aient

Passé composé
j'	ai	vu

Plus-que-parfait
j'	avais	vu

Passé simple
je	v	is
tu	v	is
elle	v	it
nous	v	îmes
vous	v	îtes
ils	v	irent

Futur simple
je	verr	ai
tu	verr	as
elle	verr	a
nous	verr	ons
vous	verr	ez
ils	verr	ont

Passé antérieur
j'	eus	vu

Futur antérieur
j'	aurai	vu

SUBJONCTIF

Présent
que	je	voi	e
que	tu	voi	es
qu'	elle	voi	e
que	nous	voy	ions
que	vous	voy	iez
qu'	ils	voi	ent

CONDITIONNEL

Présent
je	verr	ais
tu	verr	ais
elle	verr	ait
nous	verr	ions
vous	verr	iez
ils	verr	aient

IMPÉRATIF

Présent
vois   voyons   voyez

INFINITIF

Présent
voir

Passé
avoir vu

PARTICIPE

Présent
voyant

Passé
vu(e)

3ᵉ groupe — POUVOIR

INDICATIF

Présent
je	peu	x
tu	peu	x
elle	peu	t
nous	pouv	ons
vous	pouv	ez
ils	peuv	ent

Imparfait
je	pouv	ais
tu	pouv	ais
elle	pouv	ait
nous	pouv	ions
vous	pouv	iez
ils	pouv	aient

Passé composé
j'	ai	pu

Plus-que-parfait
j'	avais	pu

Passé simple
je	p	us
tu	p	us
elle	p	ut
nous	p	ûmes
vous	p	ûtes
ils	p	urent

Futur simple
je	pourr	ai
tu	pourr	as
elle	pourr	a
nous	pourr	ons
vous	pourr	ez
ils	pourr	ont

Passé antérieur
j'	eus	pu

Futur antérieur
j'	aurai	pu

SUBJONCTIF

Présent
que	je	puiss	e
que	tu	puiss	es
qu'	elle	puiss	e
que	nous	puiss	ions
que	vous	puiss	iez
qu'	ils	puiss	ent

CONDITIONNEL

Présent
je	pourr	ais
tu	pourr	ais
elle	pourr	ait
nous	pourr	ions
vous	pourr	iez
ils	pourr	aient

IMPÉRATIF

pas d'impératif

INFINITIF

Présent
pouvoir

Passé
avoir pu

PARTICIPE

Présent
pouvant

Passé
pu(e)

Tableau de conjugaison

PARTIR

3e groupe

INDICATIF

Présent

je	par	s
tu	par	s
elle	par	t
nous	part	ons
vous	part	ez
ils	part	ent

Passé simple

je	part	is
tu	part	is
elle	part	it
nous	part	îmes
vous	part	îtes
ils	part	irent

Imparfait

je	part	ais
tu	part	ais
elle	part	ait
nous	part	ions
vous	part	iez
ils	part	aient

Futur simple

je	partir	ai
tu	partir	as
elle	partir	a
nous	partir	ons
vous	partir	ez
ils	partir	ont

Passé composé

je suis parti(e)

Passé antérieur

je fus parti(e)

Plus-que-parfait

j' étais parti(e)

Futur antérieur

je serai parti(e)

SUBJONCTIF

Présent

que	je	part	e
que	tu	part	es
qu'	elle	part	e
que	nous	part	ions
que	vous	part	iez
qu'	ils	part	ent

CONDITIONNEL

Présent

je	partir	ais
tu	partir	ais
elle	partir	ait
nous	partir	ions
vous	partir	iez
ils	partir	aient

IMPÉRATIF

Présent

pars   partons   partez

INFINITIF

Présent
partir

Passé
être parti

PARTICIPE

Présent
partant

Passé
parti(e)

DEVOIR

3e groupe

INDICATIF

Présent

je	doi	s
tu	doi	s
elle	doi	t
nous	dev	ons
vous	dev	ez
ils	doiv	ent

Passé simple

je	d	us
tu	d	us
elle	d	ut
nous	d	ûmes
vous	d	ûtes
ils	d	urent

Imparfait

je	dev	ais
tu	dev	ais
elle	dev	ait
nous	dev	ions
vous	dev	iez
ils	dev	aient

Futur simple

je	devr	ai
tu	devr	as
elle	devr	a
nous	devr	ons
vous	devr	ez
ils	devr	ont

Passé composé

j' ai dû

Passé antérieur

j' eus dû

Plus-que-parfait

j' avais dû

Futur antérieur

j' aurai dû

SUBJONCTIF

Présent

que	je	doiv	e
que	tu	doiv	es
qu'	elle	doiv	e
que	nous	dev	ions
que	vous	dev	iez
qu'	ils	doiv	ent

CONDITIONNEL

Présent

je	devr	ais
tu	devr	ais
elle	devr	ait
nous	devr	ions
vous	devr	iez
ils	devr	aient

IMPÉRATIF

Présent

dois   devons   devez

INFINITIF

Présent
devoir

Passé
avoir dû

PARTICIPE

Présent
devant

Passé
dû, due

Tableau de conjugaison

M O U R I R

INDICATIF		SUBJONCTIF	

Présent
je	meur	s
tu	meur	s
elle	meur	t
nous	mour	ons
vous	mour	ez
ils	meur	ent

Passé simple
je	mour	us
tu	mour	us
elle	mour	ut
nous	mour	ûmes
vous	mour	ûtes
ils	mour	urent

Présent (SUBJONCTIF)
que je	meur	e
que tu	meur	es
qu' elle	meur	e
que nous	mour	ions
que vous	mour	iez
qu' ils	meur	ent

Imparfait
je	mour	ais
tu	mour	ais
elle	mour	ait
nous	mour	ions
vous	mour	iez
ils	mour	aient

Futur simple
je	mourr	ai
tu	mourr	as
elle	mourr	a
nous	mourr	ons
vous	mourr	ez
ils	mourr	ont

CONDITIONNEL
Présent
je	mourr	ais
tu	mourr	ais
elle	mourr	ait
nous	mourr	ions
vous	mourr	iez
ils	mourr	aient

Passé composé
| je suis | mort(e) |

Passé antérieur
| je fus | mort(e) |

IMPÉRATIF
Présent
| meurs | mourons | mourez |

Plus-que-parfait
| j' étais | mort(e) |

Futur antérieur
| je serai | mort(e) |

INFINITIF		PARTICIPE	

Présent mourir — **Passé** être mort — **Présent** mourant — **Passé** mort(e)

V O U L O I R

INDICATIF		SUBJONCTIF	

Présent
je	veu	x
tu	veu	x
elle	veu	t
nous	voul	ons
vous	voul	ez
ils	veul	ent

Passé simple
je	voul	us
tu	voul	us
elle	voul	ut
nous	voul	ûmes
vous	voul	ûtes
ils	voul	urent

Présent (SUBJONCTIF)
que je	veuill	e
que tu	veuill	es
qu' elle	veuill	e
que nous	voul	ions
que vous	voul	iez
qu' ils	veuill	ent

Imparfait
je	voul	ais
tu	voul	ais
elle	voul	ait
nous	voul	ions
vous	voul	iez
ils	voul	aient

Futur simple
je	voudr	ai
tu	voudr	as
elle	voudr	a
nous	voudr	ons
vous	voudr	ez
ils	voudr	ont

CONDITIONNEL
Présent
je	voudr	ais
tu	voudr	ais
elle	voudr	ait
nous	voudr	ions
vous	voudr	iez
ils	voudr	aient

Passé composé
| j' ai | voulu |

Passé antérieur
| j' eus | voulu |

IMPÉRATIF
Présent
| veuille | veuillons | veuillez |

Plus-que-parfait
| j' avais | voulu |

Futur antérieur
| j' aurai | voulu |

INFINITIF		PARTICIPE	

Présent vouloir — **Passé** avoir voulu — **Présent** voulant — **Passé** voulu(e)

Tableau de conjugaison

3e groupe — BOIRE

INDICATIF

Présent
je	boi	s
tu	boi	s
elle	boi	t
nous	buv	ons
vous	buv	ez
ils	boi	ent

Passé simple
je	b	us
tu	b	us
elle	b	ut
nous	b	ûmes
vous	b	ûtes
ils	b	urent

Imparfait
je	buv	ais
tu	buv	ais
elle	buv	ait
nous	buv	ions
vous	buv	iez
ils	buv	aient

Futur simple
je	boir	ai
tu	boir	as
elle	boir	a
nous	boir	ons
vous	boir	ez
ils	boir	ont

Passé composé
j' ai bu

Passé antérieur
j' eus bu

Plus-que-parfait
j' avais bu

Futur antérieur
j' aurai bu

SUBJONCTIF

Présent
que	je	boiv	e
que	tu	boiv	es
qu'	elle	boiv	e
que	nous	buv	ions
que	vous	buv	iez
qu'	ils	boiv	ent

CONDITIONNEL

Présent
je	boir	ais
tu	boir	ais
elle	boir	ait
nous	boir	ions
vous	boir	iez
ils	boir	aient

IMPÉRATIF

Présent
bois buvons buvez

INFINITIF

Présent
boire

Passé
avoir bu

PARTICIPE

Présent
buvant

Passé
bu(e)

3e groupe — VIVRE

INDICATIF

Présent
je	vi	s
tu	vi	s
elle	vi	t
nous	viv	ons
vous	viv	ez
ils	viv	ent

Passé simple
je	véc	us
tu	véc	us
elle	véc	ut
nous	véc	ûmes
vous	véc	ûtes
ils	véc	urent

Imparfait
je	viv	ais
tu	viv	ais
elle	viv	ait
nous	viv	ions
vous	viv	iez
ils	viv	aient

Futur simple
je	vivr	ai
tu	vivr	as
elle	vivr	a
nous	vivr	ons
vous	vivr	ez
ils	vivr	ont

Passé composé
j' ai vécu

Passé antérieur
j' eus vécu

Plus-que-parfait
j' avais vécu

Futur antérieur
j' aurai vécu

SUBJONCTIF

Présent
que	je	viv	e
que	tu	viv	es
qu'	elle	viv	e
que	nous	viv	ions
que	vous	viv	iez
qu'	ils	viv	ent

CONDITIONNEL

Présent
je	vivr	ais
tu	vivr	ais
elle	vivr	ait
nous	vivr	ions
vous	vivr	iez
ils	vivr	aient

IMPÉRATIF

Présent
vis vivons vivez

INFINITIF

Présent
vivre

Passé
avoir vécu

PARTICIPE

Présent
vivant

Passé
vécu(e)

Tableau de conjugaison

3e groupe — CROIRE

INDICATIF

Présent

je	crois
tu	crois
elle	croit
nous	croyons
vous	croyez
ils	croient

Passé simple

je	cr	us
tu	cr	us
elle	cr	ut
nous	cr	ûmes
vous	cr	ûtes
ils	cr	urent

Imparfait

je	croy	ais
tu	croy	ais
elle	croy	ait
nous	croy	ions
vous	croy	iez
ils	croy	aient

Futur simple

je	croir	ai
tu	croir	as
elle	croir	a
nous	croir	ons
vous	croir	ez
ils	croir	ont

Passé composé

j' ai	cru

Passé antérieur

j' eus	cru

Plus-que-parfait

j' avais	cru

Futur antérieur

j' aurai	cru

SUBJONCTIF

Présent

que je	croi	e
que tu	croi	es
qu' elle	croi	e
que nous	croy	ions
que vous	croy	iez
qu' ils	croi	ent

CONDITIONNEL

Présent

je	croir	ais
tu	croir	ais
elle	croir	ait
nous	croir	ions
vous	croir	iez
ils	croir	aient

IMPÉRATIF

Présent

crois	croyons	croyez

INFINITIF

Présent	**Passé**
croire	avoir cru

PARTICIPE

Présent	**Passé**
croyant	cru(e)

3e groupe — ÉCRIRE

INDICATIF

Présent

j'	écris
tu	écris
elle	écrit
nous	écrivons
vous	écrivez
ils	écrivent

Passé simple

j'	écriv	is
tu	écriv	is
elle	écriv	it
nous	écriv	îmes
vous	écriv	îtes
ils	écriv	irent

Imparfait

j'	écriv	ais
tu	écriv	ais
elle	écriv	ait
nous	écriv	ions
vous	écriv	iez
ils	écriv	aient

Futur simple

j'	écrir	ai
tu	écrir	as
elle	écrir	a
nous	écrir	ons
vous	écrir	ez
ils	écrir	ont

Passé composé

j' ai	écrit

Passé antérieur

j' eus	écrit

Plus-que-parfait

j' avais	écrit

Futur antérieur

j' aurai	écrit

SUBJONCTIF

Présent

que j'	écriv	e
que tu	écriv	es
qu' elle	écriv	e
que nous	écriv	ions
que vous	écriv	iez
qu' ils	écriv	ent

CONDITIONNEL

Présent

j'	écrir	ais
tu	écrir	ais
elle	écrir	ait
nous	écrir	ions
vous	écrir	iez
ils	écrir	aient

IMPÉRATIF

Présent

écris	écrivons	écrivez

INFINITIF

Présent	**Passé**
écrire	avoir écrit

PARTICIPE

Présent	**Passé**
écrivant	écrit(e)

Tableau de conjugaison

3ᵉ groupe — CONNAÎTRE

INDICATIF

Présent
je	connai	s
tu	connai	s
elle	connaî	t
nous	connaiss	ons
vous	connaiss	ez
ils	connaiss	ent

Imparfait
je	connaiss	ais
tu	connaiss	ais
elle	connaiss	ait
nous	connaiss	ions
vous	connaiss	iez
ils	connaiss	aient

Passé composé
j'	ai	connu

Plus-que-parfait
j'	avais	connu

Passé simple
je	conn	us
tu	conn	us
elle	conn	ut
nous	conn	ûmes
vous	conn	ûtes
ils	conn	urent

Futur simple
je	connaîtr	ai
tu	connaîtr	as
elle	connaîtr	a
nous	connaîtr	ons
vous	connaîtr	ez
ils	connaîtr	ont

Passé antérieur
j'	eus	connu

Futur antérieur
j'	aurai	connu

SUBJONCTIF

Présent
que je	connaiss	e
que tu	connaiss	es
qu' elle	connaiss	e
que nous	connaiss	ions
que vous	connaiss	iez
qu' ils	connaiss	ent

CONDITIONNEL

Présent
je	connaîtr	ais
tu	connaîtr	ais
elle	connaîtr	ait
nous	connaîtr	ions
vous	connaîtr	iez
ils	connaîtr	aient

IMPÉRATIF

Présent
connais connaissons connaissez

INFINITIF

Présent
connaître

Passé
avoir connu

PARTICIPE

Présent
connaissant

Passé
connu(e)

3ᵉ groupe — PEINDRE

INDICATIF

Présent
je	pein	s
tu	pein	s
elle	pein	t
nous	peign	ons
vous	peign	ez
ils	peign	ent

Imparfait
je	peign	ais
tu	peign	ais
elle	peign	ait
nous	peign	ions
vous	peign	iez
ils	peign	aient

Passé composé
j'	ai	peint

Plus-que-parfait
j'	avais	peint

Passé simple
je	peign	is
tu	peign	is
elle	peign	it
nous	peign	îmes
vous	peign	îtes
ils	peign	irent

Futur simple
je	peindr	ai
tu	peindr	as
elle	peindr	a
nous	peindr	ons
vous	peindr	ez
ils	peindr	ont

Passé antérieur
j'	eus	peint

Futur antérieur
j'	aurai	peint

SUBJONCTIF

Présent
que je	peign	e
que tu	peign	es
qu' elle	peign	e
que nous	peign	ions
que vous	peign	iez
qu' ils	peign	ent

CONDITIONNEL

Présent
je	peindr	ais
tu	peindr	ais
elle	peindr	ait
nous	peindr	ions
vous	peindr	iez
ils	peindr	aient

IMPÉRATIF

Présent
peins peignons peignez

INFINITIF

Présent
peindre

Passé
avoir peint

PARTICIPE

Présent
peignant

Passé
peint(e)

Corrigé des exercices

ORTHOGRAPHE D'USAGE

1 un évêque – un exercice – une flèche – un frère – germer – un piéton – l'exécution – le solfège – un arrêt – la grève – un intérêt – décéder – un nerf – un élève – la mêlée – une opérette – parallèle – une querelle – régulier – un récit – un vêtement – une enquête – la révérence – un rêve – le reste – la liberté – la lessive – la légèreté – la fertilité – un décimètre – l'honnêteté – la préfecture

2 la planète – éternel – un détective – un problème – dépressif – une lettre – la fermeture – déménager – un interprète

3 un tableau – le théâtre – la hache – le dîner – la clôture – un bateau – verdâtre – la mâche – la boîte – le côté – un château – opiniâtre – un lâche – la droite – la zone – un râteau – quatre – la cache – le titre – le trône – un cadeau – un pédiatre – la bâche – l'huile – un hôtel – un coteau – le plâtre – la vache – l'huître – la tôle

4 de chêne – le père – le maître – le prêt – la mère – à pâte

5 Sur la scène, chaque acteur joue son rôle avec talent. Armé d'un bâton, Géraldine parcourt les hautes herbes mouillées à la recherche d'escargots. Les pylônes et les câbles électriques défigurent les vallées et découpent de larges saignées dans les forêts. L'entraîneur mène la vie dure à ses joueurs ; il dirige de longues séances de tirs au but. Pour la première fois, Dany a goûté une tarte aux poireaux ; ce ne fut pas trop désagréable.

6 une sorcière – une bergère – la dernière – une ouvrière – une passagère – une fermière – une héritière – une gauchère – une équipière – une cavalière – une écolière – une rentière

7 la façade – remplacer – influencer – une bicyclette – la prononciation – un reçu – une gerçure – le français – le garçon – un morceau – une leçon – la férocité – une racine – la balançoire – un maçon – désarçonner

8 quelques glaçons – les commerçants – les fiançailles – un tronçon – la rançon – les forçats – un hameçon

9 laïque – maïs – canoë – l'ouïe – l'égoïste

10 la cocaïne – héroïque – haï – aiguë

11 le sabre – la brèche – le problème – encombrant – éprouver – abriter – précis – une brute – reproduire – le premier

12 le cratère – un cancre – grandir – le grillage – une cruche – grave – le degré – un écrin – une cravate – dégrossir

13 la chèvre – une gaufre – suivre – le refrain – français – fragile – un poivron – un lièvre – la fraîcheur – délivrer

14 la cendre – une estrade – entendre – travailler – le drapeau – le vitrail – la directrice – une matraque – un édredon – une droite

15 la place – le sable – maniable – plier – le placard – le tableau – blonde – un dépliant – plonger – une étable

16 une glissade – réclamer – glouton – la règle – la gloire – éclabousser – un cycle – un glaçon – le socle – un bouclier

17 remplace – les plumes – capable – d'éplucher – ses ongles – jongle – le sanglier – ses clés – un cercle

18 une framboise – l'horizon – la saison – une occasion – une gazelle – la livraison – un partisan – le désert – une demoiselle – le lézard – un faisan – bronzer – un chimpanzé – le hasard – l'asile – des ciseaux – le rasoir – le bazar – un parasite – le paysage

19 une caisse – une noisette – une tasse – un massage – une église – une casserole – une classe – du raisin – un cahier – la pelouse – un bassin – la cuisson – le plaisir – un poussin – la raison – le magasin

20 la façon – un négociant – les fiançailles – un forçat – un polisson – obéissant – un passant – le dessus – un tronçon – perçant – une annonce – un reçu – la moisson – glissant – une épicerie – une actrice – le buisson – un commerçant – la chaussure – une pièce – un hameçon – agaçant – un officier – un puceron

21 un as – un autobus – un virus – une passe – une crosse – une écrevisse – un cassis – un blocus – un os – un humus – un colosse – une bosse – une vis – un atlas – une oasis – une classe – une paillasse – une génisse

22 une commission – une punition – une agitation – une agression – une émission – une dentition – une discrétion – la pression – une position – la natation – une création – une impression – la passion – une allocation – une permission – une démission – une discussion – une variation

23 réussissait – choisissait – saisissais – lançais – avancions – durcissaient – grossissiez

24 fluorescent – desserrer – la discipline – l'ascenseur – indécent – descendre – la dissimulation – l'assemblée – le calice – du céleri – la coulisse – un scélérat

25 joli – la gelée – jamais – ranger – la jalousie – le juge – la grange – le donjon – imaginer – la girouette – le jardin – le déluge – fragile – la majuscule – un bijou

26 d'asperges – l'auberge – sans cirage – le mage (le magicien) – des bougies – des dragées – au piège

27 le projet – le collège – la jetée – le forgeron – le rejet – la gifle – le siège – le régime – jeudi – le trajet – majestueux – le geste – le cortège – le déjeuner – la girafe

28 une orangeade – un plongeon – un cageot – la nageoire – un sergent – la germination – la vengeance – dérangeant – un bougeoir – le déménagement – le pigeon – le bourgeon – le gymnase – la mangeoire – rougeâtre – le dirigeant

29 tu ranges – elle range – nous rangeons – je plonge – nous plongeons – vous plongez – elle déménage – nous déménageons – ils déménagent – je voyage – on voyage – nous voyageons

30 au refuge – toujours – majuscule – les bourgeois – dirigeables – la rougeole

31 réfléchir – l'éléphant – la farine – l'orphelin – un défi – la surface – la phrase – le féminin – une sphère – un saphir – le triomphe – furieux – un phénomène – asphyxier – le café – le siphon – un forage – un typhon – un safari – une agrafe

32 siffler – défiler – officiel – l'étoffe – refuser – le coffre – souffrir – une affiche – le refuge – le défaut – difficile – le parfum – profond – un chiffre – coiffer – offrir – le professeur – le chauffage – le refrain – défendre – profiter – sacrifier – la rafale – l'enfant – touffu

33 l'origine – le pylône – la chose – le corbeau – pauvre – un autobus – l'occasion – la chaussure – le dauphin – la côte – le restaurant – autoriser – la saucisse – le donateur – la cause – la pioche – aujourd'hui – la sottise – le blocage – frôler

34 accorder – trôner – talonner – savonner – raisonner – abandonner – tricoter – piloter – slalomer – espionner – honorer – reposer – flotter – galoper – envoler

35 envoyer – balayer – sourciller – appareiller – rayer – employer

36 le voyage – le rayon – le brouillard – la frayeur – le grillage – le pavillon – le fuyard – un convoyeur – un essayage – le maillon – le billard – un tailleur – l'outillage – le bouillon – savoyard – le veilleur – le nettoyage – l'embryon – un vieillard – le brouillon – le sillage – le crayon – le corbillard – le meilleur

37 loyal – joyeux – effroyable (effrayant) – payante – pitoyable – foudroyé – fuyant

38 leurs tuyaux – broyer – cobaye – des feuilles – d'embrayage – un loyer – à crémaillère – la noyade – sans noyaux – rudoyer

39 le vitrail – le treuil – le réveil – le fenouil – la canaille – la feuille – l'abeille – la grenouille – l'entaille – le seuil – le sommeil – la gargouille – la ferraille – le portefeuille – la treille – la houille – le corail – le fauteuil – la merveille – la quenouille – le portail – le millefeuille – l'oseille – la nouille

40 tu travailles – les rails – le détail – la (je, il) veille – le travail – il (je) raille – tu détailles – ils veillent – ils travaillent – ils raillent – les détails – tu (les) veilles – les conseils – tu accueilles – l'émail – tu (les) patrouilles – je (il) conseille – il (j') accueille – il (j') émaille – il (la, je) patrouille – le conseil – l'accueil – tu émailles – ils patrouillent

41 l'horloge – l'haleine – l'harmonie – l'histoire – l'horizon – l'allure – l'artiste – l'isard – l'orange – l'hallucination – l'armure – l'islam

42 des haricots – des habits – des horreurs – des humains – des haches – des haillons – des heures – des hérons – des harpons – des hectares – des hanches – des héritages – des hauteurs – des hôpitaux – des huiles – des hôtels

43 la confiture – le printemps – le tambour – trembler – le dompteur – un timbre – un bonbon – le fantôme – la vente – simple – tremper – le combat

44 imprudent – indigne – imbuvable – impair – imprécis – inconnu – impossible – immobile – incassable – invaincu (vainqueur) – imprévu – immoral

255

45 quarante symphonies – un embonpoint – monsieur – remplissent – les bonbonnes – l'essence de contrebande – dangereux – vainqueur – triomphé – d'avance – récompensé

46 le ballon – le collège – bouleverser – une pelle – le balai – la colombe – rebelle – appeler – le baladeur – le colorant – un milliard – une écuelle – le ballottage – la collection – le milieu – la grêle – la balance – la colline – la vaisselle – parallèle – le poulet – une collision – un bulletin – le domicile

47 arrose – intérêt – beurre – beurre – l'oreille – interroge – le parrain – courir – se nourrissent

48 la sonnette – la grotte – l'assiette – gratter – le gâteau – la lutte – un visiteur – une goutte – un lutin – un batteur – se blottir – une sottise – une roulotte – une anecdote – la crête – la comète

49 sa couronne – le tonnerre – tennis – le téléphone – connaît – exceptionnel – de panneaux – des lunettes – en panne

50 supprimer – le souper – apercevoir – un calepin – une enveloppe – le château – apprendre – le napperon – une grappe – s'échapper – une soucoupe – la grippe – un appui – une copie – la répétition – attraper – la tapisserie – l'hôpital – un suppositoire – frapper – les tripes – le supplément – supérieur – stupéfiant

51 succulent – une addition – des mammifères – l'agglomération – de broussailles – son puzzle

52 une malle – une patte – souffre – une butte – à courre

53 le lard → les lardons – l'accord → accorder – le début → débuter – le profit → profiter – l'univers → universel – un concert → un concerto – la dent → le dentiste – le bourg → le bourgeois – un rabais → rabaisser – le parfum → parfumer – le progrès → progresser – l'éclat → éclater – le tricot → tricoter – l'échafaud → échafauder – le cadenas → cadenasser – un bond → bondir – un sort → le sortilège – le camp → camper – le confort → confortable – le persil → la persillade – le maquis → le maquisard – le climat → climatisé – le salut → les salutations – le serpent → serpenter – le bruit → le bruitage

54 un drap blanc – un fromage frais – un homme inquiet – un chant doux – un mauvais jour – un combat confus – un moment précis – un chapeau rond – un regard sournois – un potage épais

55 le flanc – le fard – le complot – le poignard – le suspect – le respect – le tamis – l'appât – le fracas – le retard – le rang – le combat – le mépris – le récit – le refus – le plomb – le guet – le propos – le gris – l'arrêt

56 un remous – le poids – la brebis – le nœud – un homard – le puits – le héros – le taillis – le croquis – un gland – la perdrix – le lilas – le vernis – un réchaud – le cambouis – le quart – le circuit – un artichaut – le houx – le buvard – le rébus – le hareng – la croix – le foie – un soldat

57 le sirop – le favori – le pli – le poing – le concours – le piano – le numéro – l'accroc – le permis – le jus – le noyau – le galop – le bijou – un ajout – vert – le schéma

58 de sang – le standard – un essaim – le débarras – de riz – le chalut – le dos – ses plants – un plan – le port – de porc

59 impatient – substantielle – torrentielles – confidentielle – prétentieux

60 la démocratie – audacieux – un logiciel – l'initiative – la pharmacie – superficiel – la suprématie – les initiales – la calvitie – silencieux – la gentiane – le pétiole – l'acrobatie – ambitieux – la suspicion – un officier – l'éclaircie – minutieux – le remerciement – balbutier – l'idiotie – astucieux – la diplomatie – associer

61 l'écart – le départ – le dard – le bazar – le placard – le lézard – le retard – le cauchemar – le regard – le hasard – le poignard – le caviar

62 le bar – l'isard – du square – le brouillard – du curare – leurs foulards – le hangar – le guépard

63 le safari – l'incendie – le logis – le circuit – le parapluie – l'esprit – le cabri – l'appétit – le pissenlit – le salsifis – le crucifix – le favori – l'abri – le kiwi – le défi – le parti – l'étui – le répit – le roulis – le colis – le repli – le ski – le rôti – le ralenti – le gâchis

64 le lit ; la literie – l'outil ; l'outillage – le nid ; nidifier – le fusil ; la fusillade – le tamis ; tamiser – le maquis ; le maquisard – le persil ; la persillade – le riz ; la rizière – le nombril ; le nombrilisme – le bruit ; le bruitage – le permis ; la permission – le récit ; réciter – le paradis ; paradisiaque – le profit ; profiter – le mépris ; mépriser

65 un usagé – un bélier – un gésier – un allié – un danger – un cocher – un pilier – un musée – un berger – un pâté – un velouté – un carré – un scarabée – un trophée – un rocher – un damier – un verger – un papier – un encrier – le chimpanzé – un cahier – du fumier – un trépied – un énoncé – un sentier – un fourré – un curé – l'escalier – le blé – le cliché – le gravier – le scaphandrier – l'écuyer – le panier – le gosier – le quartier

66 le dîner – l'abonné – l'associé – le résumé – l'invité – l'avoué – l'employé – le déjeuner – le coucher – le marié – l'immigré – le délégué – le tracé – l'évadé – le goûter

67 le balancier – le pédalier – le dentier – le ciré – le routier – le handicapé – le luthier – l'équipier – le beurrier – le papetier – le sabotier – le fichier – le métayer – le casier – le fermier

68 le nez – le traité – le pétrolier – le chantier – les métiers – un courrier – les piliers

69 du canapé – au petit déjeuner – du café – du thé – au lycée – le palier – son grenier – de laurier – le clavier

70 le rosier – l'olivier – le noisetier – le dattier – le noyer – le prunier – l'oranger – le figuier – le mûrier – le pommier – le cerisier – l'abricotier – l'amandier – le poirier – le cognassier

71 son banquier – au défilé – au marché – les ouvriers – les congés – les pavés

72 la poignée – une brassée – la journée – la rangée – en fin de soirée – l'armée

73 l'épée – la cordée – la fusée – quelle corvée – les contes de fée(s) – une foulée – des giboulées – l'onglée – la durée – les allées

74 l'entrée – l'assemblée – la coulée – la tranchée – la fumée – l'échappée – la plongée – la volée – la pincée – la mêlée – l'arrivée – la virée

75 la purée – de rosée – à marée basse – les gelées – les chaussées – la criée – la vallée – une poupée – une traînée – votre destinée – l'année

76 une ondée – la levée – une nichée – une azalée – une cognée – la cuvée – une lignée – une cornée – une risée – la panacée – une épopée – une denrée – une livrée – la nausée – une trouée – une graminée

77 une pensée – une odyssée – une embardée – la renommée – un énoncé – le marché – un cuisinier – un pied – un rocher – la traversée – une orchidée – une croisée – une avancée – un lycée – un gésier – une gratinée – une saignée – une diarrhée – une giroflée – un carré

78 une fricassée de lapin – un panier de fruits – une idée lumineuse – une bourrée auvergnate – une flambée agréable – une

bouffée d'air pur – une envolée de moineaux – une rentrée scolaire – une bouchée de pain – une veillée calme – une matinée brumeuse – une contrée éloignée

79 la loyauté – l'obscurité – la beauté – la nervosité – l'agilité – la célébrité – la clarté – la fermeté – la gratuité – la curiosité – la pauvreté – la timidité

80 la fierté d'un regard – la toxicité d'un produit – l'humidité d'une cave – la rapidité d'un véhicule – la validité d'un billet – la sonorité d'un instrument – l'humanité d'un médecin – la majorité des suffrages – la fermeté d'une décision – l'intimité d'une rencontre – la fatalité d'un accident – la témérité d'un sportif – la fausseté d'un caractère – la moralité d'un député – l'énormité de la somme – l'éternité d'un chef-d'œuvre – la sainteté d'un religieux – la banalité d'une parole – la rivalité de deux personnes – la brièveté d'une réponse – la fluidité du trafic – la mobilité d'un joueur – la totalité des billets – la légalité d'un certificat

81 la dragée – l'identité – la journée – la gravité – la mosquée – la sécurité – la maturité – la pâtée – la volupté – la jetée – la saignée – l'autorité – la portée – la purée – la quantité – la vanité – l'armée – la réalité – l'araignée – la tournée

82 la dictée – la renommée – la fiancée – la lâcheté

83 l'amitié – une coulée – de générosité – quelle dextérité – la moitié – une gorgée – une idée – la pitié

84 une bolée – une brouettée – une poêlée – une assiettée – une pelletée – une cuvée – une cuillerée – une platée – une potée – une fournée – une nuitée – une aiguillée – une pincée – une nichée – une brassée

85 le pâté – la nudité – le comité – la surdité – l'arrivée – le traité – le lévrier – l'oreiller – le blessé – la poupée – la sûreté – la pureté – l'entrée – un émigré – le gosier – le doigté – le député – le conseiller – la propriété – le fermier – la volonté – la localité – la publicité – l'épervier – le fossé – l'électricité – l'indemnité – le lycée

86 l'idiotie – l'inertie – la minutie – la plaisanterie – la coquetterie – la bizarrerie – la comédie – l'énergie – l'espièglerie – la myopie – la sympathie – l'infamie – l'harmonie – la tragédie – le fantastique

87 la fourmi – une éclaircie – de brebis – leurs acrobaties – la nuit – l'encyclopédie – de souris

88 la retenue – la venue – la revue – la crue – l'étendue – l'entrevue – la mue – la vue – la battue – la tenue – la fondue – la décrue

89 un fichu – un détenu – un obus – un prévenu – un poilu – le tribut – le contenu – le ru – la morue – un rébus – la tribu – un vaincu – la rue – la vertu – le refus – le salut – une ingénue – un intrus – la sangsue – la verrue – le tissu – la bienvenue – la statue – une inconnue – le jus

90 le bois – le renvoi – le convoi – le pavois – le froid – le villageois – l'exploit – le Chinois – le mois – le droit

91 le foie gras – une fois de plus – la foi du serment – la voie rapide – une voix merveilleuse – se noie – une coquille de noix.

92 la splendeur – la fureur – l'ampleur – la fraîcheur – la grandeur – la tiédeur – la douleur – la frayeur – la rigueur – la laideur – la raideur – la chaleur – la moiteur – l'horreur – la ferveur

93 une heure – le skieur – l'ordinateur – l'amateur – l'empereur – un danseur – l'ascenseur – le sauveteur – le classeur – l'équateur – le malheur – le répondeur – le chœur – la rancœur – le projecteur – le beurre – la couleur – la sœur – l'odeur – la fleur – le vélomoteur – la valeur – le téléviseur – la vapeur – un heurt

94 l'entonnoir – la mémoire – le suppositoire – l'observatoire – l'armoire – le tiroir – la patinoire – le couloir – la nageoire – le territoire – le bonsoir – la passoire – la poire – la gloire – le miroir

95 son répertoire – l'abreuvoir – la victoire – au désespoir – deux noires – l'auditoire – les trottoirs – la mâchoire – un pourboire

96 l'accroc – le dos – le croc – le galop – le tricot – le pivot – le propos – le complot – le sanglot – le gigot

97 de soprano – le hublot – un bistrot – en pédalo – ses impôts – un cageot de haricots – l'écho – l'enclos – un lingot – la météo – le goulot – au loto – du sirop – un robot d'escargots – un héros – du lavabo – d'un grelot

98 un boyau – un drapeau – un chameau – un flambeau – un agneau – un pinceau – un préau – un museau – un veau – un tréteau – un étau – un pruneau – un cerveau – un fléau – un fourneau – un lambeau – un bateau – un coteau – un joyau – un noyau

99 l'assaut – le bourreau – l'échafaud – du château – un carreau

100 le fouet – le progrès – un sorbet – le préfet – la forêt – le respect – le billet – le cachet – le crochet – le reflet – le souhait – le poulet

101 l'aspect – le poignet – le sifflet – le lait – l'objet – un jouet – un ballet – la paix – le duvet – le budget – le robinet – l'imparfait – le bracelet – le secret – un portrait – un tabouret – un carnet – le relais – un essai – le délai – l'engrais – le retrait – la haie – l'alphabet – la craie

102 la bouteille – la canaille – la fripouille – le cerfeuil – le réveil – le vitrail – l'andouille – le portefeuille – le soleil – la muraille – la patrouille – la fouille (la faille) – la groseille – le travail – la citrouille – le seuil – la merveille – l'autorail – les nouilles – le treuil – le sommeil – l'entaille – la faille (la fouille) – le millefeuille – la bataille – l'oreille – la volaille – la ratatouille – la médaille – le recueil

103 l'élan – l'aliment – le gérant – le serpent – un moment – le printemps – un récipient – le gland – un écran – le marchand – un segment – un plan (un plant) – l'accident – le géant – l'éléphant – un trident – l'argent – un calmant – un divan – un cran – un diamant – le torrent – un enfant – un parent – le goéland – le client – le vent – un gant – le perdant – le bilan

104 le gémissement de l'enfant – le croisement des routes – le ricanement des moqueurs – le déménagement des voisins – le châtiment des coupables – le pansement du blessé – l'amusement des parents – le battement de pieds – le paiement des achats – l'aboiement du chien

105 vers – comme – parce que – lorsque – contre – rien – mais – plutôt – pourquoi

106 souvent – alors – avec – aussi – quand – chez

107 ensemble – comme – debout – longtemps – bientôt – dès que – sans – maintenant – assez – trop – parmi

108 sous – beaucoup – derrière – toujours – après – moins – près – plus

109 sans – toujours – plus – pendant – tant – entre – jamais – mieux – plus – plus – quand – rien – tôt

110 luxueusement – vainement – impatiemment – fièrement – pauvrement – aisément – doucement – vaguement

111 puis chez le pâtissier – du puits – la faim fait sortir – la fin de ce travail – sa roue – les cheveux roux – de pâte d'amande – une forte amende

112 le doigt – il me doit – le bout – la boue – la sole – le sol – le pain – il peint – la seiche – il sèche – ils signent – le cygne

113 cent degrés – les prises de sang – sans ton parapluie – se sent bien – toujours vert – le ver de terre – sa tête vers moi – un verre à pied – son maître – mettre la charrue – un mètre à ruban – ne perd pas – de père en fils – un nombre pair – sans sa paire de lunettes – cette salle de bains – votre linge sale – tu sales

114 les comptes – sa canne – la coupe est pleine – la chair – du port – le 1er mai – le coût

115 de la pâte à tarte – la patte du chat – un point d'interrogation – un poing de boxeur – une chaîne en acier – un chêne centenaire – un car de ramassage – un quart d'heure – un cor de chasse – un corps d'athlète – un phare de voiture – du fard à paupière – un chant de Noël – un champ de blé

ORTHOGRAPHE GRAMMATICALE

116 une ourse – une voisine – une employée – une châtelaine – une amie – une présidente – une bourgeoise – une confidente – une étudiante – une absente – une commerçante – une sainte

117 une sorcière – une ouvrière – une étrangère – une passagère – une conseillère – une prisonnière – une cuisinière – une bergère – une messagère – une romancière – une meunière – une gauchère

118 une paysanne – une chienne – une chatte – une bohémienne –une technicienne – une polissonne – une gardienne – une lionne –une musicienne – une magicienne – une comédienne – une chrétienne

119 une patineuse – une coureuse – une pleureuse – une dompteuse – une voyageuse – une balayeuse – une chanteuse – une vendeuse – une danseuse – une habilleuse – une campeuse – une escrimeuse – une voleuse – une visiteuse – une coiffeuse – une marcheuse

120 une éducatrice – une spectatrice – une médiatrice – une aviatrice – une institutrice – une auditrice – une fondatrice – une animatrice – une directrice – une lectrice – une traductrice – une électrice

121 une duchesse – une comtesse – une ogresse – une diablesse – une princesse – une ânesse – une tigresse – une maîtresse

122 une copine – une poule – une fille – une nièce – une déesse – une sœur – une guenon – une tante – une héroïne – une reine – une femme – une marraine

123 une sportive – une fautive – <u>une biche</u> – une remplaçante – <u>une enfant</u> – une surveillante – une curieuse – une religieuse – <u>une vieille</u> – une skieuse – <u>une actrice</u> – une rêveuse

124 des allumettes – des odeurs – des vérités – des oreilles – des pêches – les pièces – des cabines – les routes – des idées – des bouches – des opérations – les parts – des naissances – des raisons – les traces – des poules – les villes – les poupées – des chaises – les photos – des nuits – les moyennes – les visites – des séances – les qualités – des poignées – des pierres – des lettres

125 les restes – des hommes – les masques – les moutons – des salaires – des rochers – les souvenirs – les flacons – des rêves – les savants – des camions – des savons – des sauts – des ballons – des réservoirs – les magasins – les secrets – les respects – des romans – des stylos – les caractères – les ressorts – les décors – des rires – des bancs – les devoirs – des poils – des films

126 des rois – un samedi – des balais – un convoi – <u>un (des) anchois</u> / un ennui – un favori – des skis – <u>une (des) souris</u> – des fourmis / <u>un (des) relais</u> – des bazars – une tombola – un buisson – des coussins / un foulard – <u>un (des) corps</u> – des loups – des biscuits – un chef

127 un palais – un chamois – un choix – un propos – un tapis – un voyou – un neveu – un puits – un remous – un épinard – un curieux – un bruit – un bœuf – un œuf – une caméra – un canevas – un matelas – un remords – un engrais – un céleri – un apprenti – un coutelas – une véranda – un samedi

128 ses outils – les trains circulent – des chemises ; des maillots – les musiciens jouent – les pluies ; les trottoirs brillent – les vents se lèvent, les navires regagnent – ses paniers – les poulets qui vivent en plein air ont – les cartons – les voitures attendent que les camions dégagent – les rivières débordent ; les champs seront bientôt inondés

129 à la vanille – une collection de papillons – des châteaux de sable – une boîte de chocolats – deux tablettes de chocolat – un vase de fleurs – ses patins à glace – son livre d'images – un flot de paroles – ses sacs de farine – son sac de billes

130 des chameaux – des flambeaux – des préaux – des ciseaux – des enjeux – des perdreaux – des pianos – des studios – des troupeaux – des escrocs – des étaux – des dominos – des bouleaux – des adieux – des lieux – des fardeaux – des cheveux – des cerveaux – des museaux – des vœux – des complots – des corbeaux – des sirops – des aveux – des moineaux – des micros – des tourteaux – des jumeaux – des roseaux – des tombereaux – des pruneaux – des niveaux

131 des morceaux de bois – des pinceaux à colle – des essieux de camion – des feux de cheminée – des anneaux d'acier – les caniveaux de la rue – des drapeaux en papier – les crapauds du jardin – des lavabos en aluminium – des tuyaux d'arrosage – des jeux de société – des hameaux de montagne – des marteaux de vitrier – des vélos de course – les tréteaux du théâtre

132 des lambeaux de tissu – des traîneaux de Lapons – des rouleaux de papier – des réchauds à gaz – des rideaux en velours – des chapeaux de paille – des carreaux de faïence – des sabots en bois – des bandeaux en soie – des bureaux de directeur – des cadeaux de Noël – des barreaux de prison

133 le taureau – le noyau – le rameau – l'écriteau – le dieu – l'eau – le curieux – le joyau – le fuseau – le neveu – la peau – le boyau – le milieu – le château – le résineux

134 les gâteaux sont cuits – les bateaux ont fait naufrage ; les radeaux dérivent – les maquereaux marinés possèdent – les tombeaux des empereurs sont interdits aux visiteurs étrangers – les clowns reçoivent des seaux – ils font semblant – les boxeurs terminent les combats avec d'énormes bleus autour des yeux – Suivies de leurs lionceaux, les lionnes parcourent – les trouvères tenaient les publics ; des fabliaux de leur composition – les motards devront changer les pneus qui présentent – les landaus attendent dans les couloirs ; les bébés dorment

135 les rideaux nous protègent des éclats – les panneaux indicateurs sont mal placés ; le conducteur ne les voit – les gymnastes lancent les cerceaux ; et réussissent à les rattraper – des cerneaux de noix sur ses chocolats – les bourreaux portaient ; reconnus – les joueurs pendent leurs vêtements aux portemanteaux des vestiaires. – dans les aéroports, les tableaux qui indiquent les horaires ne sont pas très bien placés, on les voit à peine. – sous les chéneaux des toits

136 les journaux du soir – les cristaux de glace – des procès-verbaux de police – les détails du tableau – les locaux de la mairie –

des quintaux de blé – des maux de tête – des attirails de pêcheur – des tribunaux de commerce – des hôpitaux de province – des éditoriaux de journaliste – des métaux en fusion

137 les détails – les végétaux – les régals – les animaux – les amiraux – les capitaux – les caporaux – les éventails – les maréchaux – les portails – les carnavals – les terminaux – les cardinaux – des radicaux – des chandails

138 un panneau – un confessionnal – un couteau – un cheval – un château – un jambonneau – un vaisseau – un travail – un oiseau – un bail – un bigarreau – un hameau – un berceau – un émail – un barreau

139 les confitures sont conservées dans des bocaux ; des étagères – Les épouvantails font fuir les moineaux qui s'approchaient des cerisiers. – des trains, les rails sont brûlants – Les gouvernails de ces voiliers sont ; ils sont légers et résistants – les bals rassemblent – les rorquals sont des animaux qui vivent ; on les confond avec les baleines – ces tableaux sont magnifiques, ce ne sont que des copies ; les originaux se trouvent

140 les autorails qui relient ; ne circulent – les coraux sont menacés – les récitals donnés par les groupes attirent – les généraux saluent les drapeaux qui claquent – par les étroits soupiraux – les chacals attendent que les lions terminent leur repas ; sur les restes – des signaux – les totaux des factures

141 les skieurs imprudents heurtent les poteaux placés – les veaux élevés dans les prairies donnent – les canaux permettent ; les champs – les diamants sont de vrais joyaux – les plateaux sont servis avec des citrons ; aux tourteaux, ils se dégustent – les bureaux de ces usines sont équipés d'ordinateurs très puissants – depuis leur création ; des arsenaux

142 des voyous – des cheveux – des délais – des filous – des beffrois – des matous – des cachous – des canaux – des manteaux – des numéros – des lieux – des rivaux – des aveux – des niveaux – des hiboux – des arbrisseaux – des emplois – des réveils – des seaux – des bals

143 des bambous de Camargue – des trous de souris – des clous de charpentier – des coûts importants – recevoir des joujoux – des froufrous de robe – donner quelques sous – des hangars de ferme – des parois rocheuses – des cous de taureau – des rôtis de veau – des fous de musique – des couloirs de métro – des toutous pas méchants – des coups de tête

144 les poux effectuent ; les crânes ; des produits efficaces qui vous en débarrassent – les kangourous se trouvent-ils – Les femelles des coucous pondent leurs œufs dans les nids des autres oiseaux. – des choux bien pommés – les chouchous ne sont pas toujours appréciés de leurs camarades

145 des caribous ; les forêts canadiennes – les binious soient – les gabelous traquaient – les tabous – les matous courent et rentrent ; les poils arrachés

146 les genoux des footballeurs sont fragiles ; des entorses sont vite arrivées – les gourous qui prononcent des discours interminables – les écrous étaient mal serrés : les roues se sont détachées dès les premiers virages – les tatous, petits mammifères édentés, vivent ; leur carapace – les acajous sont utilisés ; leur bois

147 que sont fabriqués les tissus dans lesquels sont confectionnés les boubous africains – les spéléologues se faufilent dans d'étroits boyaux – les verrous – les mérous – des locaux qui leur sont réservés – les détails

148 des coffres-forts – des chauves-souris – des cordons-bleus – des passe-partout – des pattes-d'oie – des pique-feu – des avant-goût – des porte-plume – des protège-cahiers – des quatre-quarts – des queues-de-cheval – des sous-marins – des reines-claudes – des réveille-matin – des risque-tout – des ronds-points – des rouges-gorges – des sacs-poubelle – des aides-comptables – des langues-de-chat – des avions-cargos – des pochettes-surprises – des poissons-chats – des ponts-levis – des faire-part – des pot-au-feu – des boutons-d'or

149 des laissez-passer – des remonte-pentes – des choux-fleurs – des micro-ordinateurs – des francs-tireurs – des grands-pères – des goutte-à-goutte – des bandes-annonces – des jupes-culottes – des couches-culottes – des gardes-chasse(s) – des lauriers-roses – des langues-de-bœuf – des libres-services – des caporaux-chefs – des loups-garous – des maîtres-chiens – des mains-d'œuvre

150 des aide-mémoire (pour aider la mémoire) – des pur-sang (qui ont le sang pur) – des chauffe-eau (pour chauffer l'eau) – des arcs-en-ciel (des arcs dans le ciel) – des papiers-filtres (des papiers qui font filtres) – des abat-jour (pour abattre le jour) – des blocs-notes (des blocs pour prendre des notes) – des tiroirs-caisses (deux noms) – des gros-porteurs (adjectif + nom) –

des timbres-poste (des timbres pour la poste) – des pare-brise (pour parer la brise) – des taille-crayons (pour tailler les crayons) – des porte-monnaie (pour porter la monnaie) – des porte-bonheur (pour porter le bonheur) – des casse-tête(s) (pour casser la tête, les têtes) – des perce-neige (pour percer la neige) – des pique-niques (un verbe et un nom : *nique, petite chose sans valeur*) – des demi-mesures (élément invariable + nom) – des tout-petits (adverbe + nom) – des eaux-de-vie (des eaux pour la vie) – des faux-filets (deux noms)

151 ces grille-pain sont vendus – les routes qui conduisent aux cités-dortoirs – les semi-remorques et les camions-citernes – les agriculteurs utilisent des moissonneuses-batteuses pour leurs champs – les touristes regardent les bateaux-mouches – ces enfants avec des cotons-tiges ; des crayons – les stations-service(s) ferment – des romans-feuilletons pour ses enfants

152 de balais-brosses ; les escaliers des gratte-ciel – ses beaux-frères – les aéro-clubs – les jardiniers soignent leurs plates-bandes – des petits-suisses et des saint-marcellins – Les brigadiers-chefs dressent des procès-verbaux aux automobilistes imprudents.

153 quelle vitesse – mon ongle – son logement – ces aliments – votre tableau – leur réaction – tes étiquettes – ce panneau – cet abri – quelques miettes – quatre livres – leurs couteaux – toute la journée – sa voiture – notre classe – cinq doigts – différents points – assez de bruit

154 plusieurs étages – neuf ans – nos drapeaux – aucun message – certains films – au stade – quelques barreaux – n'importe quel jour – une lampe – cette ville – divers produits – des biscottes – aux champs – du pain – tous les carreaux – à la campagne – quels buts – vos maillots

155 aux aveux – de cailloux – quelle raison – son museau – leurs dieux – ces tuyaux – plusieurs jours

156 les détails – aucun animal – quatre pneus – quelques cachous – la cafétéria – une mèche de cheveux – trois verrous

157 tes sous – plusieurs châteaux – aux parois – leur éventail – chaque beffroi – leurs chameaux – ce hameau – les feux

158 les joujoux – chaque bureau – sans enjeu – la boîte à outils – à genoux – des bambous – aux journalistes – des rideaux

159 une allée étroite – une fille étourdie – une entrée abondante – une glace exquise – une somme exacte – une élève absente – une oreille indiscrète – une coupe franche – une réduction courante – une salle commune – une courte séance – une page blanche

160 une nuit grise – une cravate violette – une belle saison – une gravure ancienne – une cliente contente – une lettre confuse – une chute brutale – une œuvre complète – une chaussée glissante – une bonne nouvelle

161 une vieille moto – une demande sérieuse – une rigole creuse – une œuvre curieuse – une réponse douteuse – une amie chanceuse – une bête peureuse – une soirée brumeuse – une paroi rocheuse – une voix joyeuse

162 une place publique – une paix universelle – une brise légère – une crème fraîche – une éponge douce – une longue robe – une parole amicale – une ligne verticale – une partie spéciale – une pâte épaisse – une sortie annuelle – une aide essentielle

163 la direction générale – des expressions usuelles – une pareille pagaille – une ville industrielle – une vilaine plaie – ce magazine mensuel

164 la maison voisine – la grand-mère paternelle – une morsure mortelle – une élégante combinaison – une gentille lettre – une qualité naturelle

165 des électeurs inscrits – des parcs déserts – des angles droits – des émissions drôles – des œufs durs – des vêtements élégants – les derniers jours – d'excellentes affaires – des succès éclatants – d'énormes bénéfices – de vieux habits – des mots usuels

166 des films ennuyeux – de beaux bijoux – des vases fragiles – ses chevaux favoris – des aventures extraordinaires – des hauts plateaux – des slaloms géants – des ministres influents – des hommes innocents – des pays pauvres

167 des centres commerciaux – des détails banals – des goûts mutuels – des décisions hâtives – des drapeaux blancs – des records mondiaux – les escaliers centraux – de courts délais – des impôts communaux – des loups vivants

168 un cheveu roux – une parole affectueuse – un faux numéro – un esprit jaloux – un mot doux – un fromage frais –

un bois touffu – un geste gracieux – un soldat hardi – un propos confus – un enfant étourdi – un maillot bleu – un dessert exquis – un candidat admis – un nuage gris

169 les accidents fréquents – des auditeurs attentifs – les fosses nasales – les caramels mous – des joueurs assidus – les départs estivaux – les hivers glacials

170 des examens prénatals – de temps morts – des principes moraux – les chemins forestiers – des idées géniales – ces fleurs fanées – les repas familiaux

171 un repas abondant – des desserts abondants – des pluies abondantes – un logement coquet – une maison coquette – des balcons coquets – un professeur absent – une ponctuation absente – des employés absents – la navigation aérienne – les transports aériens – les compagnies aériennes – un cyclone tropical – des régions tropicales – des fruits tropicaux

172 une femme courageuse – des propositions courageuses – des soldats courageux – un projet hardi – des explorateurs hardis – une tentative hardie – une foule nombreuse – des familles nombreuses – de nombreux cas – un jardin public – une école publique – des services publics – un faux tableau – une fausse pièce – de fausses directions

173 un pays étranger – une ville étrangère – des voitures étrangères – une route sinueuse – des chemins sinueux – des rues sinueuses – une coupe nette – des conclusions nettes – un arrêt net – une chemise originale – des documents originaux – des toiles originales – une copie correcte – des tenues correctes – des angles corrects – un regard serein – une attitude sereine – des acteurs sereins – un sirop amer – une potion amère – des endives amères – un verre plein – une tasse pleine – des paniers pleins

174 de longs rubans de soie – de grands chapeaux de feutre – de douloureuses piqûres au bras – de jeunes apprentis en stage – de froides journées d'hiver – de brefs coups de téléphone – de jolies robes en satin – de vieux objets en cuivre – de violents coups au genou – de petites tasses de café – les principaux mots de la phrase – de nouveaux accords de paix – des vaisseaux spatiaux en orbite – de célèbres chanteurs de rock

175 une épaisse tranche – mes sentiments les plus sincères – ma tante est inquiète – une leçon particulière – la grotte secrète – les grandes douleurs sont muettes – une note moyenne – de franches explications – les jambes molles

176 d'anciens bougeoirs – de brutaux coups ; les pavés gras – Les cousins de Vanessa, quels gais lurons ! – des sentiments fraternels unissent – seuls des vendeurs compétents pourraient – des satellites artificiels – ce que sont des nombres décimaux

177 des costumes mal nettoyés – des explications très embarrassées – des villages totalement ignorés – des résultats attendus avec impatience – des plats bien trop salés – des mains rougies par le froid – des yeux bouffis de sommeil – des jetées battues par les vagues – des trottoirs encombrés – des jardins parfaitement entretenus – des légumes congelés – des rivières partiellement polluées – des emplacements réservés – des campings en partie occupés

178 des œufs montés en neige – une pièce montée – une maison louée en été – des appartements loués – un mot murmuré dans sa barbe – des paroles murmurées – du poisson fumé – de la poitrine de porc fumée – une opération pratiquée sous anesthésie – un sport pratiqué assidûment – des prix calculés au plus juste – un risque calculé – une commande livrée à domicile – des fillettes livrées à elles-mêmes – des sandwichs avalés à la hâte – un bonbon avalé tout rond

179 les bactéries grossies – les privilèges abolis – les genoux fléchis – les poulets rôtis – les meubles vieillis – la pâte pétrie – les pompiers munis – les personnes réunies

180 à l'heure convenue – ces concurrents poursuivis – les tableaux les plus connus – les difficultés vaincues – les machines produites – les spectateurs satisfaits – les candidats inscrits – les dispositions prises

181 fort désespérée – de distingués mannequins – des actrices connues – des propos modérés – la jambe paralysée – les élèves doués – ces peintures bien délavées

182 Le câble est tendu. – Les cordes sont tendues. – La rivière est canalisée. – Les cours d'eau sont canalisés. – Suzanna est coquette. – Les pavillons sont coquets. – Le temps est couvert. – Les rues piétonnes sont couvertes. – La réparation est chiffrée. – Les travaux sont chiffrés. – La partie est inégale. – Les résultats sont inégaux. – La sanction est clémente. – Les juges sont cléments.

183 je suis muet(te) – tu es muet(te) – Marie est muette – nous sommes muets(tes) – vous êtes muets(tes) – les spectateurs sont muets – je suis malin (maligne) – tu es malin (maligne) – Bérangère est maligne – nous sommes malins (malignes) – vous êtes malins (malignes) – les vendeurs sont malins – je suis noir(e) – tu es noir(e) – Anna est noire – nous sommes noirs(es) – vous êtes noirs(es) – les Togolais sont noirs – je suis rusé(e) – tu es rusé(e) – Alain est rusé – nous sommes rusés(es) – vous êtes rusés(es) – les sorciers sont rusés – je suis sale – tu es sale – la concierge est sale – nous sommes sales – vous êtes sales – les locaux sont sales – je suis grand(e) – tu es grand(e) – la danseuse est grande – nous sommes grands(es) – vous êtes grands(es) – les basketteurs sont grands – je suis vaniteux(se) – tu es vaniteux(se) – Julien est vaniteux – nous sommes vaniteux(ses) – vous êtes vaniteux(ses) – les artistes sont vaniteux – je suis peureux(se) – tu es peureux(se) – Pascal est peureux – nous sommes peureux(ses) – vous êtes peureux(ses) – les enfants sont peureux – je suis sourd(e) – tu es sourd(e) – Karine est sourde – nous sommes sourds(es) – vous êtes sourds(es) – les musiciens sont sourds – je suis blond(e) – tu es blond(e) – Ingrid est blonde – nous sommes blonds(es) – vous êtes blonds(es) – les Suédois sont blonds – je suis courageux(se) – tu es courageux(se) – le chevalier est courageux – nous sommes courageux(ses) – vous êtes courageux(ses) – les explorateurs sont courageux – je suis doux(ce) – tu es doux(ce) – Hélène est douce – nous sommes doux(ces) – vous êtes doux(ces) – les infirmières sont douces

184 honnête – parfaits – grossières – fière ; naturelle ; blonds – secs – blanches ; bleus – géniale – dangereuses

185 estimée – joués – arrosée – gelée – élevés – closes – rompues – apparues

186 bus – éteintes – traduits – servis – satisfaits – tenus – crus – revues – restreinte – garantis

187 nous décidons – tu avales – j'apprends – vous ne réussissez pas – tu dors – nous prenons ; nous attendons – je manifeste – vous refusez – vous continuez – tu ne sens plus ; tu tords

188 je connais – je peux – vous fermez – nous plaçons – tu utilises – elle (il) mord – ils (elles) se nourrissent – je ne sais plus

189 les voitures – le candidat – la maîtresse – les avions – la piscine – les pompiers – les figurantes

190 les musiciens regardent – les usines polluent – les phares ne percent – ces copies ressemblent ; des tableaux – les espions codent ; leur pays – les coureurs s'échauffent – les ogres engloutissent ; pour leur petit déjeuner – les coups de théâtre surviennent ; les spectateurs s'y attendent

191 les poussins se blottissent – ces jeunes conducteurs conduisent – vous introduisez – tu cours – l'essence vaut – je bats – nous participons – on chauffe ; elle s'évapore – chacun tremble

192 ce journal paraît – la jeune biche tressaille – le pêcheur ne perd pas ; il aperçoit – l'automobiliste obéit ; de l'agent – l'alpiniste consulte – le motard escorte

193 le prisonnier s'évade – le baril de poudre explose – les cheminées fument – la partie finit – le prince noir se venge – les beaux jours arrivent – les volets claquent – les oiseaux chantent – le jour se lève – les prix augmentent

194 s'alignent les nouveautés que les adolescents cherchent – l'ordinateur qu'utilisent les techniciens calcule – les épidémies que redoutent les médecins se propagent – les conseils que donnent les vrais amis sont appréciés

195 mûrissent des melons – vont et viennent les voyageurs – les massifs que nettoient les jardiniers débordent – le Père Noël qu'attendent tous les enfants, n'oublie personne

196 le médecin et l'infirmier vaccinent – papa et maman câlinent – la deuxième couche accentue – Joyce et son amie bénéficient – le premier et le second reçoivent – la neige et le verglas recouvrent

197 l'argent et l'ambition ruineront – les électeurs éliront – l'apiculteur et son aide recueilleront – la cigogne et l'hirondelle quitteront – le gazole et l'essence augmenteront

198 tu les détaches – tu me coiffes – tu te laves – il te protège – tu l'arroses – elle se décide – je les range – elle t'informe – tu les coupes – tu nous paies – tu lui murmures – je vous écoute – tu me crois – elle te prévient – tu te perds – il vous rejoint – tu les applaudis – tu la vends

199 tu l'huileras – tu embrocheras – tu tâtonneras ; tu y parviendras – elle meublera ; madame Ditte choisira – tu seras électricien ; tu te spécialiseras

200 on veut ; on l'accuse – on ne fait pas – on ne prête – on connaît – on attrape – on parle ; on en voit – on apprend ; on le retient – on fait ; on se couche – on mange

201 on obtient – on le descend – on soumettra – on ne consommera – on déblaie – on échoue

202 a trouvé ; doit distribuer – de plonger ; faut inspirer – a placé ; avoir assuré – est noyé ; est reporté – sera achevé ; pourra irriguer – ont laissé

203 tu vas fouiner – je vais encoller – Milan va enregistrer – le chat va miauler

204 ont grincé – pour piloter ; il faut posséder – pour improviser – a cumulé ; a rencontré – pour confirmer ; d'envoyer – ont défilé ; pour encourager – a tamponné – va féliciter ; leur travail acharné

205 a fabriqué – rien y changer – a tracé – ne veut rien décider – a nagé – a rangé – pour rédiger – il doit peser – a provoqué – pour effectuer

206 corriger – installer – améliorer – refuser – dessiner – marchander – verser – imprimer – vérifier

207 les économies réalisées – la famille louait – nos grands-parents ignoraient – les personnes abusées – l'hélicoptère ravitaillait ; les villages isolés – les vacanciers allongés – oubliaient

208 j'ai tourné – tu as tourné – il a tourné – nous avons tourné – vous avez tourné – elles ont tourné – j'ai sonné, j'ai caché, j'ai renversé, j'ai acheté, j'ai déplacé, j'ai surveillé, j'ai avalé, j'ai réparé (aucun des participes passés ne s'accorde)

209 le Petit Poucet a chaussé – tu as composé – M. Entrevaux a éclairé – vous avez oublié – tu as refusé ; tu as eu – Hervé a posé – Yohan a glissé – vous avez transformé – les touristes ont prolongé – j'ai voyagé

210 a déplacé – a déposé ; a répondu – a déchiré – n'a égalé – les réponses que nous avons entourées – ont plié – a accéléré – a persévéré ; les efforts qu'elle a faits lui ont permis – ont couru – les verres que tu as bus

211 les navigateurs ont échoué dans leur tentative – les automobilistes n'ont pas vérifié ; leurs pneus ; ils prennent – les seigneurs avaient octroyé ; aux paysans de leur domaine – les fourgons que les pompiers ont appelés apporteront des matériels perfectionnés – Les produits chimiques ont pollué les rivières – dans les rivières qu'ont polluées les produits chimiques – Les élèves ont corrigé leur erreur. – Les professeurs ne soulignent pas les erreurs que les élèves ont corrigées. – les questionnaires qu'ont remplis les clients permettront

212 a réussi – a beurré – les vêtements qu'a bradés – ont valsé – qu'a empilées ; ont occupé – a flairées – a pêchée ; il l'a rejetée – que vous m'avez adressées ; m'ont vexé(e) – Thomas a résolus – ont disparu – les sentiers que nous avons pris

213 L'architecte a inspecté les chantiers que les maçons ont terminés. – Le chirurgien a opéré les malades que le médecin généraliste lui a adressés. – Les savants suédois ont poursuivi les recherches que leurs collègues anglais ont commencées. – Les musiciens ont étudié les partitions que le chef d'orchestre leur a données. – Je n'ai pas obtenu les résultats que j'avais prévus. – Monsieur Rondeau a remis en liberté le jeune faon que sa femme a nourri pendant deux mois.

214 je suis arrivé(e) – tu es arrivé(e) – elle est arrivée – nous sommes arrivés(es) – vous êtes arrivés(es) – ils sont arrivés – je suis revenu(e) – je suis parti(e) – je suis tombé(e) – je suis resté(e) – je suis allé(e)

215 se sont vendus – est restée – se sont décidés – se sont combattues – que sont devenues

216 ces paquets sont expédiés – les techniciens se sont aperçus ; les opérations ont été annulées ; les cosmonautes se sont déclarés déçus – les portes se sont entrouvertes ; des employés sont venus ; les distributions étaient suspendues – les éducateurs sont intervenus – les pelouses des jardins sont envahies

217 se sont comportés – ne s'est pas méfié – se sont restaurés – ont restauré – vous vous êtes ridiculisé(e)s ; vous avez mis – se sont reconnus – a immortalisé – est retombée – est venue – se sont lézardés ; se sont écroulées – s'est modernisée

218 Les vignes sont vendangées. – Les cheveux sont démêlés. – Les bonbons sont sucés. – Les animaux sont photographiés. – Les blessés sont évacués. – Les décorations sont exhibées. – La barrière est enjambée. – La pièce est insonorisée. – Les voiles sont hissées. – Les billets sont comptés. – Les vêtements sont brossés. – Les détails sont précisés. – Les lumières sont éteintes. – La chaîne est graissée.

219 se sont perdus – se sont attablés – se sont sauvés – s'est déguisé – s'est dirigée – s'est achevée – se sont évadés

220 ont été arrosés – ont arrosé – a eu ; ont été expédiées – ont été informés – ont informé – ont été cloués

221 assurée – assuré(e)s ; terminés – sautillé – effacée – retirés

222 est née – a été recouverte – ont été acclamés – est restée – ont été enfoncés – est revenue – ont été poursuivis ; n'ont jamais gagné

223 suspendus – obéis – retenue – coulé ; répartis ; n'y a pas eu – prise

224 s'est consolé ; il a pu – ne se sont jamais déplacés – sont revenus – ont d'abord été expérimentés – ont été éblouis – se sont garnies ; a pu – a été réparée ; n'a fallu

225 Des aménagements ont été proposés. – la note avait été payée – un meilleur emplacement a été recherché – une fuite d'huile avait été constatée – ces chocolats ont été savourés – toute l'assistance aura été contentée – les gorges du Verdon ont été admirées – la brouette de sable a été renversée

226 tous les fromages – toutes les piles – toute franchise – toute beauté – tout hasard – sur tout – tous ensemble – toute vitesse – tout rond – tous ses rendez-vous – toutes ses erreurs – toute la nuit

227 tous les jours – tous les détails – toutes les fenêtres – tous les panneaux – toutes les idées – tous les pneus – tous les journaux – tous les bijoux – tous les étages

228 tout de suite – tout enneigées – tout rouges – tout émus – toute seule – tout autre chose – les tout derniers – tout en larmes – toutes jambes – toute simplicité – toutes les cinq minutes – du tout

229 tous bien entraînés – tout ébréchées – de tout son cœur – tous autant – tous les parasols

230 la toute dernière ; des tout-petits – tout malins – les toutes premières années – tout acquise – toutes les odeurs

231 tout étonnés, les retardataires constatent – les nageurs sortent tout tremblants ; ils sont frigorifiés – tout maigres et tout fragiles, ces agneaux ne survivront pas – tout auréolés de leur victoire, les joueurs exhibent leur médaille – les promenades ne sont pas tout à fait aussi reposantes

232 tous les chats – toute peine – tout seigneur, tout honneur – tout est bien – tous les goûts – tout vient à point – tout nouveau, tout beau – toute médaille – tous les chemins – tout le monde – tout a une fin – de tout – tout ce qui brille

233 chaque caillou – aucun caillou – plusieurs cailloux – chaque journal – aucun journal – plusieurs journaux – chaque bateau – aucun bateau – plusieurs bateaux – chaque jeu – aucun jeu – plusieurs jeux – chaque cheval – aucun cheval – plusieurs chevaux – chaque noyau – aucun noyau – plusieurs noyaux – chaque trou – aucun trou – plusieurs trous – chaque animal – aucun animal – plusieurs animaux – chaque bal – aucun bal – plusieurs bals – chaque vitrail – aucun vitrail – plusieurs vitraux – chaque hibou – aucun hibou – plusieurs hiboux – chaque rideau – aucun rideau – plusieurs rideaux – chaque vœu – aucun vœu – plusieurs vœux – chaque cadeau – aucun cadeau – plusieurs cadeaux – chaque clou – aucun clou – plusieurs clous

234 les mêmes gratte-ciel – quand même – même dans les pays – les mêmes – la même année – même les sapins

235 quelques étages – quelque temps – quelques places – quelques feuilles – quelques pincées – quelque vieux film – quelque endroit – quelques tranches – quelque wagon – quelques coups – quelques lettres – quelque espoir

236 quelques amis – quelques kilomètres – quelque chance – quelque part ; les quelques milliards

237 j'ai envie – tu as envie – elle a envie – nous avons envie – vous avez envie – ils ont envie (même conjugaison pour toutes les expressions)

238 j'ai tapé – tu as tapé – elle a tapé – nous avons tapé – vous avez tapé – ils ont tapé (même conjugaison pour toutes les expressions)

239 ce romancier a – il fait froid ; Eddy a – il n'y a pas ; on utilise – Laëtitia a – Bérangère a ; qui ne rend ; et qui a

240 M. Fargeat a ; à crédit – le maraîcher a ; à l'abri – a fait ; à micro-ondes – a pris fin à vingt-deux heures – a pris ; à l'arrière ; à sa petite taille – a-t-elle ; à

241 a participé à ; à cette ocassion ; a gagné ; à la Martinique – a le diable ; a répandu ; à éternuer ; a dû – a une foule ; à réaliser ; n'a pas ; à terme – a ; à affaire – a un toit à

242 a du mal – a besoin – tu as une écriture – a dix ans ; lui font – a le temps ; elle arrive – a un éclairage

243 ce sherpa a l'habitude – le crabe a – ce camion a une cabine très confortable – le terrassier a creusé – le ministre a inauguré –

le serpent à sonnettes a effrayé – le vendeur a regarni le rayon de jouets qui a été pris

244 est en panne et monsieur – est catégorique et ; est à prendre – est illuminée et la foule – est inondée et les véhicules – est interrompue – est fausse et tu devras – est ouvert ; vingt et une heures – est d'accord – un compas et une règle, Jane est capable

245 Monsieur Chanal est en voyage et il ne reviendra – nous sommes en voyage et nous ne reviendrons – Charline est en voyage et elle ne reviendra – tu es en voyage et tu ne reviendras – mes parents sont en voyage et ils ne reviendront – le directeur est en voyage et il ne reviendra – vous êtes en voyage et vous ne reviendrez

246 est tout désigné – est laissé – est encore en vie – est creuse et un message est caché – est cordial – est à pied – est dans tous ses états

247 le nageur est ; il attend – la charnière est en mauvais état et la porte est difficile – le livre est recouvert – l'escalier roulant est en réparation – le programme est installé – un tableau est exposé – cet enfant est un grand mangeur – le texte est écrit ; il est difficile

248 Le film est long et ennuyeux. – Le domaine est vaste et cultivé. – La parole est timide et inaudible. – L'appartement est banal et meublé. – L'animal est cruel et sanguinaire. – Le parfum est subtil et envoûtant. – Le récit est court et mouvementé. – Le monument est ancien et délabré. – Le marin est vieux et solitaire. – La décision est sage et réfléchie. – La collision est brutale et catastrophique. – Le couloir est sombre et inquiétant.

249 son appartement – son sifflet – son auteur – son manteau – son fouet – son histoire – ses pinceaux – ces gâteaux – sa dent – sa truelle

250 je suis près – tu es près – Xavier est près – nous sommes près – vous êtes près – les savants sont près (même conjugaison pour les autres expressions)

251 son armoire – sont trop hauts ; son linge – son lit ; sont inondées – son chien ; sont allés – sont contents ; son cours – sont grandioses ; son immense talent

252 sont-ils – sont fermés – sont-ils – sont au point mort – sont en avance – sont en friche et ils sont à vendre – sont en pleine réflexion ; chacun étudie ; essaie – baisse ; ne sont plus

253 son vêtement – son œuf – son modèle – son moniteur – son pansement – son résultat – son opinion – son adversaire est admiratif

254 se sont enrichis – se sont arrangées ; il a retrouvé – sont allés – sont arrivés ; sont restés – sont entrés – sont partis ; se sont déroulés

255 on a des chaussures – ils ont attendu – ils ont roulé – on a des idées – on a le droit – ils ont aligné – ils ont retiré – ils ont collectionné – on a changé – ils ont collé – on a découvert – ils ont éteint

256 j'ai un ordinateur – tu as un ordinateur – on a un ordinateur – nous avons un ordinateur – vous avez un ordinateur – ils ont un ordinateur (même conjugaison pour toutes les expressions)

257 on est à l'étroit ; on n'y restera – on tend ; on entend – on a pris – on a installé – on projetait ; on n'a pas assez d'argent

258 on profite – ont hurlé ; on a vu – on visite ; on photographie ; on arrive ; ont envie – on a un moment ; on chahute – ont de fausses ; on ne puisse pas

259 n'ont que de tout petits rôles – ont d'importantes réserves – ont à cœur – ont une équipe – ont des vitraux – ont étudié – ont fait des efforts

260 les pantalons ont ; des pantalons de clown – ces vieillards ont l'oreille ; ils entendent – les vagues ont emporté – mes oncles ont allumé – ces pays ont souffert – les géomètres ont tracé

261 leurs plus belles années – leurs émissions – leur haute taille – leurs grands-parents – leurs vêtements – leur voyage – leur généreux donateur – leur journal – leurs larmes

262 on leur met ; leurs racines – leurs supporters ; leur dernier – leurs lunettes ; leur prix élevé – leur distribue ; leurs premiers mots – leur récolte

263 je leur dis leurs quatre vérités – tu leur dis – Flavien leur dit – nous leur disons – vous leur dites – leurs parents leur disent – je leur téléphone – tu leur téléphones – la secrétaire leur téléphone – nous leur téléphonons – vous leur téléphonez – leurs voisins leur téléphonent – je leur prépare – tu leur prépares – la cuisinière leur prépare – nous leur préparons – vous leur préparez – les marmitons leur préparent – je leur remets – tu leur remets – le facteur leur remet –nous leur remettons – vous leur remettez – les employés leur remettent

264 leurs dimensions – leur brosse ; leur rappellent – leurs petits-enfants ; leur achètent – leur donne – leur permettre ; leur navette

265 les spectateurs regagnent leur place – les pêcheurs préparent leurs lignes ; ils rangent leurs hameçons – les princesses ont toujours leur marraine ; pour les protéger – les enfants font la grimace car leur père leur verse – les banquiers n'ont plus d'argent, leur moral ; leurs comptes – les marathoniens sont des coureurs remarquables ; leur résistance ; leur cœur

266 mais elle leur préfère les livres policiers – il leur prépare un goûter – on leur tend une perche – leur conseille un peu d'exercice – leur apprend les petits secrets

267 ses premières années – ces fils électriques – ses logiciels – ses véritables prénoms – ses douleurs – ces admirables tableaux – ses répertoires téléphoniques – ces ruelles sombres – ses brusques coups – ces bijoux – ces descentes dangereuses – ces oreillers

268 ses chevaux ; les siens – ses grimaces ; les siennes – ses pattes ; les siennes – ses champs ; les siens – ses souvenirs ; les siens – ses outils ; les siens – ses bottes ; les siennes – ses voyages ; les siens – ses menhirs ; les siens – ses préoccupations ; les siennes

269 ses enfants ; ses collections – ces nuages ; ses plantes – ses (ces) verres – ses clients – ses réponses – ses oreilles

270 ces motos, bien que très puissantes, se conduisent – ses logiciels – ses voisins – ses gants – ces orchestres sont spécialisés – ces pays s'équipent – ses menaces

271 ses artères – ses parents ; ses camarades – ces lignes – ces carrefours – ces locaux – ces bruits – ses paroles

272 a coupé les siens – sale les siennes – t'envoie les siens – avec les siens – laisse les siennes se faner

273 je me maintiens – tu te maintiens – le coureur se maintient – nous nous maintenons – vous vous maintenez – les sportifs se maintiennent – je me couvre – tu te couvres – le vantard se couvre – nous nous couvrons – vous vous couvrez – les mauvais chanteurs se couvrent – je me fonds – tu te fonds – le voleur se fond – nous nous fondons – vous vous fondez – les passants se fondent – je me satisfais – tu te satisfais – le nomade se satisfait – nous nous satisfaisons – vous vous satisfaites – les enfants se satisfont – je m'évanouis – tu t'évanouis – l'actrice s'évanouit – nous nous évanouissons – vous vous évanouissez – les personnes sensibles s'éva-nouissent – je m'assure – tu t'assures – M. Roy s'assure – nous nous assurons – vous vous assurez – les propriétaires s'assurent (pour les verbes du 1er groupe, même conjugaison que s'*assurer*)

274 ce panier – ce rasoir – se plaindre – ce danger – se renier – se revoir – s'étendre – ce verger – ce rosier – ce dortoir – se défendre – se ranger – ce papier – s'émouvoir – ce méandre – se dégager – se plier – se voir – se rendre – ce clocher

275 Ce calcul ; se lit ; est-ce – ce brouillard ; s'aventurer – ce bosquet ; se méfie – ce bou-levard se traverse – ce champion s'entraîne ; il se prépare

276 ce détail ; il s'en est fallu – ce chapeau ; se mettre ; ce parasol – ce bocal ; s'agitent – ce jeune collégien se trouve ; se convaincre

277 ce marin s'aventure ; il a du courage – ce mur s'écroulera – ce réservoir ; la piscine se remplira – ce boulanger s'est formé ; son pain – cet ancien billet s'échangera – ce balcon se couvre – ce tracteur s'est embourbé ; le chemin creux

278 Valentin s'installe – Justin se regarde – ces enfants se ruinent – M. Cardinal s'énerve ; lui fait – les promeneurs se piquent – le joueur d'échecs se décide ; il sacrifie sa tour ; son roi – le boucher se découpe

279 tu t'assures ; t'engager – les pêcheurs s'assurent ; s'engager – Orso s'assure ; s'en-gager – vous vous assurez – vous engager – nous nous assurons ; nous engager – Estelle s'assure ; s'engager

280 c'est une surprise – s'est versé – c'est un paradis – s'est déchargée – s'est réfugié – c'est un abri – c'est avec Claire – c'est très aimable – c'est une rude tâche – s'est habitué

281 je peux admirer – tu peux admirer – le marin peut admirer – nous pouvons admirer – vous pouvez admirer – les vacanciers peuvent admirer (même conjugaison pour les autres expressions)

282 peut vous passionner ; pour peu que – peut régler – un peu de chance ; tu peux – je peux nettoyer

CONJUGAISON

283 1er *groupe* : cherch-er – prépar-er – accroch-er – bronz-er – vot-er – posséd-er – mang-er – racont-er
2e *groupe* : rempl-ir – réuss-ir – ralent-ir

3e *groupe* : cour-ir – attend-re – pouv-oir – craind-re – part-ir – plai-re – ven-ir

284 1er *groupe* : refuser – casser – expliquer – balayer – découper – avancer
2e *groupe* : nourrir – finir – élargir – choisir
3e *groupe* : rire – dormir – comprendre – battre – faire – pleuvoir

285 apercevras (futur) – conduisait (passé) – suffit (présent) – a béni (passé) – croyais (passé) – timbre (présent) – réfléchirez et donnerez (futur) – envahissent (présent)

286 elle cajole (3e singulier) – vous avez inventé (2e pluriel) – il l'a ridiculisé (3e sin-gulier) – tu éternues (2e singulier) – les pétards exploseront (3e pluriel) – nous gar-nissons (1re pluriel) – je ne trahirai pas (1re singulier) – tu prêteras (2e singulier)

287 il recharge – elle accueille – elles s'abattent – ils secourent – il attire – il amorce – elles n'aboutiront pas

288 le chevalier terrassa – les cloches résonnent – les commerçants – les saucisses – le cheval galope – la voiture s'immobilise – la comédienne a interprété – le skieur slalome

289 Medhi sifflotera – Dalila zigzague – Ophélie et Damien bravent – Rachel et Davina hasardent – Florian emmêle – Leslie énumère – Joris et Eric exploitent – Nelly et Sandrine ont frôlé – Hugo cherche – Marianne confectionne – Raoul entoure – Quentin et Norbert espèrent – Béatrice et Isabelle ont retroussé – Zohra se méfie – Corentin et Edith craignent

290 les maçons tamisent – l'élève ne bâcle pas – le soigneur masse – le conteur enjolive – la voiture s'enlise – l'artiste ne cède pas – la foule n'ose pas – la météo annonce – les enfants taquinent – les employés installent – cette équipe vit – le menuisier installe

291 ils flottent – il consacre – ils fouettent – ils craignent – elle plaît – ils apprécient – ils fleurissent – elles produisent – elle souffre – il attendrit – ils offrent – ils interdisent – il est complet – ils ressentent – ils parcourent

292 vous êtes – tu es – je ne suis pas – nous sommes – on est – vous êtes – ils sont

293 je suis – tu es – elle est – nous sommes – vous êtes – ils sont (même conju-gaison pour les autres expressions)

294 les touches sont dures – le risque est important – vous êtes en danger – les auto-mobilistes sont arrêtés – il est complet – il est minuit

295 j'ai beaucoup d'amis – tu as beaucoup d'amis – elle a beaucoup d'amis – nous avons beaucoup d'amis – vous avez beaucoup d'amis – ils ont beaucoup d'amis (pour les autres expressions, même conjugaison)

296 tu as – les rames ont – vous n'avez pas – nous avons – j'ai retiré – cette voiture a – les Alsaciens n'ont que peu – j'ai obtenu – le moulin a cessé

297 je quitte la pièce – tu quittes la pièce – Paulin quitte la pièce – nous quittons la pièce – vous quittez la pièce – les visiteurs quittent la pièce (même conjugaison pour les autres expressions)

298 la médaille récompense – tu peines – il est – tu arrives – vous campez – nous inspectons – je savoure – l'usine pollue ; les pêcheurs protestent – Valentin effectue

299 je collectionne ; je les montre – nous fouillons – le feu passe ; les voitures démarrent – vous écourtez – les chiens flairent – la passerelle facilite – la candidate esquive – tu étrennes – les ouvriers déroulent

300 le trafic est important ; M. Valérian n'ose pas – vous réservez – les pays importent – nous ne commandons jamais – tu perfectionnes – tu manifestes – François ne refuse jamais – les poissonniers conservent – vous brossez – le buffet est somptueux ; les invités félicitent – tu brûles – ce conte captive ; les enfants qui regardent – les éclairs zèbrent ; des grêlons tombent

301 tu étales – la sortie excite – nous écoutons – vous sursautez – je ne triche jamais – cette équipe compte – les douaniers fouillent – les avions transportent – Renaud téléphone – j'entasse – tu épates – le vent chasse – vous haussez ; vous tournez

302 je vérifie – tu vérifies – l'huissier vérifie – nous vérifions – vous vérifiez – les juges vérifient – je loue – tu loues – Tania loue – nous louons – vous louez – mes cousins louent – j'effectue – tu effectues – ma sœur effectue – nous effectuons – vous effectuez – les clients effectuent (pour les autres expressions, on reprend les mêmes conjugaisons pour les verbes en -ier, -ouer)

303 je dénoue – vous répertoriez – tu distribues – le chien s'ébroue – les turfistes parient – nous nous réfugions – tu replies

304 j'appelle – tu appelles – le navigateur appelle – nous appelons – vous appelez – les naufragés appellent (se conjugue comme appeler : renouveler ; grommeler ; chanceler ; ensorceler) – je ne jette pas –

tu ne jettes pas – le gardien ne jette pas – nous ne jetons pas – vous ne jetez pas – les locataires ne jettent pas (se conjuguent comme jeter : feuilleter ; décacheter) – je me gèle – tu te gèles – le skieur se gèle – nous nous gelons – vous vous gelez – les passants se gèlent (se conjuguent comme geler : peler ; décongeler ; modeler) – j'achète – tu achètes – madame Toulet achète – nous achetons – vous achetez – mes voisins achètent

305 je me fourvoie – tu te fourvoies – Jean se fourvoie – nous nous fourvoyons – vous vous fourvoyez – les touristes se fourvoient (tous les verbes des expressions se conjuguent comme fourvoyer, y compris ceux terminés par -ayer)

306 je renonce – tu renonces – Liliane renonce – nous renonçons – vous renoncez – les clients renoncent (même conjugaison pour les autres expressions)

307 le carreleur ponce – nous nous plaçons – les calculatrices effacent – nous fronçons ; nous commençons – tu t'avances ; tu trouves – l'eau est loin

308 j'héberge – tu héberges – la famille Brossard héberge – nous hébergeons – vous hébergez – mes voisins hébergent (même conjugaison pour les autres expressions)

309 nous nous plongeons – les policiers interrogent – vous ne mangez jamais – nous songeons – les routiers rangent

310 je raccourcis – tu raccourcis – la couturière raccourcit – nous raccourcissons – vous raccourcissez – les tailleurs raccourcissent (même conjugaison pour les autres expressions)

311 beaucoup trop de marins périssent – vous vous radoucissez – M. Prudent rajeunit ; est-ce la proximité qui opère – cette chanteuse ravit – tu réagis et tu jures – ces balles de tennis ne rebondissent plus – les touristes envahissent

312 nous réfléchissons – vous vous munissez – ces colles durcissent – vous éblouissez vos amis – nous engloutissons – les cuisiniers farcissent – nous répartissons – vous rebondissez – les retraités investissent

313 quelques abricots adoucissent – vous maigrissez – nous grandissons – les boulangers ne pétrissent plus – ces fruits pourrissent – tu applaudis ; tu te réjouis – je finis

314 ces tee-shirts rétrécissent – les moniteurs punissent les jeunes qui désobéissent –

l'entreprise bâtit – je convertis – nous aplatissons – vous gravissez – ces bâtiments enlaidissent ; des constructions qui vieillissent – tu nous étourdis – les chevaux hennissent ; les jockeys essaient

315 l'automobiliste ralentit et il ne franchit le stop – nous ralentissons et nous ne franchissons le stop – vous ralentissez et vous ne franchissez le stop – tu ralentis et tu ne franchis le stop – les motards ralentissent et ils ne franchissent le stop – on ralentit et on ne franchit le stop

316 je me rends – tu te rends – Carole se rend – nous nous rendons – vous vous rendez – les actrices se rendent (même conjugaison pour les verbes : *pendre ; se détendre ; perdre ; descendre*) – je n'enfreins pas – tu n'enfreins pas – le routier n'enfreint pas – nous n'enfreignons pas – vous n'enfreignez pas – les automobilistes n'enfreignent pas – je couds – tu couds – Solange coud – nous cousons – vous cousez – les apprenties cousent – je résous – tu résous – le mathématicien résout – nous résolvons – vous résolvez – les savants résolvent

317 votre remarque sous-entend – le berger tond ; il expédie – lorsque point le premier crocus ; le printemps n'est pas loin – M. Sarre vend – tu feins – je teins

318 tu réponds – la fédération suspend – je crains – une station qui répand – le clown exécute ; le public se tord – nous attendons ; nous repeignons – tu descends ; tu rejoins

319 le sucre se dissout – le maire ceint – la position de ce blessé contraint – le reporter dépeint ; la guerre semble – tu corresponds – l'agriculteur craint – le chien défend

320 je surprends – tu es daltonien ; tu confonds – je n'en démords pas – l'alpiniste atteint – tu entreprends – la lumière s'éteint

321 tu prends – Marjolaine se méprend – M. Granger fend – je reprends ; je ne me plains pas

322 les routiers conduisent ; on se demande ; ils évitent – Laurent n'exclut pas – je démens ; tu me prêtes – tu dors – vous suivez ; vous avez

323 déduisez-vous – les techniciens interrompent-ils – nous instruisons-nous – la cartomancienne lit-elle – partez-vous – admets-tu – vivons-nous – monsieur Clémentin soumet-il – te sers-tu – les musiciens se produisent-ils

324 certaines organisations combattent – nous apercevons – l'informatique permet – je repars – beaucoup de familles restreignent – tu sors – je me tais – on ne conçoit pas

325 Nous réduisons notre lettre. – Tu nous séduis grâce à ton talent. – Le marin maudit la tempête. – Vous parcourez les allées du château. – Je remets mon maillot. – Les poulets accourent autour du fermier. – Tu vis une aventure merveilleuse. – Nous ne commettons pas d'erreurs. – Vous vous débattez avec cet emballage. – Je souris en vous apercevant.

326 nous concourons ; nous affrontons – des barrières interdisent – ton visage luit – tu reproduis – les satellites transmettent – je ne m'endors pas – nous excluons

327 consulte les tableaux de conjugaison en fin d'ouvrage. (*revoir* se conjugue comme *voir* – *se souvenir* se conjugue comme *venir*)

328 tu ne souffres pas – le commissaire recueille et entreprend – nous souscrivons – elles s'enfuient dès qu'elles sentent – il ne suffit pas ; il faut – je tressaille – tu adores ; tu te ressers

329 je reconnais – l'actrice parfait – nous nous inscrivons – les carburants valent – tu couvres – vous dites – les agneaux dévorent – les joueurs déçoivent ; ils ne gagnent plus – Astrid vainc

330 tu me plais – j'obtiens – les ingénieurs ne méconnaissent pas – nous offrons – on ne croit pas ; ils disent – l'accusé comparaît et proclame – cela ne me déplaît pas – je ne retiens pas – vous ne vous satisfaites pas

331 nous ne buvons – le moindre objet disparaît – tu t'assois (tu t'assieds) – vous prenez – les élèves ne savent plus – les pantalons reviennent

332 tu étais ; tu n'étais pas – les assiettes étaient – l'hôtel était – j'étais – l'imitation était – tu étais – nous étions ; le Père Noël était – vous n'étiez pas – j'étais – nous étions – les téléspectateurs étaient – le temps était ; les bateaux n'étaient pas

333 monsieur Ferrand était pressé, il n'avait pas – j'étais à l'heure ; tu n'étais pas là – vous aviez répondu ; vous aviez été retenue – nous avions joué ; la chance n'était pas – les élèves avaient bougé ; la photo n'était pas – tu avais renvoyé ; tu n'étais pas certaine – j'avais – tu avais l'air – vous n'aviez pas compris ; vous étiez

334 j'expliquais – tu expliquais – le capitaine expliquait – nous expliquions – vous expliquiez – les entraîneurs expliquaient (même conjugaison pour tous les verbes qui sont du 1er groupe)

335 le boucher tranchait – nous transportions – tu trébuchais – vous brodiez – je vous racontais – les rameurs remportaient – j'ajoutais – les éboueurs vidaient

336 les sorcières transformaient ; le Prince n'était pas loin – le chat traquait ; il n'arrivait pas – les enfants poussaient – vous n'accordiez que peu – ton grand-père se rasait ; qui nous impressionnait ; il ne se coupait jamais – tu méritais – j'en murmurais

337 le client réclamait – nous écossions – je ne déclarais rien – vous dévalisiez – certains nobles complotaient – j'allumais – tu pianotais – les lilas parfumaient – nous goûtions

338 nous trottinions – les cloches troublaient – je ne trouvais pas ; je sonnais – tu n'utilisais pas – vous vantiez ; qui était – Clarisse se vexait – les serfs donnaient – je mesurais – tu massais – l'arbitre mécontentait

339 tu versais – j'étais ; j'en profitais – nous ne luttions pas ; tu pesais – vous mâchiez – le potier malaxait – les soldats manœuvraient – M. Robin maltraitait – je marchais – Sandy se maquillait

340 je vérifiais – tu vérifiais – M. Mansiat vérifiait – nous vérifiions – vous vérifiiez – les ouvriers vérifiaient – je payais – tu payais – Katia payait – nous payions – vous payiez – les acheteurs payaient (*sacrifier* se conjugue comme *vérifier* ; *nettoyer* et *appuyer* se conjuguent comme *payer*)

341 nous étudiions – vous pliiez ; vous glissiez – nous essayions ; il n'était – les ailes tournoyaient – vous déployiez – les voitures côtoyaient – je balayais

342 le guide renseignait – les rois régnaient – vous vous égratigniez – nous signions – je me baignais – vous cogniez – ne daignait pas – nous témoignions – Édith se mouillait – les cuisiniers surveillaient – vous tailliez – les soldats pillaient

343 j'achetais – tu achetais – Antonio achetait – nous achetions – vous achetiez – les enfants achetaient (même conjugaison – sans modification du radical – pour tous les verbes de ces expressions)

344 il parlait ; monsieur Blériot martelait – le géomètre piquetait – l'eau ruisselait – Martin décongelait – l'orfèvre ciselait – le promoteur morcelait – ce vieux vigneron cachetait – les fauves déchiquetaient

345 je fronçais – tu fronçais – le professeur fronçait – nous froncions – vous fronciez – les gendarmes fronçaient (même conjugaison pour tous les verbes de ces expressions)

346 l'avion amorçait – vous nous agaciez – nous annoncions – j'avançais – les parachutistes se balançaient – maman berçait – le mécanisme se coinçait – la partie commençait ; l'arbitre lançait ; il regardait ; elle était – le champion déplaçait

347 je déménageais – tu déménageais – M. Sarno déménageait – nous déménagions – vous déménagiez – les ouvriers déménageaient (même conjugaison pour tous les verbes de ces expressions)

348 les chevaliers assiégeaient – il y avait ; le navigateur allégeait – les voitures convergeaient – tu abrégeais – nous voyagions – je vidangeais – vous aviez ; vous soulagiez – la baleine émergeait ; replongeait – ces deux amis échangeaient

349 j'aboutis – nous aboutissons – j'aboutissais – nous aboutissions (même conjugaison pour tous les verbes de ces expressions)

350 tu t'enhardissais ; tu trouvais – les soldes tiraient ; les rayons se dégarnissaient ; seules restaient – les « sorciers » guérissaient – je me noircissais – les grappes mûrissaient ; M. Benoît préparait – le moniteur répartissait ; les parties étaient

351 les moteurs vrombissaient – mon grand-père ne vieillissait pas ; il jouait ; il avait – la campagne reverdissait ; les arbres fleurissaient – Rachel resplendissait – je réussissais ; la boule n'était pas – tu obéissais ; tu saisissais

352 je maigrissais ; on finissait – vous ne désobéissiez jamais – les lionnes rugissaient – nous le franchissions – des fusées jaillissaient

353 les esclaves périssaient – tu pétrissais – il n'y avait pas ; le beurre rancissait ; il était – nous nous refroidissions ; nous remuions ; le répétait M. Viardot – vous aviez ; vous vous réjouissiez ; nous décrochions

354 des admirateurs envahissaient – j'élargissais – tu jouissais – les pompiers se munissaient – tout le monde était d'accord ; Jessy embellissait – Mozart éblouissait – nous applaudissions – vous aplanissiez

355 vous accouriez dès que vous sentiez – les médecins combattaient ; ils pouvaient ; ils n'avaient pas – nous détenions – tu pendais – je ressentais – la France

356 j'attends – nous attendons – j'attendais – nous attendions – je sors – nous sortons – je sortais – nous sortions – je suis – nous suivons – je suivais – nous suivions – je cours – nous courons – je courais – nous courions – je me rends – nous nous rendons – je me rendais – nous nous rendions – j'abats – nous abattons – j'abattais – nous abattons – je ne déçois pas – nous ne décevons pas – je ne décevais pas – nous ne décevions pas – je m'accroupis – nous nous accroupissons – je m'accroupissais – nous nous accroupissions

357 je confondais – je recevais – je me mettais – j'admettais – je parvenais – je fondais – je m'endormais – je défendais – j'obtenais – j'acquérais – je me souvenais – je me battais *(nous ne donnons que les premières personnes du singulier pour indiquer la modification du radical ; les terminaisons des autres personnes sont régulières)*

358 monsieur Duivon recouvrait – vous entreteniez – les espaces s'étendaient – il fallait – tu promettais – j'étais ; j'ouvrais – la cuisine servait – tu venais

359 nous apercevions – vous compromettiez – je contenais – tu descendais – Blanche-Neige devenait – mes parents n'omettaient jamais – Caroline cueillait – les histoires revenaient – Christine poursuivait – nous obtenions ; nous voulions

360 les douaniers consentaient ; nous avions – tu retenais – je répondais ; je me trompais – vous interveniez – il pleuvait ; nous convenions – les bergers tondaient

361 j'éteins – nous éteignons – j'éteignais – nous éteignions – je m'instruis – nous nous instruisons – je m'instruisais – nous nous instruisions – je m'assois (je m'assieds) – nous nous assoyons (nous nous asseyons) – je m'assoyais (je m'asseyais) – nous nous assoyions (nous nous asseyions) – je relis – nous relisons – je relisais – nous relisions – je déduis – nous déduisons – je déduisais – nous déduisions – je fuis – nous fuyons – je fuyais – nous fuyions

362 les médecins prescrivaient – s'il suffisait – vous vous taisiez ; vous attendiez – les automobiles apparaissaient

363 les fantômes disparaissaient dès que sonnaient les douze coups – la rivière atteignait – tu refaisais – les herbes croissaient – je peignais

364 les Gaulois buvaient – on croyait – tu t'enfuyais – monsieur Perrot conduisait – nous résolvions

365 les yeux luisaient et effrayaient – je lisais ; je haïssais ; les négriers qui battaient ne respectaient rien – un serf commettait ; il comparaissait ; le jetait ; il se morfondait – tu plaisais ; qui t'élisaient – les mineurs extrayaient

366 le professeur faisait ; il écrivait – nous faisions ; nous écrivions – je faisais ; j'écrivais – Farid et Quentin faisaient ; ils écrivaient – vous faisiez ; vous écriviez – Lilian faisait – il écrivait – tu construisais ; que je détruisais – les enfants construisaient ; que la mer détruisait – nous construisions ; que vous détruisiez – Adèle construisait ; que la marée détruisait – vous construisiez ; que les garnements détruisaient

367 je fus surpris(e) – tu fus surpris(e) – elle fut surprise – nous fûmes surpris(es) – vous fûtes surpris(es) – ils furent surpris *(même conjugaison pour les autres expressions ; attention à l'accord pour distrait, digne, exigeant)*

368 je fus – tu fus – l'auteur fut condamné – nous fûmes – vous fûtes – ce fut – mes parents ne furent de retour – le combat fut héroïque

369 les camelots eurent vendu – ce feuilleton eut un succès – nous eûmes l'honneur – j'eus l'impression – tu eus la chance – vous eûtes un mouvement

370 j'eus les coudées franches – tu eus les coudées franches – Walter eut les coudées franches – nous eûmes les coudées franches – vous eûtes les coudées franches – les élèves eurent les coudées franches *(même conjugaison pour les autres expressions)*

371 je distribuai – tu distribuas – le professeur distribua – nous distribuâmes – vous distribuâtes – les élèves de service distribuèrent *(même conjugaison pour les autres expressions)*

372 tu vaporisas – les techniciens chronométrèrent – je récitai – Nadia épingla – vous dévorâtes – nous testâmes – les barrières se relevèrent

373 les joueurs résistèrent ; ils s'avouèrent – les peintres osèrent ; le public s'étonna ; il s'habitua – les sans-culottes arborèrent – je levai – tu tournas ; tu t'égaras

374 tu lanças – il décida ; Rémi s'engagea – monsieur Duval se retrouva ; il considéra – décida – les pêcheurs s'enfoncèrent – il déménagea ; Lucien classa – j'exerçai

375 Elisabeth régala – les routiers contrôlèrent ; aucun accident ne fut – Niels et Victor sautèrent – tu démontas – j'effleurai – vous désapprouvâtes

376 Les Révolutionnaires proclamèrent – je félicitai – je rassurai – nous vérifiâmes – vous acceptâtes – où dénichas-tu – monsieur Thénoz ne chercha pas ; il se gara – les élèves chahutèrent ; ils se calmèrent

377 je me blottis – tu te blottis – l'explorateur se blottit – nous nous blottîmes – vous vous blottîtes – les Esquimaux se blottirent (même conjugaison pour les autres expressions)

378 le motard ralentit et se glissa ; il raya ; l'automobiliste jaillit et bondit – le vendeur intervertit ; certains clients remarquèrent et le signalèrent – les eaux engloutirent – le starter donna ; tu réagis ; tu te retrouvas – j'adoptai ; j'aboutis – la vaisselle resplendit ; tu la posas – les rivières grossirent ; qui déborda

379 les ballons rebondirent et pénétrèrent – tu démolis – le coureur gravit – les mineurs et les fondeurs jouirent – le rideau jaunit – tu remplis – l'hydravion amerrit – les habitants fleurirent – les députés abolirent

380 vous vous divertîtes – les étudiants éblouirent – le public investit – les couronnes durcirent – monsieur Quaglio agrandit – l'eau assouplit – tu trahis

381 le pilote accomplit – il noircit – tu maigris – nous franchîmes

382 l'été touchait ; les pommes mûrirent – une explosion retentit et les flancs vomirent – tu vernis – tu te déplaçais ; je rétablissais – la répétition était prévue ; les danseurs se réunirent – vous réussîtes – les photographes attendaient ; il surgit

383 je me battis comme un chiffonnier – tu te battis comme un chiffonnier – le boxeur se battit comme un chiffonnier – nous nous battîmes comme des chiffonniers – vous vous battîtes comme des chiffonniers – les rugbymen se battirent comme des chiffonniers (même conjugaison pour les autres expressions)

384 l'eau se mit ; tu couvris – vous reprîtes – les commerçants vendirent – tu te tordis – monsieur Peyrac vit ; il le raconta – tu lui répondis – le lampadaire rendit ; je ne perdis pas ; j'allumai

385 je reconnus – tu reconnus – il reconnut – nous reconnûmes – vous reconnûtes – elles reconnurent – (même conjugaison pour courir, vivre, savoir) – je retins – tu retins – elle retint – nous retînmes – vous retîntes – ils retinrent (même conjugaison pour parvenir) – je m'assis – tu t'assis – elle s'assit – nous nous assîmes – vous vous assîtes – ils s'assirent

386 tu éteignis ; tu fermas – je bus – vous survîntes – les usines produisirent – le réalisateur entretint ; et ne dévoila pas

387 je serai – nous serons – vous serez – tu seras – elle sera – ils seront – tu seras – il sera – ils seront – nous serons

388 je serai – tu seras – elle sera – nous serons responsables – vous serez responsables – ils seront responsables (même conjugaison pour les autres expressions ; attention à l'accord de sûr, un musicien, assis)

389 j'aurai – tu auras – elle aura – nous aurons – vous aurez – ils auront (même conjugaison pour les autres expressions)

390 tu auras de bons résultats – vous aurez dix-huit ans – nous aurons un orage – j'aurai un cartable – ce médicament aura des effets – les chanteurs auront des chapeaux noirs – j'aurai soif – vous aurez une nouvelle tête – les jeunes kangourous auront le temps d'apprendre à bondir

391 tu attireras – je regarderai – le camion tournera ; il se dirigera – madame Tournier lavera ; elle lustrera – tu ne te lanceras pas – vous découperez – nous marcherons

392 je ne m'engagerai pas – tu ne t'engageras pas – Rachid ne s'engagera pas – nous ne nous engagerons pas – vous ne vous engagerez pas – les clients ne s'engageront pas (même conjugaison pour les autres expressions)

393 les palefreniers panseront – l'hélicoptère parachutera – la panne paralysera – je parfumerai – nous démonterons – tu piloteras – vous ne choquerez plus – les employés placarderont

394 les astronomes observeront – le plombier s'agenouillera (s'agitera) – tu corrigeras – vous numéroterez – nous occuperons – j'adopterai – le patineur exécutera ; la médaille ne lui échappera pas

395 nous aviserons – je débarquerai ; je retrouverai ; qui me réserveront – tu l'adoreras – vous enregistrerez – cette victoire couronnera – les téléphones concurrenceront – la foule piétinera – nous planterons

396 je monterai – tu repasseras – les touristes acclameront – la maîtresse nous donnera – nous allumerons – vous avalerez – l'employé me délivrera – tu conserveras – les hirondelles s'envoleront – j'arroserai

397 j'avouerai – tu avoueras – elle avouera – nous avouerons – vous avouerez – ils avoueront (même conjugaison pour les autres expressions ; ne pas oublier la lettre « e » du radical)

398 les équipes évolueront – vous tuerez – le Parlement ne destituera pas – tu distribueras – nous trouerons ; nous les placerons – tu ne dévieras pas ; vous secouerez ; vous plierez

399 j'appellerai mes amis – tu appelleras tes amis – Juliette appellera ses amis – nous appellerons nos amis – vous appellerez vos amis – les agriculteurs appelleront leurs amis (même conjugaison pour *niveler, épeler, harceler*) – je congèlerai – tu congèleras – monsieur Demont congèlera – nous congèlerons – vous congèlerez – les maraîchers congèleront (même conjugaison pour *marteler*) – je me fourvoierai – tu te fourvoieras – Régina se fourvoiera – nous nous fourvoierons – vous vous fourvoierez – les randonneurs se fourvoieront (même conjugaison pour les autres verbes en –yer)

400 les recherches aboutiront – je me rafraîchirai – tu noirciras – dès qu'apparaîtront les gelées ; madame Creste rentrera – nous répondrons – réussirez-vous – cette plante dépérira

401 tu assoupliras – Gwénaëlle éblouira ; qui applaudira – nous vivrons – je renaîtrai – vous mordrez – nous joindrons – le plongeur rebondira ; et accomplira

402 je raccourcirai – tu raccourciras – madame Frénay raccourcira – nous raccourcirons – vous raccourcirez – les couturières raccourciront (même conjugaison pour *rougir, agir, agrandir, souffrir*) – je me battrai – tu te battras – Don Quichotte se battra – nous nous battrons – vous vous battrez – les audacieux se battront (même conjugaison pour *décrire, défendre*)

403 la rivière atteindra ; les habitants quitteront ; les accueillera ; ils dormiront – vous partirez ; vous convertirez – les murs resplendiront – tu établiras

404 vous n'admettrez jamais – nous redescendrons ; nous attendrons ; cet accompagnement introduira – vous apprendrez ; vous serez – un brouillard ensevelira

405 tu liras – tu connaîtras – les escalopes cuiront – vous démolirez – monsieur Cersot couvrira – j'embellirai – nous découvrirons – les anciens soutiendront – l'avion atterrira

406 je finirai – nous grandirons – la serviette ne servira qu'une fois – le directeur consentira – les architectes réfléchiront

407 les pompiers contiendront – tu deviendras – vous ferez ; vous recevrez – la lionne reconquerra et rejoindra – nous entretiendrons – la voiture se mouvra ; elle tournera – je parviendrai

408 je reviendrai dans mon quartier – tu reviendras dans ton quartier – monsieur Rostollan reviendra dans son quartier – nous reviendrons dans notre quartier – vous reviendrez dans votre quartier – les anciens locataires reviendront dans leur quartier (même conjugaison pour *s'abstenir, retenir, maintenir*) – je concevrai – tu concevras – l'espion concevra – nous concevrons – vous concevrez – les militaires concevront (même conjugaison pour *devoir*) – je me satisferai – tu te satisferas – Jimmy se satisfera – nous nous satisferons – vous vous satisferez – les voyageurs se satisferont (même conjugaison pour *se défaire*) – je verrai – tu verras – le boxeur verra – nous verrons – vous verrez – les lutteurs verront (même conjugaison pour *entrevoir, prévoir*) – je cueillerai – tu cueilleras – Sacha cueillera – nous cueillerons – vous cueillerez – les fillettes cueilleront – je saurai – tu sauras – le maître saura – nous saurons – vous saurez – les parents sauront – je parcourrai – tu parcourras – Rudy parcourra – nous parcourrons – vous parcourrez – les cinéphiles parcourront

409 tu conviendras – j'apercevrai – nous partirons – les pluies seront là ; les habitants recueilleront – il faudra – le préfet promouvra – vous voudrez

410 les commerçants referont – vous encourrez – les arbres redeviendront ; le vent agitera – déplacer ce meuble requerra – un hercule pourra – tu détiendras ; il faudra – je pourrai – Loïc recourra

411 les spectateurs accueilleront – tu t'enquerras – nous concourrons – l'homme ira – vous interviendrez – je recevrai

412 je suis devenu(e) – tu es devenu(e) – Irina est devenue – nous sommes devenu(e)s – vous êtes devenu(e)s – ces figurants sont devenus (même conjugaison pour *entrer, se maquiller, se ressaisir, s'asperger, aller*) – j'ai entrouvert – tu as entrouvert – Saïd a entrouvert – nous avons entrouvert – vous avez entrouvert – les employés ont entrouvert (même conjugaison pour *construire, réfléchir, annuler, affronter, interrompre, inscrire, engloutir*)

413 monsieur Durand a collectionné – j'ai chiffonné – Marie-Jeanne est née – les enquêteurs ont identifié – vous avez maîtrisé ; vous êtes revenu(e)s – tu as vexé – la bête a terrorisé ; qui ont fini

414 les cigognes sont revenues – nous avons insisté – vous avez interrogé – l'hôtesse a enregistré – j'ai voté – tu es arrivée ; nous l'avons admiré – monsieur Antonin a écrit – les cosmonautes ont accompli – la publicité a envahi

415 les moniteurs ont assoupli – tu es tombé(e) ; que tu n'avais jamais lu – Louria s'est souvenue – les pilotes ont respecté ; ils ont traversé – nous l'avons retournée

416 ces meubles ont appartenu – j'ai mis – tu as réparti – l'animateur a diverti – Justine a prévu – il a neigé ; il a fallu – vous avez renversé – nous avons répété

417 les routiers ont déjeuné ; ils se sont reposés – le jury a sélectionné – vous avez bêché ; vous les avez sarclées – tu as roulé – que les palefreniers ont rudoyés – nous avons sillonné

418 j'avais revêtu – tu avais revêtu – Lisiane avait revêtu – nous avions revêtu – vous aviez revêtu – les touristes avaient revêtu (même conjugaison pour *ouvrir, lire, renvoyer, choisir*) – j'étais parti(e) – tu étais parti(e) – Fabiola était partie – nous étions parti(e)s – vous étiez parti(e)s – ces enfants étaient partis

419 tu avais éteint ; tu avais fermé – les promeneurs avaient dérangé – Louis Pasteur était mort – Philippe d'Orléans avait gouverné – vous étiez parti(e)s ; vous aviez crevé

420 vous aviez confié ; qui l'avaient dévoilé ; vous aviez regretté – les Stéphanois avaient préservé – j'avais utilisé – tu avais vérifié – nous avions dégusté – Cathy avait adoré – le trappeur avait délivré – Stéphanie était parvenue ; elle avait étudié

421 M. Charnelet avait confondu ; il s'était trompé – nous avions attendu – tu avais promis – vous aviez réussi – les touristes étaient arrivés – Marianne avait pris – les maraîchers n'avaient récolté

422 elles avaient beaucoup souffert – que monsieur Vauthier a remise – vous étiez parti(e)s – tu avais commis – j'avais oublié

423 Valérie avait dissimulé – j'avais saupoudré – tu avais manqué – il avait sauvé – nous avions modelé – vous étiez allé(e)s

424 les chauffeurs eurent conduit – Napoléon Ier eut conquis – elle eut pris – tu eus parcouru – les soldes eurent disparu – ils furent parvenus – il eut dégagé

425 monsieur François sera parti – les agriculteurs auront moissonné – vous aurez essayé – le directeur nous aura accordé – Tintin aura émerveillé – nous aurons étalé – l'avion aura décollé – j'aurai goûté – vous serez arrivé(e)s – tu auras fermé

426 nous nous perdrions – j'aimerais – tu gagnerais ; tu battrais – elles mangeraient – vous devriez – elle ne saurait – personne ne le reconnaîtrait – il y aurait – je ferais

427 si le vent cessait, la pluie tomberait – si nous lancions, nous remporterions – si les magasins restaient, les clients seraient – si Cyrille se calmait, il verrait – si je trouvais ; je l'achèterais – si tu réparais ; tu couperais

428 j'aimerais – il faudrait – nous devrions – il conviendrait – tu irais – vous viendriez – je les cueillerais – les élèves retiendraient

429 saurais-tu – vous pourriez – les rivières inonderaient – les chasse-neige se mettraient – continuerais-tu – nous nous attablerions

430 les conditions se détérioreront – vous prendriez – j'atteindrai ; je sortirai – le voilier se dirigera – tes maux disparaîtraient – nous partagerions – tu respirerais

431 saisis – saisissons – saisissez (même conjugaison pour *tenir, réagir*) – joue – jouons – jouez (même conjugaison pour *maîtriser, réserver, étudier, démarrer*) – abonne-toi – abonnons-nous – abonnez-vous – enfuis-toi – enfuyons-nous – enfuyez-vous

432 montrons – réchauffe – coiffez-vous – entrouvre – admets – ne désobéissez pas – inverse – ne t'énerve pas, garde – débranche

433 apprends – accepte – accomplissons – promets – choisissez – agite – intéressez-vous – déboutonne – lisez

434 reconnais – ne grossis pas – établissons – ne trahissez pas – facilitez – ne t'impatiente pas – méfiez-vous – tasse

435 arrête-toi – ne tutoie pas – prends ; sifflote – préviens ; compose – ne cueille pas – souris – prévois – sois

436 achète-le – réfléchissons – arrache-les – mange-les – rassurez-les

437 il faut que je retienne – il faut que tu retiennes – il faut qu'il retienne – il faut que nous retenions – il faut que vous reteniez – il faut qu'elles retiennent – il faut que je traduise – il faut que tu traduises – il faut qu'elle traduise – il faut que nous traduisions – il faut que vous traduisiez – il faut qu'ils traduisent – il faut que j'appuie – il faut que tu appuies – il faut qu'elle appuie – il faut que nous appuyions – il faut que vous appuyiez – il faut qu'ils appuient (même conjugaison pour s'*abriter*) – il faut que je commette – il faut que tu commettes – il faut qu'elle commette – il faut que nous commettions – il faut que vous commettiez – il faut qu'ils commettent – il faut que je garnisse – il faut que tu garnisses – il faut qu'elle garnisse – il faut que nous garnissions – il faut que vous garnissiez – il faut qu'ils garnissent (même conjugaison pour *ralentir*) – il ne faut pas que je rie – il ne faut pas que tu ries – il ne faut pas qu'elle rie – il ne faut pas que nous riions – il ne faut pas que vous riiez – il ne faut pas qu'ils rient (même conjugaison pour *relire*) – il faut que j'écrive – il faut que tu écrives – il faut qu'elle écrive – il faut que nous écrivions – il faut que vous écriviez – il faut qu'ils écrivent

438 Léopold parte – vous vérifiiez – tu transmettes – je fasse – je parcoure ; je puisse – le public aperçoive – nous partagiions

439 que je me rétablisse – que nous disposions – que tu réfléchisses – que vous remplaciez – que l'actrice apparaisse – que je vous décrive – que le candidat séduise – que nous brisions – que tu te blottisses – que vous redoubliez – que les participants s'abstiennent – qu'Aurélien retienne – qu'un seul essai suffise

440 que je me joigne – que tu comprennes – qu'Ophélie lui dise – que l'essence vaille – qu'il aille – que vous marchiez – que les astronautes puissent – qu'il ne réponde – que les architectes conçoivent – que Séverine reconnaisse

441 que tu nous dises – que Vincent tienne – que le moteur soit – que le train réduise – que tu fasses – que je fasse – que tu résolves

442 je me pends – tu te pends – Gladys se pend – nous nous pendons – vous vous pendez – les acrobates se pendent (consulter les tableaux de conjugaison pour les autres expressions)

443 se moquent – se nourrit – je me protège – tu te rends – nous nous retirons – vous vous rencontrez – les candidats se déclarent – je m'accroupis

444 je m'attendais – les châteaux forts se dressaient – tu te contentais – il voyait ; il s'indignait – la cuve était vide ; vous vous empressiez – nous nous habituions – les habitants se débarrassaient – le barbier se révélait ; il arrachait

445 ces villas se loueront – tu te joueras ; tu te retrouveras – nous nous coucherons – madame Salvat s'enfermera – vous vous déplacerez – les compagnons se chargeront – ce jeune handicapé se prouvera

446 il se soigna – Amélie ne se plut pas – les ministres se refusèrent – tu t'emportas ; tu crias – je m'acharnai – monsieur Schwarz s'informa ; il choisit

447 la vendeuse s'est absentée – tu t'es évertué(e) – deux panthères se sont échappées ; les visiteurs se sont précipités – la perdrix s'est envolée ; elle s'est réfugiée – vous vous êtes levé(e)s

448 je ne traverse pas – tu ne traverses pas – Marion ne traverse pas – nous ne traversons pas – vous ne traversez pas – les piétons ne traversent pas (consulter les tableaux de conjugaison pour les autres expressions)

449 cela ne se refuse pas – les chasse-neige ne dégagent pas – tu ne te déguises pas ; tu ressembles – nous ne contrôlons pas toujours ; ceux qui nous écoutent – vous débutez ; vous ne vous éloignez pas ; vous ne hissez pas – les véhicules ne démarrent pas

450 nous ne chevaucherons jamais – je n'essaierai pas – le routier n'oubliera jamais – tu ne t'ennuieras jamais – le reporter n'appellera pas – les savants n'étudieront pas – vous n'expédierez pas – les éboueurs n'effectueront pas – Jérôme ne se fera pas tatouer

451 Lucie n'a jamais avoué – nous n'avons rien compris – nous ne nous sommes pas plaint(e)s – vous n'avez cueilli que – je n'ai guère écrit – Alilou n'a pas bu – celui qui n'a jamais vécu – tu n'as convaincu personne

452 non, nous ne laisserons pas – non Patricia ne brutalise pas – non, les Dupont n'ont pas affranchi – non, je n'ai pas réussi – non, nous n'avons pas tiré – non, vous ne vous hasarderez pas – non, les Américains ne mangent pas – non, le congélateur ne fonctionne plus – non, je n'aurai pas terminé – non, tu ne faisais pas – non, l'avion ne survolera pas – non, le feu d'artifice ne sera pas tiré

453 cette histoire ne se termine pas bien ; les chercheurs d'or ne sont pas récompensés – Lucien ne pardonnera pas – je n'oublie pas – les citoyens ne s'abstiennent pas – nous ne comprenons pas – vous ne survivrez pas – le président ne se rendra pas – cette avarie ne compromet pas – mes parents ne se plaisent pas – je n'introduis pas

454 avez-vous parcouru ? – ai-je le temps ? – te dégourdis-tu ? – changerons-nous ? nagiez-vous ? – agrafais-tu ? – ai-je bien répondu ? – bénéficierons-nous ? – vous adapterez-vous ? – encolles-tu ? – rattraperons-nous ?

455 jouerai-je ? – joueras-tu ? – Georgina jouera-t-elle ? – jouerons-nous ? – jouerez-vous ? – les enfants joueront-ils ? (consulter les tableaux de conjugaison pour les autres expressions)

456 le commerçant vend-il ? – les vêtements ont-ils rétréci ? – le canal de Panama relie-t-il l'océan Pacifique à l'océan Atlantique ? – connais-tu ? – copierai-je ? – aimez-vous ? – le pilote préfère-t-il ? – les campeurs s'installent-ils ? – mangerons-nous ? – la candidate recueillera-t-elle ?

457 les cerisiers se couvrent-ils ? – la caravane a-t-elle réussi ? – aviez-vous éclairé ? – ai-je rajeuni ? – as-tu appris à lire ? – les hélicoptères ont-ils survolé ? – Louis XIV était-il entouré ? – le coureur a-t-il conforté ? – nous sommes nous déjugés ?

458 Est-ce que tu prendras ? – Est-ce que monsieur Gentaz se rase ? – Est-ce que nous déplacerons ? – Est-ce que Léo et Romain font partie ? – Est-ce que vous reconnaissez ? – Est-ce que je pourrais ? – Est-ce que tu te sers ? – Est-ce que vous reviendriez ? – Est-ce que j'écrirai ? – Est-ce que nous croyons ?

459 je suis renversé(e) – tu es renversé(e) – la barrière est renversée – nous sommes renversé(e)s – vous êtes renversé(e)s – les arbres sont renversés – j'ai été renversé(e) – tu as été renversé(e) – le fauteuil a été renversé – nous avons été renversé(e)s – vous avez été renversé(e)s – les parasols ont été renversés (même conjugaison pour les autres expressions)

460 La police arrête les bandits. – Les passants envahissent la rue. – La plupart des clients réclament une réduction. – Le violoniste dispense un cours. – Les déménageurs emportent les meubles. – Les prouesses émerveillent le public. – Le coureur conserve une avance. – Le gardien referme les grilles.

461 Les rues du quartier sont éclairées par des lampadaires. – Les murs de l'école sont décorés par des fresques. – La route d'accès à Val-Thorens est coupée par une avalanche. – Le quai est indiqué par le chef de gare. – Les vases de porcelaine sont renversés par l'éléphant. – Les pompiers sont autorisés par le code de la route à passer alors que le feu est au rouge. – Les biftecks sont découpés, avec dextérité, par le boucher.

462 Le directeur confiera la clé du préau de l'école à l'élève le plus raisonnable. – Un chirurgien canadien a opéré monsieur Verrando. – Les pucerons avaient attaqué les cerisiers du verger. – Une équipe de gardiens de la paix réglait la circulation. – Celui qui aura coché les six bons numéros emportera le gros lot. – Les terrassiers comblèrent la tranchée. – Monsieur Roger a expédié cette lettre le 12 mars. – Un Japonais a réalisé le film primé au festival de Cannes. – Tintin découvrit le trésor de Rackham le Rouge au château de Moulinsart.

463 Tous les problèmes, même les plus difficiles, sont résolus par ce mathématicien de génie. – L'avenue Charles-de-Gaulle fut élargie par les bulldozers de l'entreprise Ferrero. – Celui qui avait brisé un carreau fut conduit par le surveillant dans le bureau du directeur. – Le texte avait été relu par trois correcteurs. – Les armées autrichiennes ont été vaincues par les armées de Napoléon Ier. – La date est toujours inscrite par l'ordinateur au bas des pages des documents.

Corrigé des révisions

ORTHOGRAPHE D'USAGE

1 la crémière – rétrécir – un traîneau – le théâtre – l'appétit – un déménageur – l'élégance – marécageux – nécessaire – un pèlerinage – le règlement – un collégien – désespérant – une énumération – l'expédition

2 le fantôme – l'hôtelier – le plâtre – l'île – la croûte – l'âne – août – la châtaigne

3 le rinçage (rein–sage) – un aperçu (a–père–su)

4 un capharnaüm – la taïga – une coïncidence – une baïonnette – un caïman – un caïd

5 *Réponses possibles :* libre – la plaie – pâlir – le repli – laper – il épila – une braie – il parie – il perla – il parle – plier – il relia – une paire – etc.

6

```
                2        7
  8  6 B A Z A R         O
  T     3        D       I
  R  5 P A R E S S E      E
  E     O        E       E
  S  1 R U I S S E A U    U
  O     S        S       U
4 T R O U S S E
  E
```

7 facile – un garçon – refuser – assis – triste – la baisse – détester – présent – la richesse

8 *Réponses possibles :* caisse – casse – case – cosse – saison – aise – nasse – caisson – as – anse – soin – essai – noise – etc.

9 le rejet – le trajet – le sujet – un projet – un objet – le budget

10 *Réponses possibles :* éléphant – dauphin – phoque – phacochère / girafe – cerf – faon – faucon – fourmi – mouflon / buffle

11 des acrobaties – une collection – la natation – des explications – des opérations – des décorations – patient

12 *Réponses possibles :* la rose – le colchique – le bégonia – l'anémone – le coquelicot – le crocus – etc. / l'aubergine – l'artichaut – la pomme – la groseille – l'orange – le potiron – la tomate – etc.

13 la taille – il bâille – la caille – une faille – la paille – il raille

14 des propos agaçants – une poulie grinçante – un froid pinçant – un ton menaçant – un joueur remplaçant – une fusée traçante – des répliques glaciales

15 il gèle – tu achètes – le jardinier sème – Madame Balestra complète – tes cheveux sèchent. – Viviane promène – le spectacle s'achève – le coureur modèle.

16 À la station de métro Bastille, vous découvrirez une mosaïque présentant divers épisodes de la Révolution française. – Pour découper ces planches, utilisez de préférence une scie égoïne. – Certains choisissent de la vaisselle en porcelaine, d'autres en faïence ; c'est une question de goût. – Quoi de plus décoratif qu'un bouquet de glaïeuls ? – Ne sois pas naïf, le Père Noël n'existe pas !

17 une muraille grise – une ruelle boueuse – une table basse – une décision sérieuse – une parole précise – une salade niçoise – une fête joyeuse – une herbe rase – une bouche rieuse – une viande grasse

18 adosser – tracasser – trépasser – débarrasser – rabaisser – tasser – cadenasser – biaiser – tapisser – graisser – proposer – mépriser – brasser – boiser – pavoiser – refuser – tousser – croiser – puiser – reposer – creuser – engraisser – amasser – progresser

19 inlassablement ; lassant ; se délasse / glissante ; un glissement ; glisse / deux glaçons ; une glacière ; les glaciers ; glacières / son rétroviseur ; supervise ; en aviser

20 le russe – la ruse – la base – mon cousin ; la guitare basse – son coussin – un poisson – un poison – des visons – nous vissons

21 voyager ; le voyageur – déjeuner ; le jeûne – un jeton ; le rejet – l'oranger ; l'orangeade – la marge ; marginal – généralement ; généraliser – congeler ; le gel – la région ; régionaliser – la rage ; rageur – le gibet ; le gibier

22 l'alphabet – le dauphin – l'infirmier – l'Afrique – inoffensif – elle vérifie – ses griffes – il suffit – une affaire

23 une pause – l'hôtel – il chôme – trop tôt – tu fausses – les maux – aux pommes

24 tu emportes du fromage – pourvu qu'elle n'ait pas d'entaille – attendez-moi sous le portail – et tu entendras des merveilles

25 le zénith – le mammouth – le varech – l'almanach – un fellah

26 la barre – la bagarre – démarrer – pourrir – guetter – quitter – mettre – battre – abandonner – boutonner – harponner – crayonner – la terre – le terrain – le territoire – la terrasse

27 innocent – immense – s'approcher – accrocher – derrière – réchauffer – allonger – commencer – un ennemi – arracher – la guerre – alléger – allumer – rapporter – accepter

28 entourer – le monde – interdit – la dentition

29 le champ – la trempe – la lampe – empiler – la pompe – ramper – la bombe – tomber

30 la nation – la friction – la notation – l'audition – la dotation – l'allocution – la motion – la sensation – la fonction

31 la formation – l'appréhension – la signalisation – l'impression – la location – l'éducation – la réflexion – la vérification – la variation – la pression – l'attribution – la tentation – la sensation – la motivation – l'expulsion – l'exclusion

32 le nerf – le fusil – le loup – le plomb – le banc – la croix – le xylophone – l'étang – le grelot – le tamis – sourd

33 dard – content – repas – toit – lit – franc – fusil – long – éclat – dos – lilas – départ – avis – sirop – hareng

34 un cauchemar (co–che–mare) – un étendard (étang–dard)

35

R				A	H		
E		C	A	V	I	A	R
M		A		A	N		
P		F		R	E	G	A	R	D
B	A	R	B	A	R	E		A
	R		R			R	
E	T	E	N	D	A	R	D

36 le romancier – le maraîcher – l'infirmier – l'horloger – le routier – le vannier – le fripier

37 des skis – un manuscrit – le pont-levis – un génie – un kiwi – un raccourci – le riz – un sosie

38 la cheminée (che–mi–nez) – l'araignée (a–raie–nier)

39 la bonté – la santé – la volonté – la dictée – la jetée – la beauté – la liberté – la publicité

40 la boulangerie – la charcuterie – la librairie – la pâtisserie – la parfumerie – la maroquinerie – la pharmacie – la bijouterie – la crémerie – la poissonnerie – l'armurerie – la quincaillerie

41

	1	2	3	4	5	6	7	8	9
1	B	O	U	R	G	E	O	I	S
2	A	I	N	E		S	I	L	O
3	R	E	I	N	S		S	E	T
4	R			V	O	I	E	S	
5	A			M	O	I	S		L
6	G	R	A	I	N	E		D	O
7	E	I	L		S		R	O	I

42 le moniteur – un spectateur – l'électeur – le contrôleur – le brocanteur – le vainqueur – le coiffeur – un chômeur

43 du soir, espoir – une poire – son devoir – l'histoire – des miroirs – une passoire – la victoire

44 *Réponses possibles :* le chameau – l'agneau – le baleineau – le corbeau – le blaireau – le chevreau – l'éléphanteau – l'étourneau – le lapereau – le lionceau – le maquereau – le moineau – l'oiseau – le perdreau – le veau – le souriceau – le taureau – le cabillaud – le levraut – le crapaud – l'asticot – le chiot – le mulot – l'escargot – le turbot – le cachalot – le manchot

45 Je remplis le seau. – Tu as la peau mate. – J'aperçois le canot de sauvetage. – Vous remplissez la feuille recto-verso. – Je trouve tous les mots dans le dictionnaire. – Je mange une escalope de veau. – Samuel se lève tôt. – Le cheval est au trot.

46 les Togolais – les Libanais – les Écossais – les Mâconnais – les Polonais – les Dijonnais – les Portugais – les Bordelais – les Japonais – les Irlandais – les Hollandais – les Toulonnais – les Sénégalais – les Camarguais – les Marseillais – les Réunionnais

47 un coffret – un jardinet – un tonnelet – un gantelet – un porcelet – un wagonnet – un roitelet – un bâtonnet – un bassinet – un coquelet – un garçonnet – un bosquet

48 *Réponses possibles :* la paille – la volaille – le seuil – le fauteuil – la médaille – la citrouille – la bouteille – la grenouille – la muraille – le soleil – l'écureuil – la feuille – la corbeille – le chevreuil – le réveil

279

49 un chant de Noël – un champ de maïs – cent euros – sans boucler – beaucoup de sang – à flanc de montagne – un flan au caramel – le paon – se pend – tend – l'étang – un taon – le temps – vend – moulins à vent – sa dent de lait dans une boîte

50 lorsque – maintenant – depuis – jamais – toujours – beaucoup – mieux – longtemps

51 un flan à la vanille – un quart d'heure – une chemise de soie – le plein – à quoi sert – au mois de mai – le temps – cet après-midi – un chant de Noël – le pouce

52 le trot – trop – le lit – la lie – la datte – la date – la selle – le sel

53 plaie – son ticket – un succès – du quai – de monnaie – la baie – le brevet – le 1er mai ; de muguet – du marais – de hockey

54 un îlot – de sirop – les robots – un héros – un asticot – au studio – l'escargot – les chariots – le javelot – au recto – au verso – le gros lot – le numéro – les silos – l'assaut – leur kimono – le capot

55 le vélocipède – l'automobile – le saxophone – la météorologie – la motocyclette – le métropolitain – la dactylographe – la radiographie – le mélodrame – le kilogramme – la sonorisation – le stylographe

ORTHOGRAPHE GRAMMATICALE

56 la caissière – la vendeuse – l'infirmière – la monitrice – la danseuse – l'interprète – l'actrice – la concierge – la couturière

57 les Lorrains, les Lorraines – les Mexicains, les Mexicaines – les Normands, les Normandes – les Italiens, les Italiennes – les Alsaciens, les Alsaciennes – les Lyonnais, les Lyonnaises – les Syriens, les Syriennes – les Anglais, les Anglaises – les Parisiens, les Parisiennes – les Nantais, les Nantaises – les Espagnols, les Espagnoles – les Danois, les Danoises – les Égyptiens, les Égyptiennes – les Algériens, les Algériennes – les Bretons, les Bretonnes – les Chinois, les Chinoises – les Allemands, les Allemandes – les Suédois, les Suédoises – les Strasbourgeois, les Strasbourgeoises – les Niçois, les Niçoises – les Grenoblois, les Grenobloises – les Romains, les Romaines – les Orléanais, les Orléanaises – les Brésiliens, les Brésiliennes

58

		B	A	N	C	S
					L	
	P		P		E	
M	O	U	C	H	O	I	R	S
	L		H		U	
	I		A		S	
	C	E	R	I	S	E	S
	E		S		I	
	S				N	
		R	U	E	S	

59 des poissons – des barreaux – des bateaux – des cadeaux – des créneaux – des pneus – des noyaux – des oiseaux – des tonneaux

60 Les bateaux empruntent les chenaux encore dégagés. – Les vainqueurs sont placés sur des piédestaux – Les servals parcourent la savane. – Les étals des poissonniers sont bien garnis. – Les gavials infestent ce fleuve. – Les touristes visitent les sérails de Constantinople. – Les marchands fréquentent les caravansérails pour faire leurs achats.

61 Les petits matous adorent les hiboux ! – Avec quelques sous, tu n'auras pas de bijoux. – Planter des clous, ce n'est pas la même chose que de planter des choux !

62 *Avec le verbe :* des garde-manger – des garde-meubles – des garde-fous – des garde-corps – des garde-boue – *Avec le nom :* des gardes-chasse(s) – des gardes-barrières

63 des choux-fleurs – des hommes-grenouilles – des wagons-lits – des camions-citernes – des chiens-loups – des chefs-lieux – des cotons-tiges – etc.

64 Dans ma chambre, j'ai un lit, deux chaises, trois tableaux, quatre coussins, cinq jeux, six peluches, sept magazines, huit poupées, neuf cassettes, dix livres.

65 donner entière satisfaction – un caractère entier – d'eau douce – un temps doux – le Nouvel an – la Nouvelle année – un examen oral – l'épreuve orale – l'école publique – un service public – un ancien ami – une ancienne amie – un résultat exact – une somme exacte

66 commercial – opaque – las – nuageux – amer – frêle – élégant – lent – tolérant(e) – communal – patient – manuel – usuel – clément – légitime

67 élastique – <u>public</u> – pratique – nautique – diabolique – classique – métallique – docile – utile – <u>civil</u> – agile – stérile – habile – mobile – gros – métis – las – bas – épais – <u>faux</u> – gras – farouche – riche – louche – gauche – lâche – étanche – <u>frais</u>

68 Dans mon cartable, j'ai un stylo noir, deux petites agrafeuses, trois effaceurs, quatre règles, cinq gommes, six élastiques, sept tubes de peinture, huit cahiers, neuf classeurs, dix images !

69 un enfant déguisé – des invités déguisés – une voiture garée – des camions garés – un dessin animé – des personnages animés – une crème brûlée – des forêts brûlées – un bruit assourdi – des notes assourdies – un message enregistré – une conversation enregistrée – un paragraphe modifié – des itinéraires modifiés – un rendez-vous annulé – une réunion annulée – une tomate farcie – des choux farcis

70 *Exemples :* une tranche finement **coupée** – un bateau **coulé** – un gâteau **roulé** – une cible **loupée** – un livre **relu** – de la viande **crue**

71 La température est basse. Le vent est capricieux. Le brouillard n'est pas très épais en Picardie. Les précipitations seront importantes et les plaines seront inondées.

72 sa cafetière – une carte routière – la portière – en lisière – une porte cochère – des œillères – la gravière – la glacière

73 un porte-avions (il y a plusieurs avions) – un tourne-disques (plusieurs disques sur un appareil) – un sourd-muet – un sèche-cheveux (sécher les cheveux) – un passe-temps (passer le temps) – un petit-four – un sapeur-pompier – un chien-loup – un monte-plats (on monte plusieurs plats) – un compte-gouttes (on compte les gouttes) – un lance-flammes (lancer des flammes) – un ouvre-boîtes (ouvrir des boîtes) – un coupe-légumes (couper les légumes) – un porte-bagages (porter les bagages) – un brise-lames (briser les lames) – un porte-clés (plusieurs clés) – un serre-livres (plusieurs livres) – un pare-chocs (parer les chocs) – un vide-ordures (vider les ordures) – un faux-nez – un cure-dents (on a plusieurs dents) – un compte-tours (on compte les tours) – un après-ski – un bloc-notes (prendre des notes)

74 une cruelle déception – une brève intervention – de la chicorée amère – de vive voix – un panorama irréel – en panne sèche – un poney docile

75 la vitesse limitée – des conseils suivis – des prisonniers libérés – des ailes repliées – des auditeurs informés – des rues illuminées – une cible manquée – des électeurs consultés – un trésor enterré – des balcons fleuris – des récoltes détruites – une autonomie conquise – des engagements tenus – une énigme résolue

76 Des coupables sont condamnés. – Des chèques sont signés. – Une porte est ouverte. – Des problèmes sont résolus. – Des devoirs sont finis. – Des appareils sont garantis. – La peur est vaincue. – Une aventure est vécue. – Une jupe est cousue. – Des émissions sont interrompues. – Les vainqueurs sont récompensés. – Des produits sont importés. – Des animaux sont photographiés. – Un membre est plâtré.

77 les singes – tu – les ouvriers – le chat – Aurélie – vous – les fusées – l'interprète – les clients – nous – les nénuphars – le maître – les meubles en plastique

78 que fabriquent – glissent – prépare – qu'occupe – trône (se trouve) – que peint

79 les photographies – la prairie – le panorama – l'équipe – le barrage – le courrier

80 le directeur et le professeur – ce Japonais et ce Russe – la poire et la pomme – le chêne et le hêtre – ce film et cette émission – Virginie et Esther – le reporter et le cameraman

81 Tu prends un tournevis et tu dévisses la prise. Tu vérifies la disposition des fils. Tu ne touches pas au mécanisme car tu risques de le détériorer. Tu appuies doucement sur le capot et tu attends le bruit caractéristique qui annonce que le disque tourne.

82 La couturière coud – monsieur Henri va – le vainqueur rougit – le chien obéit – le trapéziste frôle – le reportage apitoie – le pianiste assassine – le conducteur gare – la région affronte – l'avion survole – il découvre

83 les fleurs odorantes – les randonneurs las – un savant attentif – des vêtements sales – M. Lemot est irritable – un escalier secret – impatients, les spectateurs – les wagons pleins – ces conseils raisonnables

84 de conduire – peut valoir – doivent suivre – pour soutenir – laisse cuire – pour voir – pour obtenir – effectuer

85 Les hommes préhistoriques vivaient dans des cavernes. – Louis XIV habitait à Versailles. – Les châteaux forts protégeaient les seigneurs. – Les Romains construisaient des aqueducs. – Les armées royales se déplaçaient à pied. – Le clergé et la noblesse ne payaient pas d'impôts. – Les premiers avions volaient lentement.

86 Je suis montée par l'escalier. – Il a choisi le moins cher. – Il a sifflé un coup franc. – Ils se sont arrêtés brusquement. – Ils ont emprunté les autobus. – Il a sorti le train d'atterrissage.

87 Non, il ne les a pas écoutés. – Oui, je l'ai acceptée. – Non, ils ne les ont pas excités. – Oui, nous les avons réservées. – Oui, j'ai réussi à le convaincre. – Non, nous ne l'avons pas posté. – Non, il ne l'a pas utilisée. – Oui, je l'ai demandée. – Oui, il les a soignées. – Non, je n'y ai jamais joué.

88 La Belle au Bois dormant est restée endormie cent ans. – Le Chat Botté est devenu l'ami du marquis. – Les Trois Petits Cochons se sont sauvés pour échapper au loup. – Aladin a trouvé la lampe merveilleuse. – Le Loup et le Petit Chaperon Rouge se sont rencontrés dans le bois. – Le Petit Poucet et ses frères se sont perdus dans la forêt. – La méchante reine s'est tournée vers son miroir magique. – Les canards se sont moqués du petit cygne gris.

89 Les quatre murs de la chambre de Bernadette sont peints d'une splendide couleur orange. – La manche de mon chemisier blanc est décousue au niveau du poignet. – La bonne nouvelle que nous attendions depuis des mois est arrivée dans l'après-midi. – La sombre prédiction de la voyante s'est accomplie au grand désespoir de Mélinda.

90 M. Poch s'est soigné. – À la mi-temps, les joueurs se sont changés. – La foule s'est dirigée vers les issues de secours. – Lisa s'est regardée dans le miroir. – Les lionceaux se sont léchés. – Tu t'es défendu(e). – Nous nous sommes confié(e)s à nos amis les plus sincères. – Les skieurs se sont réchauffés devant la cheminée.

91 les élèves dispensés – Valérie dispensait – les explorateurs emportaient – le bruit emporté – les gyrophares signalaient – le panneau signalait – les pêcheurs ne congelaient pas – les aliments congelés

92 (les aventures de Tarzan) captivaient – (le camion et sa remorque) barraient – (le plombier et son apprenti) soudaient – (Edwige et Antonia) se réjouissaient – (le seigneur et le serf) vivaient sur le même territoire mais ne bénéficiaient pas – (ce chemin et cette route) aboutissaient

93 cette affaire est intéressante, tu sautes – tu gardes – tu sursautes ; une porte claque – tu peux ; je t'assure – tu te réjouis – tu veux – tu n'as – tu fais – tu inventes

94 on ne la déchiffrera – on écourtera – on collectera – on dévalisera – on conclura – on évacuera – on expédiera – on soulèvera – on respectera

95 le juge a classé – ce joueur a abandonné – M. Jardin a gratté – les gardes ont capturé – le maçon a carrelé – M. Jaillet a critiqué – nous avons discuté – j'ai rêvé – le policier a tamponné – le président a félicité – le mauvais temps a paralysé

96 L'assistance est tout ouïe ; l'orateur est passionnant. – M. Barbier ne mâche pas ses mots ; il nous dit tout net ce qu'il pense. – Il n'y a plus à discuter, un point c'est tout. – Aller au mont Blanc, c'est bien mais atteindre le sommet de l'Everest, c'est une tout autre affaire. – La course est finie, tu peux boire tout ton soûl. – Tout compte fait, voici une excellente proposition. – Je t'invite en tout bien tout honneur. – Voici cent francs, pour solde de tout compte. – Le ministre se rend à Calais, toutes affaires cessantes. – Il faut inscrire la somme en toutes lettres sur le chèque. – Toutes proportions gardées, construire un immeuble c'est aussi difficile que de bâtir un gratte-ciel. – M. Verdun paie ses dettes tous les trente-six du mois ; c'est un escroc. – En tout état de cause, il faudra revoir l'installation du chauffage. – Léonie ne veut pas céder, envers et contre tous.

97 Les mêmes causes produisent les mêmes effets. – Toutes les inventions, même les plus farfelues, sont examinées par le jury du concours Lépine. – Monsieur Sagnier n'a même pas une minute à lui. – Nous terminerons nous-mêmes les réparations. – Cyprien voudrait avoir les mêmes chaussures que moi. – Parfois, avec le même outil, on peut effectuer plusieurs opérations. – Le dompteur apprivoise les tigres, même les plus sauvages. – Tu répètes toujours les mêmes bêtises. – On prend les mêmes et on recommence !

98 trois cents mètres et quelques – M. Adamo est quelque peu gêné – il y a quelque chose d'indécent – quelques-uns brandissent – se trouve quelque part – c'est quelquefois plus rapide – ce disque est en quelque sorte le seul – dans quelque temps

99 un château à pédales – une casserole à manivelle – un hangar à bonbons – une fourchette à soupe – un lit à dormir debout – une banane à noyau – etc.

100 De jeunes garçons vendent du muguet à la sauvette. – Le facteur distribue les lettres au fur et à mesure qu'il les reçoit. – Damien ne parle jamais à la légère ; il est sérieux. – Tu reprends une part de gâteau mais tu as les yeux plus grands que le ventre. – À tout prendre, j'ai fait une bonne affaire en achetant ce manteau. – À la vue de l'araignée, tu cours à bride abattue. – Le malfaiteur a filé à l'anglaise sans payer sa note. – Moussa n'écoute pas, il a l'esprit ailleurs. – M. Cournon reste au bureau car il a un travail monstre. – L'hôtesse d'accueil a toujours quelqu'un sur le dos, mais c'est normal ! – M. Arridi sait tout faire, il a plusieurs cordes à son arc.

101 La voiture. – les paroles et la musique – le médecin – la lessive – le volcan – la tarte – le camion – le chameau – le soleil

102 les cordonniers sont – les amis de nos amis sont – à chacun son métier – les borgnes sont rois – on fait son lit – les conseilleurs ne sont pas – les chats sont gris – son plaisir – les yeux sont – son fardeau ; son

103 les boxeurs – le bijoutier – le plombier – la caissière – l'éleveur – les maçons – le cuisinier

104 ces – clés – cales – câbles – cabales – ses – oses – poses – postes – posters

105 ce paragraphe – les téléspectateurs attendent ce film – cet arbre ; dans nos pays – ce duvet – cet achat ; un détour – ce diamant ; sur lui – ce problème – ce mont

106 C'était un peintre italien. – C'est Rome. – C'était un grand résistant. – C'est la course transatlantique en solitaire (1964 et 1976) – Il s'est converti au catholicisme. – C'est Armstrong.

107 est inscrit ; et il compte – est en service ; et déjà – est partie ; et Géraldine ; et elles ont fait – est accroché – est parti ; et nous ne nous voyons – est en dérangement et il est impossible

108 son entrée sous peu – que pour un peu – quelque peu malmené – s'habituent peu à peu – avec un tant soit peu de patience – à peu près trois heures – nous irons peut-être – du travail depuis peu – se sent un peu mieux – raté de fort peu

109 les mêmes feuilletons – lui-même – même les plus compliquées – les mêmes routes – la même façon – les mêmes gestes – ceux-là même(s)

110 les ânes sont des animaux têtus ; leur ardeur – les chamois sont heureux ; leur domaine ; ne les dérange – les ballons de rugby ne sont pas ronds – les toits sont couverts – les files d'attente sont si longues que les clients sont mécontents – des ennuis sont à craindre

111 ces louanges – ses mâchoires – ces maisons – ses qualités – ses leçons ; ses amis – ses employés

112 ce combat ; se présente – ce jeune commerçant s'installe ; il se lance – ce sombre couloir s'enfonce – ce serait folie – ce modèle ; se connecter – ce dessert se mange – ce fut une terrible défaite

113 je me suis coupé(e) – tu t'es coupé(e) – elle s'est coupée – nous nous sommes coupé(e)s – vous vous êtes coupé(e)s – ils se sont coupés – je m'étais coupé(e) – tu t'étais coupé(e) – elle s'était coupée – nous nous étions coupé(e)s – vous vous étiez coupé(e)s – ils s'étaient coupés (même conjugaison pour les autres expressions)

114 c'était – s'était – c'était – s'était – c'était – c'était – s'était

CONJUGAISON

115 *noms :* l'ouvrier – le pilier – le sentier – le devoir – l'enfer – la cendre – le désir – l'acier – le fakir – l'osier – le berger – l'usager – *verbes :* devoir – plier – scier – émouvoir – descendre – nager – rôtir – tenir – usager

116 Autrefois, M. Clavier – demain, tu écriras – Au Moyen Âge, les bibliothèques – Dans sa vie, madame Ganty – ce matin, tu ne prends pas – l'après-midi, nous marchons – Tout à l'heure, vous fermerez – Actuellement, les journalistes

117 *temps simples :* lis – oublie – se précipita – plane – attend – pensait – voyagerait – se trouve – *temps composés :* ont manifesté – eut chaussé – avez renouvelé – s'était engagé

118 Tu balaies la cuisine et tu essuies la vaisselle. – Elle balaie sa chambre et elle essuie l'armoire. – On balaie la salle et on essuie le sol. – Nous balayons le vestiaire et nous essuyons les bancs. – Vous balayez le garage et vous essuyez les vélos. – Ils balaient la bibliothèque et ils essuient les livres.

119 La standardiste est au téléphone. – Les huîtres sont fraîches – Je suis – Tu es le seul – Les Brésiliens sont tous – La pharmacie est fermée – Nous sommes – Les lampes ne sont pas – Vous êtes

120 les lions rugissent – les spectateurs applaudissent – le maçon bâtit une maison – les mauvaises herbes envahissent la pelouse – l'avion atterrit – le conducteur prudent ralentit – le pape bénit la foule – les renards glapissent

121

	6	8		9	10
1	A R R E T E		I
	B	E		C	N
2	A P P R E N O N S
	T	A		N	T
3	S E R S		D	R
	7	S		U	U
	E			I	I
4	L U I S O N S		S
	I			E	E
5	S E P A R E Z		N
					T

122 réfléchir (2e) – exagérer (1er) – applaudir (2e) – apprendre (3e) – traduire (3e) – laver (1er) – écrire (3e) – commander (1er) – hésiter (1er) – fermer (1er) – obéir (2e) – frémir (2e)

123 Damien est – les enfants sont – je suis – tu es – ils sont – sont-ils – tu es – je suis – le secret est – nous sommes – vous êtes

124

	1	2	3	4	5	6	7	8	9
1	E	S	T		P	R	U	N	E
2	T	U		M	O	I	S		S
3	O	B	S	E	R	V	E	S	
4	N		T	A	T	E	Z		N
5	N	E		N	E	Z		P	I
6	E	T	A	D			B	I	O
7	N	U	T	R	I	T	I	O	N
8	T	I	R	E	N	T		N	S

125 *1er gr.* : refuser – casser – expliquer – balayer – découper – avancer – attirer – tourner – *2e gr.* : nourrir – finir – élargir – choisir – fleurir – atterrir – *3e gr.* : rire – dormir – comprendre – battre – faire – pleuvoir – connaître – vivre – interrompre

126 a fermé ; c'est – est en panne ; nous n'avons plus – les vendanges sont ; les raisins ont – tu es ; tu as – je suis ; je suis – avez-vous – nous avons – Jimmy est ; il a

127 tu réchauffes – je dévore – les policiers démantèlent – nous visitons ; nous admirons – je froisse – la tâche est immense ; vous retroussez – vous projetez

128 tu échoues – j'ai pris ; j'éternue – l'assurance évalue – les familles nombreuses bénéficient – le garagiste vérifie – je me méfie – ces usines polluent – tu tues ; tu peux – le joueur d'échecs déjoue – les pompiers avouent

129 il salue ; lui broie – certains athlètes monnaient ; ce ne sont plus – le chien aboie ; on ne se fie pas – je m'apitoie ; que traquent les chasseurs – tu appuies

130 nous harcelons ; ils nous autorisent – les marins congèlent – tu ruisselles – le bulldozer nivelle – le chef étiquette – le four

rejette – vous épelez – les lads attellent – le brocanteur furète – les cristaux étincellent

131 l'auteur romance – nous retraçons – je suce – tu transperces – vous vous pincez – M. Pardon – nous remplaçons

132 nous échangeons – Gabriel allonge – nous ne nous décourageons pas ; nous recommençons – les arbitres n'avantagent pas ; c'est tout – nous exigeons ; le vendeur est d'accord – les sans-abri se logent où ils peuvent

133 les avions atterrissent – la lave engloutit – vous restez ; vous vous engourdissez – nous agrandissons – vous affranchissez – tu blondis – des prisonniers croupissent – je brandis

134 j'abats – tu abats – le terrassier abat – nous abattons – vous abattez – les agriculteurs abattent – je relis – tu relis – le conducteur relit – nous relisons – vous relisez – les joueurs relisent – je sens – tu sens – le marin sent – nous sentons – vous sentez – les garnements sentent (même conjugaison pour *sortir, partir*) – je meurs – tu meurs – Alexandre meurt – nous mourons – vous mourez – les voyageurs meurent (même conjugaison pour *courir, rompre*)

135 tu entretiens ; tu graisses ; tu gonfles – le médecin prescrit – vous parvenez – je dois – nous refaisons – ces artistes consentent – nous entrevoyons – peux-tu

136 quand j'étais – je n'en avais – je n'en avais – je n'en avais guère – je n'avais qu'trois – il était si vorace

137 nous plions (plier) – vous balbutiez (balbutier) – je vivrais (vivre)

138 tu saignais – vous ne daigniez pas – nous nous résignions – je me cognais – vous cligniez

139 l'attelage – le renouvellement – la dentition – la ficelle – le modèle – le harcèlement – le halètement – l'étincelle – le morcellement – le nivellement – le ruissellement – l'ensorcellement

140 tu finissais – je saisissais – les maçons bâtissaient – monsieur Rays agrandissait – la rose s'épanouissait – nous réunissions

141 ouvrait (où-vrai) – courait (cou-raie) – sortait (sort-taie) – souriait (souris-haie) – s'envolait (cent-volait))

142 Tu n'étais pas content, tu faisais la tête. – Pour obtenir un emploi, M. Laudin faisait des pieds et des mains. – Ne pas partir en vacances, cela ne me faisait ni chaud, ni froid. – Sous les reproches, vous faisiez le gros dos. – Philippe n'était pas bricoleur, il ne faisait rien de ses dix doigts. – La route de montagne faisait des lacets. – Ce projet de construction faisait table rase du passé du quartier. – Parce qu'il était arrivé troisième, Jordan en faisait tout un plat. – Se plonger dans les vieux livres, M. Lucien en faisait ses choux gras. – Lorsque tu rentrais tard, tes parents se faisaient du mauvais sang.

143 j'étais – tu étais – elle était – nous étions – vous étiez – ils étaient (ne pas oublier l'accord des adjectifs ou des participes passés : *assis, passionné, capable, exigeant, content, sûr*)

144 Charly allumait sa montre. – Tu promenais de l'argent. – Le chat vendait ses pattes. – Nous chauffions les vacances. – Les ouvriers écoutaient des lunettes. – Vous creusiez de la musique. – Les chevaux coupaient la haie. – J'économisais la tempête. – Tu soulevais ton code secret.

145 étais-tu – vous étiez – elle était bien – j'étais – nous étions – elles étaient – j'étais (tu étais) – j'étais (tu étais) – il n'était – nous étions – vous n'étiez pas

146 j'avais – tu avais – elle avait – nous avions – vous aviez – ils avaient (même conjugaison pour les autres expressions)

147 Edmond Dantès cherchait – mes parents militaient – vous n'aviez rien à dire ; vous monopolisiez – la perspective nous motivait ; nous accélérions ; le chalet se devinait – nos grands-parents occupaient ; les femmes brodaient ; les hommes réparaient ; les enfants jouaient ; la télévision n'existait pas ; les gens parlaient – tu adorais ; tu laissais – je tutoyais ; je vouvoyais ; mes parents me l'avaient recommandé

148 les gabelous démantelaient ; qui se livraient – les locomotives haletaient ; elles tiraient – nous empaquetions – vous projetiez – tu t'attelais – je harcelais – les électeurs renouvelaient – comment s'appelait – les rois cachetaient

149 le pivot perçait et fonçait – j'utilisais ; je me pinçais – les fusées ne plaçaient – les juges prononçaient – les explosions renforçaient – tes amis parlaient ; tu renonçais – les automates remplaçaient ; ceux-ci se retrouvaient – les menuisiers renforçaient – la poulie grinçait

150 les nobles se vengeaient – la rouille rongeait – les seigneurs protégeaient – vous exigiez – nous partagions – tu logeais – j'interrogeais – la peste ravageait – les cowboys ménageaient – les soldats assiégeaient

151 l'ébéniste vernissait – nous ne trahissions pas – tu étais ; tu saisissais – que le forain agitait ; tu gagnais – les supporters unissaient – on me parlait ; je rougissais – les paysans subissaient et nourrissaient – il resplendissait – on fêtait – tu rafraîchissais – monsieur Carlos fournissait

152 les ormes mouraient – nos ancêtres ne vivaient pas – tu souffrais – je m'entraînais ; je me tordais – vous perdiez ; que vous engagiez – nous secourions – les Corses prévenaient – les policiers émettaient – les véhicules mordaient – les jeux et les bavardages s'interrompaient – les naufragés recueillaient – une lieue correspondait

153 les élèves apprenaient ; ils trempaient ; ils pouvaient – un cadenas interdisait – vous deviez ; vous maudissiez ; qui promettait ; qui n'arrivait – je te disais ; tu allais ; tu ne me croyais pas – nous bâtissions ; nos amis venaient – les moineaux accouraient ; Nicolas et Marie leur jetaient – l'eau bouillait ; tu ne t'en apercevais pas – nous courions – les enfants se distrayaient – le peintre enduisait – vous entendiez ; vous sursautiez

154 Tu fus enfermé(e) dans le placard. – Elle fut absente au concert. – Nous fûmes réparti(e)s en trois équipes. – Vous fûtes guéri(e)s dans cet hôpital – Ils furent écartés du flot de la circulation.

155 Tu fus le deuxième à partir. – Elle fut la troisième à écrire. – Il fut le quatrième à refuser la proposition. – Nous fûmes les cinquièmes à témoigner. – Vous fûtes les sixièmes à traverser la rivière. – Ils furent les septièmes à mériter une récompense. – Elles furent les huitièmes à préparer le concours.

156

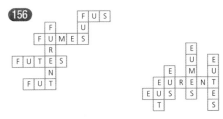

157 Jenny rougit – le chiot gémit – vous punîtes – la sirène mugit – ce marin périt – nous rougîmes – je me munis – tu réunis – Pasteur guérit – le melon mûrit

158 un coup de vent nous poussa – la pluie arriva – le médecin me soigna – le chargement se renversa – je transpirai – les forains étalèrent leurs produits – le commissaire interrogea tout le monde – tu vérifias les résultats

159 l'échelle lui permit – le nourisson sourit – le brocanteur consentit – les économistes promirent – un escabeau suffit

160 François Ier fit construire le château de Chambord. – Jules César envahit la Gaule. – Christophe Colomb partit avec trois caravelles. – Picasso peignit des centaines de tableaux. – Mozart composa des symphonies dès son plus jeune âge. – Louis XIV protégea les écrivains.

161 elle fut sage – nous fûmes intrigués – ils furent bien inspirés – tu fus – vous fûtes – je fus – tu fus désigné

162 tu eus ; ce fut long – monsieur Verne eut – les visiteurs eurent – les fauves eurent – j'eus le choix – tu fus le plus rapide et tu fus – les automobilistes furent en mesure

163 la voie était libre, tu traversas – le cardinal gouvernait ; il renforça – M. Mornand vendangeait ; il acheta – nous nous amusions ; notre mère nous appela – j'enfonçais ; l'un d'elles me transperça ; je poussai – M. Sannier oubliait ; il entrait ; il adopta – Cendrillon chaussa ; que lui apportèrent ; elle convenait

164 ce maillot de corps rétrécit – les pintades rôtirent – tu rougis – le maître nageur avertit – Mamie répartit – les chercheurs d'or s'enrichirent – les supporters envahirent

165 Roald Amundsen entreprit ; il réussit – le professeur confondit – tu ouvris – M. Bressand découvrit – le facteur remit – le clown fondit ; il remplit

166 Napoléon naquit – je fis – Robinson survécut – nous dûmes – Monsieur Lenormand conduisit – j'amorçai ; je crus – ces coureurs réduisirent

167 j'aurais – elle aurait

168 tu seras ; tu auras – les touristes seront ; ils auront – vous serez ; vous aurez – je serai ; j'aurai – M. Loreau aura ; elle aura

169 le mécanicien aura – vous aurez – les enfants auront – tu auras – nous aurons le choix – aurai-je

170 vous réviserez la leçon de grammaire ; vous classerez les feuilles de sciences ; vous chercherez des documents sur la peinture moderne et vous corrigerez la dictée

171 mardi, je jouerai aux dames ; mercredi, je marcherai dans la campagne ; jeudi, je rentrerai pour goûter ; vendredi, je travaillerai avec mon père ; samedi, je participerai au tournoi de foot ; dimanche, je me reposerai

172 Je le laverai. – Vincent viendra avec moi. – Nous débuterons en janvier. – J'en achèterai à Meudon. – Ce tableau vaudra cent francs. – Les avions traceront de gracieuses courbes.

173 tu nettoieras – M. Chanel essaiera – nous paierons – les arbres ploieront

174 qui rira – le ciel t'aidera – je te dirai – je ne boirai pas

175 en février, il neigera – en mars, le printemps arrivera – en avril, les arbres fruitiers fleuriront – en mai, on trouvera du muguet – en juin, nous partirons en vacances – en juillet, la chaleur nous étouffera – en août, les campeurs s'installeront – en septembre, les pommes mûriront – en octobre, le brouillard nous enveloppera – en novembre, les arbres perdront leurs feuilles – en décembre, nous fêterons Noël

176 nous serons – vous serez – les agriculteurs seront – je serai installé – le car sera – tu seras – les mots seront – vous serez – nous serons

177 aurai-je – vous aurez – tu auras – nous aurons – M. Diamond aura – les cartes auront – vous aurez – y aura-t-il – nous aurons

178 nous nous oxygénerons – tu marcheras – M. Court assemblera ; il aura – vous terminerez – les ouvriers respecteront – je ne me baignerai pas – Mona entrera ; la vendeuse s'empressera – tu ne les toucheras pas

179 j'atténuerai – tu atténueras – Joëlle atténuera – nous atténuerons – vous atténuerez – les actrices atténueront (même conjugaison pour les autres expressions ; ne pas oublier le « e » pour ces verbes du 1er groupe)

180 les ordinateurs se substitueront – où se situeront les limites – l'expert certifiera – je ne me fierai pas ; je vérifierai – tu étudieras – le magicien mystifiera

181 les tours seront réparées ; la visite vaudra – nous acquerrons ; nous permettra – le vent se calmera – il pleuvra – vous préviendrez – vous transmettrez – le pétrole proviendra

182 M. Augier n'abusera pas ; il n'essaiera pas – vous ne jetterez pas – les motards convoieront ; qui transportera – tu achèteras – Nicolas renverra – nous nous apitoierons – le professeur brevettera – le chasseur renouvellera – je détellerai – il ne gèlera – je ne chancellerai pas

183 je m'assoirai (je m'assiérai) – le navigateur secourra – tu soutiendras – vous accourrez – nous tiendrons ; Brian montera – Valentine ira

184 tu manges – tu mangeais – tu mangeas – tu mangeras – tu as mangé – je cours – je courais – je courai – je courrai – j'ai couru – elle finit – elle finissait – elle finit – elle finira – elle a fini – nous restons – nous restions – nous restâmes – nous resterons – nous sommes resté(e)s – vous arrivez – vous arriviez – vous arrivâtes – vous arriverez – vous êtes arrivé(e)s – ils parlent – ils parlaient – ils parlèrent – ils parleront – ils ont parlé – il monte – il montait – il monta – il montera – il est monté – je grandis – je grandissais – je grandis – je grandirai – j'ai grandi – on lit – on lisait – on lut – on lira – on a lu – tu peins – tu peignais – tu peignis – tu peindras – tu as peint – nous écrivons – nous écrivions – nous écrivîmes – nous écrirons – nous avons écrit – elles reviennent – elles revenaient – elles revinrent – elles reviendront – elles sont revenues – vous vivez – vous viviez – vous vécûtes – vous vivrez – vous avez vécu

185 je m'étais assis(e) – tu t'étais assis(e) – Nordine s'était assise – nous étions assis(es) – vous vous étiez assis(es) – les nageurs s'étaient assis (même conjugaison pour *se résoudre*) – j'avais maudit – tu avais maudit – le joueur avait maudit – nous avions maudit – vous aviez maudit – les marins avaient maudit (même conjugaison pour *obtenir, freiner, justifier, changer, confirmer*)

186 j'eus versé – les musiciens eurent accordé – nous fûmes entré(e)s – nous fûmes sorti(e)s – il eut compris – j'eus changé – il eut passé – Louis XIV eut aboli

187 tu auras suivi les répétitions – j'aurai appris à virer rapidement – elle aura goûté – nous serons arrivé(e)s devant la caisse – le professeur aura donné le signal – les commerçants auront fermé leurs boutiques

188 auront remplacé – nous serons allé(e)s – j'aurai limité – les projecteurs auront éclairé – tu seras resté(e) – vous aurez ferré

189 il avait lâché son volant – Mourad ne l'avait pas lue. – les concurrents avaient beaucoup bu – le mauvais état avait perturbé la distribution – le tirage du loto avait réservé des surprises – tu avais choisi un fauteuil d'orchestre – madame Baggioni avait pris un livre – il avait visé le noir

190 tu eus appris qu'elle avait réussi son examen – il eut consulté le dossier – lorsqu'elle eut fini sa formation – il eut fait son exercice de mathématiques – je fus arrivé(e) sur les lieux de la catastrophe – ils eurent réduit la voilure – elle eut mis la clé dans la serrure – elle eut pondu son œuf – tu eus constaté que le morceau était trop long

191

	D	O	N	N	E	R	A	I	S		
		O									
D	O	N	N	E	R	A	I	S			
		N									
		E									
		R	D	O	N	N	E	R	I	E	Z
		I		O							
D	O	N	N	E	R	A	I	E	N	T	
		N		N							
		S		E							
				R							
				A							
				I							
				T							

192 Prends le temps de repérer les différents lieux, retiens le numéro de la salle de classe, demande à un camarade de t'indiquer les habitudes du professeur et ne t'inquiète pas si tu entends du bruit : ce sont les machines de l'usine voisine !

193 bois un jus d'orange – prends ton temps ! – compte les moutons – faites-moi une réduction – n'oublie pas les asticots – suivez la rue Gagarine et tournez à droite – arrêtez-vous de fumer

194 tu veuilles – je peigne – montent – tu coures ; tu t'arrêtes – je prenne – vous tendiez ; chacun voie

195 que tu lises – que la rivière soit – que Rachel suive – que vous cachiez – que je prévoie – que Mme Yoteau vous croie

196 tu crains que je ne revienne – Manda craint que tu ne reviennes – Nous craignons que vous ne reveniez – vous craignez que nous ne revenions – les autorités craignent que les touristes ne reviennent – je suis triste ; que tu puisses – Vanessa est triste ; que ses camarades puissent – Nous sommes tristes ; que vous puissiez – tu es triste ; que je puisse – Nadège et Gaëlle sont tristes ; que Marie-Laure puisse

197 Il faut qu'il l'apprenne. – Il faut que nous le retrouvions. – Il faut que vous la cherchiez. – Il faut que tu te calmes. – Il faut que je la fasse cuire. – Il faut qu'elle réponde.

198 j'ai imaginé – je me suis imaginé(e) – l'agriculteur a enfoncé – l'agriculteur s'est enfoncé – tu as emballé – tu t'es emballé(e) ; tu l'as regretté – le pêcheur a lassé – le pêcheur s'est lassé – vous avez déshabillé ; vous avez rangé – vous vous êtes déshabillé(e)s

199 ne se conduit pas – Harold se lave – tu te réserves – la partie se déroule – se rencontrent – nous nous dirigeons – se retrouvent – vous vous déplacez

200 Qu'as-tu mangé ? – Où avez-vous dormi ? – À quelle heure M. Terzieff a-t-il pris l'avion ? – Quelle langue les Brésiliens parlent-ils ? – Qui a découvert l'Amérique ? – À qui confierez-vous ce secret ? – Qu'utilisent les maçons pour crépir la façade ?

201 par les commerçants ; par les plombiers – par les maçons ; par les chevaux – par ta réponse ; par l'arrivée de la tempête – par les spectateurs ; par les oiseaux – par un cyclone ; par trois moustiques – par ce film ; par ce monstre – par mes amis ; par la cigogne – par le fabricant ; par le printemps – par l'avant-centre ; par l'arbitre – par le maire ; par leurs enfants – par les cahots ; par le dentiste – par le mauvais temps ; par le beau soleil – la police ; par les voleurs – par le médecin ; par le pompiste – par les enfants ; par les tigres – par les techniciens ; par les extra-terrestres

202 je me remplis – tu te remplis – Anaïs se remplit – nous nous remplissons – vous vous remplissez – les consommateurs se remplissent – je me réchauffe – tu te réchauffes – le bûcheron se réchauffe – nous nous réchauffons – vous vous réchauffez – les cantonniers se réchauffent. (Pour les autres verbes, consulte les tableaux de conjugaison p. 238.)

203 ils se furent hissés – le boxeur s'était mesuré – ta sœur se sera endormie – les portes se furent refermées – tu ne t'étais pas plaint(e) – je me fus emparé – vous vous serez accoudé(e)s

204 les élèves ont-ils appris ? – le tracteur a-t-il fait demi-tour ? – les policiers ont-ils tamponné ? – M. Carabacca sursautera-t-il quand il entendra le bruit ? – les poids lourds bloquaient-ils ? – la citrouille se métamorphose-t-elle ? – les jus de fruits nous désaltèrent-ils ?

Imprimé en Italie par STIGE S.p.A. - Turin
Dépôt légal n° 05809-09/2000 Collection n° 58 - Édition n° 04
16/7636/0